विष्णु नागर

जन्म : 14 जून, 1950

शिक्षा : बचपन और छात्र-जीवन शाजापुर (मध्य प्रदेश) में बीता। 1971 से दिल्ली में स्वतंत्र पत्रकारिता शुरू की। 'नवभारत टाइम्स' में पहले मुम्बई और बाद में दिल्ली में विशेष संवाददाता सहित विभिन्न पदों पर 1974 से 1997 के आरम्भ तक रहे। इस बीच 1982 से 1984 तक जर्मन रेडियो 'डोयचे वैले' में सम्पादक रहे। 1997 से 2002 तक 'हिन्दुस्तान' (दैनिक) के विशेष संवाददाता। 2003 से 2008 तक हिन्दुस्तान टाइम्स ग्रुप की पत्रिका 'कादम्बिनी' के कार्यकारी सम्पादक रहे। कुछ समय तक दैनिक 'नई दुनिया' से सम्बद्ध रहे।

प्रकाशित कृतियाँ : *कहानी-संग्रह*–'आज का दिन', 'आदमी की मुश्किल', 'कुछ दूर', 'ईश्वर की कहानियाँ', 'आख्यान', 'रात-दिन' तथा 'बच्चा और गेंद'; *उपन्यास*–'आदमी स्वर्ग में'; *निबन्ध*–'हमें देखती आँखें', 'आज और अभी', 'यथार्थ की माया', 'आदमी और उसका समाज' तथा 'अपने समय के सवाल'; *व्यंग्य संग्रह*–'जीव-जन्तु पुराण', 'घोड़ा और घास', 'राष्ट्रीय नाक', 'नई जनता आ चुकी है' तथा 'देश-सेवा का धंधा', 'भारत एक बाज़ार है'; *कविता संग्रह*–'मैं फिर कहता हूँ चिड़िया', 'तालाब में डूबी छह लड़कियाँ', 'संसार बदल जाएगा', 'बच्चे, पिता और माँ', 'कुछ चीजें कभी खोई नहीं', 'हँसने की तरह रोना'।

'सहमत' के लिए धर्मनिरपेक्ष रचनाओं के तीन संकलनों तथा 'रघुवीर सहाय' पुस्तक का सम्पादन असद ज़ैदी के साथ। सुदीप बॅनर्जी की प्रतिनिधि कविताओं के संकलन का सम्पादन लीलाधर मंडलोई के साथ। 'बोलता लिहाफ' (श्रेष्ठ कथाकारों की कहानियों का संकलन) का सम्पादन मृणाल पाण्डे के साथ।

इसके अलावा नवसाक्षरों के लिए कई पुस्तकें लिखीं तथा सम्पादित कीं।

सम्मान : 'कथा' संस्था का 'अखिल भारतीय कथा पुरस्कार', हिन्दी अकादमी, दिल्ली का 'साहित्य सम्मान', कविता के लिए 'शमशेर सम्मान', मध्य प्रदेश सरकार का 'शिखर सम्मान' तथा व्यंग्य के लिए 'व्यंग्य श्री' सम्मान आदि।

सम्प्रति : स्वतंत्र लेखन।

राष्ट्रीय नाक

विष्णु नागर

राजकमल पेपरबैक्स

ISBN : 978-81-267-0870-3

पहला सजिल्द संस्करण
राजकमल प्रकाशन प्राइवेट लिमिटेड द्वारा
2000 में प्रकाशित

राजकमल पेपरबैक्स में

पहला संस्करण : 2004
दूसरा संस्करण : 2018

राजकमल पेपरबैक्स : उत्कृष्ट साहित्य के जनसुलभ संस्करण

राजकमल प्रकाशन प्रा. लि.
1-बी, नेताजी सुभाष मार्ग, दरियागंज
नई दिल्ली-110 002
द्वारा प्रकाशित

शाखाएँ : अशोक राजपथ, साइंस कॉलेज के सामने, पटना-800 006
पहली मंजिल, दरबारी बिल्डिंग, महात्मा गांधी मार्ग, इलाहाबाद-211 001
36 ए, शेक्सपियर सरणी, कोलकाता-700 017

वेबसाइट : www.rajkamalprakashan.com
ई-मेल : info@rajkamalprakashan.com

बी.के. ऑफसेट
नवीन शाहदरा, दिल्ली-110 032
द्वारा मुद्रित

मूल्य : ₹ 195

आवरण-चित्र : सोरित

RASHTRIYA NAAK
Satires by Vishnu Nagar

हरिशंकर परसाई

और

शरद जोशी

की स्मृति को

जिन्हें मैं बचपन से पढ़ता रहा

अनुक्रम

संपादक का ऊँट

वह ऊँट था और खड़ा था।

मेरा दोस्त खड़ा होकर खड़े हुए ऊँट को देखने लगा। हमें बैंक पहुँचना था और बैंक बंद होने में सिर्फ दस मिनट बाकी थे।

मैंने उससे कहा, "चल यार। ऊँट क्या तूने कभी देखा नहीं ?"

उसने जवाब दिया, "बस, अभी चलते हैं। मुझे यह देखना है कि यह किस करवट बैठेगा।"

मैंने झुंझलाते हुए कहा, "मूर्ख, यह कभी नहीं बैठेगा। तू चल।"

उसने कहा "नहीं यह बैठेगा।"

मैंने कहा, "यह हिंदी अखबार का संपादकीय ऊँट है। यह कभी नहीं बैठेगा। हमेशा से खड़ा है और खड़ा रहेगा।"

लेकिन मेरा दोस्त अड़ा रहा। उसने कहा, "आज ही एक नामी अखबार के नामी संपादक ने लिखा है कि अब देखना यह है कि ऊँट किस करवट बैठता है, इसलिए यह बैठेगा। संपादक को सिर्फ यह नहीं मालूम है कि किस करवट बैठेगा। हम जाकर उसे बताएँगे कि यह इस करवट बैठ गया है।"

मैंने तर्क किया, "देख, तू मेरी बात मान और चल। संपादक की इसमें दिलचस्पी नहीं कि यह किस करवट बैठ गया। उनकी दिलचस्पी तो यह बताने में है कि ऊँट खड़ा है।"

उसने जिद की। वह नहीं माना। वहीं अड़ा रहा। वहीं खड़ा रहा। मैंने फिर उसे समझाया, "देख, तूने कभी किसी हिंदी अखबार के किसी संपादकीय में कभी यह पढ़ा है कि ऊँट दाईं करवट बैठ गया या बाईं करवट बैठ गया। नहीं पढ़ा होगा। तूने संपादकीयों में ऊँट को हमेशा खड़ा पाया होगा। तो यह संपादकीय ऊँट है। यह कभी नहीं बैठेगा। यह कल भी इसी तरह खड़ा हुआ मिलेगा। परसों भी। नरसों भी। बरसों भी। यह खड़े-खड़े ममी बन जाएगा मगर बैठेगा नहीं।"

उसने पूछा, "तू शर्त लगाने को तैयार है ?"

मैंने कहा, "हूँ, मगर शर्त मैं ही जीतूँगा। मैं तीस साल से अखबार पढ़ रहा हूँ, तू पिछले दो साल से पढ़ रहा है। यह संपादक का ऊँट है। खड़ा रहेगा।"

उसने झुंझलाकर कहा, "अरे बेवकूफ यह असली ऊँट है। ऊँट है तो कभी तो

बैठेगा। यह सही है कि संपादकीय के अनुसार यह भी करवट लेकर बैठेगा। मगर यह बैठेगा। इसके बैठते ही हम संपादक के पास पहुँच जाएँगे। कहेंगे— भगवन्, ऊँट आज बैठ गया है। आप उसे बैठा रहने देना। सुस्ताने देना। तुरंत खड़ा मत कर देना। वरना मैं मेनका गाँधी के पास जाकर आपकी शिकायत करूँगा। उनसे कहूँगा कि ये हिंदी के संपादक दशकों से ऊँट जैसे सीधे-सादे जानवर को खड़ा रखे हुए हैं। यह पशु के साथ क्रूरतापूर्ण व्यवहार की घटना है। ये उसे न बैठने दे रहे हैं, न चलने दे रहे हैं, न कुछ खाने दे रहे हैं, न पीने दे रहे हैं। मेरा खयाल है कि कितना ही नामी हो, संपादक इस धमकी से डरेगा। मेनका की धमकी से बड़े-बड़े डर जाते हैं, फिर यह तो गरीब संपादक है।''

मैंने फिर अपने नादान दोस्त को नेक सलाह दी कि वह इस पचड़े में न पड़े। ''मेनका गाँधी भी संपादकों से डरती हैं। उनका मूक प्राणियों पर अत्याचार के विरुद्ध अभियान भी तो आखिर अखबारों के दम पर ही चलता है। वे तेरी एक न सुनेंगी। वे ऊँट को खड़ा रहने देंगी।''

वह गुस्से में आ गया, ''तो मैं अदालत का दरवाजा खटखटाऊँगा।''

मैंने ठंडे दिमाग से सलाह दी, ''देख, मत जा। आजकल जिसको गुस्सा आता है, अदालत में चला जाता है। तू मत जा। अदालत प्रमाण माँगेगी। कहेगी, ऊँट को हाजिर करो। ऊँट से पूछेगी। ऊँट जवाब नहीं देगा। वह गवाही माँगेगी। तू संपादक के विरुद्ध किसकी गवाही लाएगा ?''

वह भी हिम्मत हारनेवाला नहीं था। उसने जवाब दिया, ''मैं पिछले पचास साल के सारे संपादकीय अदालत में पेश करूँगा। उससे साबित हो जाएगा कि यह गरीब प्राणी न जाने कब से खड़ा है। इन हिंदी संपादकों की वजह से खड़ा है। हिंदी संपादकों को समुचित सजा दी जाए। ऊँट को बैठाया जाए।''

मैंने तर्क किया, ''संपादक तो कहेंगे कि हमने तो हमेशा ऊँट के किसी-न-किसी करवट बैठने की प्रतीक्षा की है। यह नहीं बैठता तो हम क्या करें। हो सकता है, यह रात में बैठता हो। लेकिन 11 से 6 के बीच तो यह हमेशा हमें खड़ा मिला। इसलिए हमने लिखा कि देखते हैं कि यह किस करवट बैठता है।''

इस बीच ऊँट में कुछ हलचल हुई। उसने घोषणा की, ''अब यह जरूर बैठेगा।''

लेकिन जैसाकि मैंने कहा है, मेरे दोस्त में अनुभव की कमी है। ऊँट खड़ा रहा।

अंततः उसने निराश होकर पूछा, ''यार यह बताओ कि क्या हिंदी संपादकों के कैबिन में इतनी जगह रहती है कि वे एक ऊँट को हमेशा वहाँ खड़ा रखें और क्या उनके पास इतना समय होता है कि हमेशा ऊँट की तरफ देखते रहें ? ये माजरा क्या है ? इससे तो बेहतर है कि ऊँट का एक वीडियो गेम बनवा लें। चल अपना सुझाव देने चलते हैं।''

फिर खुद ही उसके पैर थम गए। उसने कहा, ''छोड़ यार। मैं शहरी आदमी हूँ। मुझसे गौशाला की गंदगी तो बरदाश्त होती नहीं, ऊँटशाला की गंदगी क्या बरदाश्त होगी। अपन तो बैंक चलते हैं।''

आदमी की पूँछ

आज के बंदर भले न मानें, मगर आज का आदमी जरूर मानता है कि आदमी बंदर की औलाद है। चिंपाजी की प्रागैतिहासिक नानी हमारी भी नानी थी। पहले हम भी चिंपाजी की तरह पेड़ पर रहते थे और जमीन पर आने से घबराते थे। यह अलग बात है कि चिंपाजी जो था, वही बना रहा। हम जो थे, वह नहीं रहे। और तो और हमने अपनी ऐतिहासिक पूँछ तक त्याग दी।

मान लो, आज जो हम हैं, वह रहते, लेकिन साथ ही हमारी पूँछ भी रहती। यानी हम पूँछवान मनुष्य होते, तो क्या होता !

एक संभावना यह थी कि हम पूँछ को शरीर का एक फालतू अंग मानकर कटवा डालते। लेकिन क्या हम सचमुच ऐसा करते ? क्या अपने शरीर के किसी अंग को कटवा डालना आसान होता है ? नहीं होता, तो इसका मतलब यह है कि हनुमानजी की तरह हमारी भी पूँछ होती। यह फालतू-सी चीज हमेशा पीछे लटकी रहती, तो क्या हम अपने को अपनी ही नजर में हास्यास्पद लगते ? क्या जिंदगी-भर, पीढ़ी-दर-पीढ़ी हम इस हास्यास्पदता को ढो पाते ?

दूसरी संभावना यह है कि अगर गाय-भैंस, कुत्ता-गधा और खुद बंदर अपनी पूँछ के कारण हमें हास्यास्पद नहीं लगता है, तो हम अपनी ही नजर में खुद को हास्यास्पद क्यों लगते ?

तो एक समस्या तो हल हो गई कि न हम अपनी पूँछ कटवाते, न खुद को हास्यास्पद लगते। मगर अब सवाल सामने यह आता है कि हम अपनी पूँछ का क्या करते ? सिर से पैर तक हमारे शरीर का हर अंग काम का है। पूँछ भी शायद किसी-न-किसी तरह जरूरी होती। गुस्से में हम उसे जमीन पर फटकारते। शायद मक्खी-मच्छर से अपने को बचाने के लिए गाय-भैंस की तरह हम भी अपनी पूँछ का इस्तेमाल करते। मालिक को खुश करने के लिए उसके सामने कुत्ते की तरह हम भी दुम हिलाते। शायद पाँच-दस किलो का वजन उठाने के लिए हम पूँछ का इस्तेमाल करते।

अगर कोई बिन पूँछ का हमें दिखता, तो हम उसे विकलांग मानते। बच्चों के हाथ-पैर तोड़कर उन्हें विकलांग बनाकर भीख मँगवानेवाले, तब शायद बच्चों की पूँछ भी काट डालते।

लेकिन पूँछ का बड़ा होना श्रेष्ठता का प्रतीक माना जाता या छोटा होना ? छोटी पूँछ इसलिए श्रेष्ठ मानी जा सकती थी कि वह जमीन पर नहीं घिसटती। लेकिन छोटा कद, छोटी नाक, छोटी आँख, छोटे हाथ वगैरह को सौंदर्य का प्रतीक तो नहीं माना जाता। इसलिए संभव था कि लंबी पूँछ मनुष्य के सौंदर्य-उपमानों में से एक मानी जाती। 'और सब तो ठीक है लेकिन लड़की की पूँछ छोटी है', 'और सब तो ठीक है लेकिन लड़के की पूँछ टेढ़ी है' जैसी टिप्पणियाँ होतीं।

एक सवाल यह भी है कि आदमी अपनी पूँछ उठाकर चलता या गिराकर चलता या सीधी रखकर चलता ? पूँछ उठाकर चलता, तो वह शर्ट-पैंट या साड़ी-ब्लाउज के बाहर होती या अंदर ? और अगर पूँछ शर्ट-पैंट या साड़ी-ब्लाउज के बाहर होती, तो क्या उसे ठंड, गरमी, बरसात से बचाने के लिए कपड़े से ढँका जाता ?

तब पूँछ ढँकने की भी ड्रेस होती और उसके ड्रेस-डिजाइनर होते। फैशन हमेशा बदलते रहते। गरमी में पुरुष अपनी पूँछ आधी या पूरी खुली रखते, मगर औरतों को अपनी पूँछ ढँकनी पड़ती। केवल शहरी-आधुनिकाएँ ही अपनी पूँछ को अधनंगा रखतीं और बुढ़ऊ कहते कि देखा-देखा, आजकल की लड़कियाँ कितनी बेशरम हैं, अपनी पूँछ दिखाती रहती हैं। लड़के टेढ़ी या सीधी नजरों से लड़कियों की पूँछ को देखते और कहते, 'यार, क्या बला की पूँछ है। हाय ! हम तो मर गए।'

पूँछ के बालों के बारे में तो हमने सोचा ही नहीं। पूँछ के बाल धोए जाते और उनमें कंघी की जाती। तब ब्यूटी पार्लरवाले पूँछ के बालों को 'सुंदर' बनाने के भी उपाय करते। उधर नाइयों को भी काम मिलता। हो सकता है, कुछ पुरुष दाढ़ी-मूँछ की तरह पूँछ के बाल भी शेव कराते। कुछ इन बालों को बड़ा रखते। लड़कियाँ हो सकता है, इन बालों में रिबन बाँधतीं, रबड़ लगातीं या क्लिप लगातीं। पूँछ के बालों को नरम, मुलायम और स्वस्थ रखने के लिए हो सकता है, कुछ साबुन, शैंपू और क्रीमें होतीं।

बहुत कुछ होता, गर पूँछ होती। तब आँख, दाँत, कान विशेषज्ञ की तरह शायद पूँछ विशेषज्ञ भी होते। लोग पूँछ में दर्द की शिकायत लेकर डॉक्टर के पास जाते। डॉक्टर पूछता कि पूँछ को ऊँचा रखने से दर्द होता है या नीचा रखने से। पूँछ को फटकारने से दर्द होता है या हिलाने से। वह दवा के साथ-साथ पूँछ के तरह-तरह के व्यायाम भी बताता। मालिश के लिए तेल या लोशन बताता। पूँछ के बारे में कुछ नए मुहावरे भी बनते। हो सकता है, तब लोग मूँछ का सवाल बनाने की बजाए पूँछ का सवाल बनाते। व्यवस्था को 'लूली-लँगड़ी' के साथ ही लोग 'पूँछकटी' भी बताते। किसी को गरियाने के लिए लोग तब कहते कि साले को पूँछ हिलाना तो आता नहीं है, नेतागिरी करने चला है।

और भी अनंत संभावनाएँ हैं। हिंदुओं में शादी के समय वर-वधू की गाँठ बाँधने की बजाए पूँछ बाँधने की परंपरा होती। हो सकता है, आदमी को पूँछ होती तो उसे कुर्सी की जरूरत न पड़ती। जमीन पर दो पैर रखे, पूँछ गोल-गोल मोड़कर रखी और

बैठ गए।

हो सकता है, हम भारतीय अपनी पूँछों के बल पर गर्व करते और सबसे बड़ी बात, सिर्फ हनुमान की ही नहीं, राम-लक्ष्मण-सीता, कृष्ण-राधा वगैरह की जितनी भी तसवीरें और मूर्तियाँ मिलतीं, सब में उनकी पूँछ होती।

खेद व्यक्त करने की नौकरी

दो चीजों से मैं बहुत डरता हूँ--'हमें खेद है' और 'हम आपका हार्दिक अभिनंदन करते हैं'। मैं पिछले दिनों एक रिश्तेदार को लेने रेलवे स्टेशन गया। घर से टेलीफोन किया था तो बताया गया था कि ट्रेन टाइम पर आ रही है। वहाँ गया तो पता चला, ट्रेन दो घंटे लेट है। गनीमत थी कि मेरे मेहमान की ट्रेन सिर्फ दो घंटे लेट थी। किसी की छह घंटे, किसी की आठ घंटे, किसी की बारह घंटे और किसी की सोलह घंटे लेट थी। एक नारी-स्वर निरंतर इस पर खेद प्रकट करता जा रहा था। 'हमें खेद है कि फलाँ ट्रेन आठ घंटे विलंब से आ रही है', 'हमें खेद है कि फलाँ ट्रेन दस घंटे विलंब से आ रही है', 'हमें खेद है कि फलाँ ट्रेन बारह घंटे लेट आ रही है।'

इतना ज्यादा खेद था उस नारी को कि अगर मुझे होता तो मैं या तो आत्महत्या कर लेता या साधु बन जाता। लेकिन वह थी कि उसे निरंतर खेद था मगर उसकी आवाज तक काँप नहीं रही थी। कई बार तो उसकी आवाज में इतनी खुशी थी कि लगता था कि खेद व्यक्त करके वह बहुत प्रसन्न है।

मुझे लगता है, जब वह महिला सुबह नहा-धोकर, नाश्ता और खाना बनाकर, साड़ी या सलवार-कुरता पहनकर घर से निकलती होगी तो सास से कहती होगी, 'अच्छा अम्माँ खेद व्यक्त करने जा रही हूँ। देर से लौटूँगी। आज शर्माजी के बच्चे का जन्मदिन है। पार्टी में होकर आऊँगी।' किसी दिन पति से कहती होगी, 'सुनिए, आज मुझे चार घंटे ज्यादा खेद प्रकट करना है क्योंकि श्रीमती सक्सेना छुट्टी पर हैं। आप मुझे लेने आ जाना। अपन खाना बाहर ही खाएँगे।'

दफ्तर में यानी रेलवे स्टेशन के अपने केबिन में वह चाय, समोसे खाती होगी और खाते-खाते खेद व्यक्त करती होगी, और उसके बाद शीशे में अपना सौंदर्य निहारती होगी, सहेली से गप्पें हाँकती होगी और हँसते-हँसते कहती होगी, 'जरा एक मिनट ठहर, थोड़ा-सा खेद व्यक्त कर लूँ।'

वह भी सोचती होगी कि क्या मजे की नौकरी है। खेद व्यक्त करो और तनख्वाह लो। खेद तो उसे है नहीं। उसे किस बात का खेद ? वह न तो रेल में सफर कर रही है, न किसी को स्टेशन पर लेने-छोड़ने आ रही है। जो भी खेद है, रेल विभाग को है। वह तो रेल विभाग का एक पोस्टकार्ड है बस। वह तो आकाशवाणी है रेल विभाग की। उसे क्या गम और क्या खुशी ! ट्रेन उसने लेट की नहीं है। ट्रेन को लेट करते हैं दूसरे।

जिम्मेदारी अगर कोई है तो उनकी है। उसकी जिम्मेदारी तो बस खेद व्यक्त करना है। अपने खेद से रेलवे स्टेशन पर खड़े-बैठे लोगों को वंचित नहीं करना है। खेद व्यक्त करने में लेट नहीं होना है। उसकी खेद की रेल टाइम पर जरूर चलनी चाहिए। वह चला देती है। कम-से-कम इस मामले में वह रेल विभाग को बदनाम नहीं होने देती कि साले खेद तक व्यक्त करने में रेलवे वाले लेट हो जाते हैं।

दरअसल खेद किसी को नहीं है, सिवाए उसके जो कि सफर कर रहा है और सिवाय उसके कि जो लेने-छोड़ने आ रहा है। उसे खेद है कि वह किस बदकिस्मती से आज इस झंझट में फँस गया। खेद रेलवे मंत्री को तो है नहीं। वह तो हवाई जहाज में सफर करता है। खेद रेल मंत्रालय को भी नहीं है क्योंकि अफसर भी मंत्री की तरह या तो हवाई जहाज में सफर करते हैं या रेलवे के विशेष सेलून में। खेद सांसदों को भी नहीं है क्योंकि वे शताब्दी या राजधानी से सफर करते हैं, घटिया ट्रेनों से नहीं। तो बेचारी एनाउंसर ही क्यों खेदित हो ? उसका क्या कसूर है ! वह तो नौकरी बजा रही है। उसे तो उस दिन भी खेद नहीं होता होगा, जिस दिन खेद व्यक्त करने के लिए कुछ नहीं होता होगा ! लेकिन क्या ऐसा भी कोई दिन होता होगा !

वैसे खेद का ठेका सिर्फ रेल मंत्रालय ने नहीं ले रखा है। अरबों का ठेका है। वह अकेले कैसे ले ! इसलिए दूरदर्शन भी खेद प्रकट कर देता है। पी. डब्ल्यू. डी. का तो जन्म ही खेद व्यक्त करने के लिए हुआ है। यह भ्रम मुझे टेलीफोन विभाग के बारे में भी होता है। इन विभागों ने खेद प्रकट की स्थायी तख्तियाँ बना रखी हैं। ये जहाँ भी जाते हैं, खेद-प्रकाश की तख्तियाँ साथ लेकर जाते हैं। पहले तख्ती लगाते हैं, फिर काम शुरू करते हैं।

जिस देश में इतना खेद हो, उस देश का यारों क्या कहना ! मुझे पता नहीं कि 'गिनीज बुक ऑफ वर्ल्ड रिकॉर्ड' में किसी देश की सरकार का नाम इस बात के लिए दर्ज होता है या नहीं कि उसने अपनी जनता के साथ कितनी बार खेद व्यक्त किया। अगर दर्ज होता है तो मुझे पूरा विश्वास है कि भारत सरकार का नाम वर्षों से ऊपर होगा। और अगर 'गिनीज बुक' में ये सब दर्ज नहीं होता तो करवाना चाहिए। हमारी प्रतिभा साँपों के साथ रहने, लंबे बाल या मूँछें रखने तक क्यों सीमित रहे ! और साहब व्यक्ति को ही क्यों शामिल किया जाए, अगर कोई सरकार प्रतिभावान हो तो उसे उसका वाजिब श्रेय क्यों न दिया जाए ! किस देश की सरकार इतनी सभ्य होगी कि अपनी जनता से इतना ज्यादा खेद व्यक्त करे !

'हार्दिक अभिनंदन' में भी हमारी सामूहिक प्रतिभा का जवाब नहीं। जहाँ देखो, हार्दिक अभिनंदन है। सड़क खुदी पड़ी है मगर शहर आपका हार्दिक अभिनंदन कर रहा है। भाजपा जिस नेता को जूते मार रही है, कांग्रेस उसका हार्दिक अभिनंदन कर रही है। इसी तरह भाजपा जिसका हार्दिक अभिनंदन कर रही है, कांग्रेस उसको जूते मार रही है। 'हार्दिक' शब्द अगर वाकई 'हृदय' से ही बना है तो इसका मतलब यह हुआ कि इतने सारे 'हार्टफेल' होने का कारण ही यही है कि भारतीय हृदय सिर्फ अभिनंदन

करने में लगा रहता है। बताते हैं कि हृदय बड़ा नाजुक होता है। उसे दूसरे के हृदय से लगाने की बजाए, अभिनंदन करने की मशीन बना दोगे तो यही होगा। हार्दिकता का इतना कारोबार अच्छा नहीं। वह तो गनीमत है कि लोग अक्सर हार्दिक खेद व्यक्त नहीं करते। खेद की अभिव्यक्ति या तो मुँह से या कलम से कर देते हैं। वरना हृदय का काम और बढ़ जाता। हो सकता है, किसी दिन हृदय को हार्दिक अभिनंदन करते हुए हार्दिक खेद होने लगता !

कूड़ा-कांड

हमारे सम्माननीय पड़ोसी हैं वे। पड़ोसी के नाते उन्होंने क्रमशः यह विशेषाधिकार प्राप्त कर लिया है कि वे रोज सुबह अपने घर का कूड़ा-कचरा हमारे दरवाजे पर इकट्ठा करेंगे। आरंभ में हमने इस सत्कर्म से रोकने के लिए उनसे आग्रह किया, अनुनय-विनय की, विरोध किया, प्रतिरोध किया। लेकिन सब बेकार। अंततः हमने उनके इस विशेषाधिकार का सम्मान करने का निश्चय कर लिया। इसे आप हमारी सज्जनता मानने का अनुग्रह करेंगे तो हम इसे स्वीकार तो अवश्य कर लेंगे मगर यह होगी, वास्तव में आपकी ही सज्जनता। बहरहाल, हमारे पड़ोसी के बीच जारी इस सुदीर्घ प्रक्रिया का एक दिन 'सुफल' यह निकला कि कूड़े का पूरा पहाड़ उन्होंने ऐन हमारे दरवाजे पर खड़ा कर दिया। हम सुबह दरवाजे के बाहर पड़े अखबार लेने के लिए निकले तो दरवाजा खुलने का नाम ही नहीं ले रहा था।

जाहिर है कि हम परेशान हो गए। परेशान ही क्या, व्यथित भी हो गए। हम अपनी प्रतिभा का संपूर्ण और जबरदस्त इस्तेमाल करते हुए संकेत में जो भी खरी-खोटी सुना सकते थे, सुना गए। आप उसकी कल्पना कर लें तो स्थान बचेगा। मगर वे भी कम न थे। संकेतों को समझने से उन्होंने इनकार कर दिया। उनकी ओर से कोई आंतरिक और बाहरी प्रतिक्रिया दिखाई न दी। उनके दरवाजे-खिड़कियाँ बंद थे, सो बंद ही रहे। हम इस झटके को सहन न कर सके।

इस स्थिति का प्रभावी इलाज हमें यह दिखा कि हम अपनी श्रीमतीजी को सादर घटनास्थल पर आमंत्रित करें। हमें पता है कि हमारे साथ वे भी उस अवस्था में पहुँच चुकी हैं जबकि संकेतों का उनकी जीवनावली में स्थान नहीं रह गया है। उन्हें जैसाकि वे सदैव बताती हैं—कवियों और कविता से विशेष घृणा है जोकि सिर्फ संकेतों की भाषा बोलते हैं। शायद उनका सामना हमारे पड़ोसी जैसे व्यक्तियों से बचपन में हो चुका था। वे अपने श्रीमुख से ठोस और खरे गद्य की रचना करने में उतनी ही प्रवीण हैं, जितना कि कोई भी अच्छा गद्यकार।

तो हमने उनसे करुण आर्तनाद किया और तुरंत यह भाँपकर कि स्थिति हमारे नियंत्रण से बाहर हो चुकी है, वे आ गईं। जैसे श्रीकृष्ण द्रौपदी का चीरहरण रोकने आए थे, उसी तत्परता से वे आईं। वे समझदार हैं। हमारा मुँह खुले, इससे पहले वे स्थिति की गंभीरता को भाँप गईं। उन्होंने अपनी पूरी ताकत लगाकर जैसे-तैसे दरवाजे को

खोला, अपने लिए रास्ता बनाया और अपनी पूरी शक्ति, क्षमता और पराक्रम के साथ कूड़े के उस पहाड़ को छिन्न-विच्छिन्नकर पड़ोसी के दरवाजे पर उसे खड़ा करना आरंभ कर दिया। हम उनकी दक्षता पर मुग्ध हो रहे थे। 'आज तो इनका इलाज हो ही जाए', यह उनका सघोष सार्वजनिक वक्तव्य था।

हमारे सम्माननीय पड़ोसी पर—जिन पर शब्द बेअसर थे—कर्म का असर उसी प्रकार हुआ, जिस प्रकार बिजली के करंट का प्रभाव मनुष्य पर होता है। वे तुरंत अपनी खिड़की पर आकर आहत और व्यथित भाव से बोले, "अरे-अरे बहनजी, आप यह क्या कर रही हैं ?"

'बहनजी' उवाच : "कुछ नहीं भैयाजी, अचानक रातोंरात मेरे दरवाजे पर कूड़े का पहाड़ खड़ा हो गया था। बस, उसे हटाने का प्रयत्न कर रही हूँ। आप चिंता मत कीजिए।"

'भैयाजी' बोले : "आप मेरे दरवाजे पर संपूर्ण सक्रियता के साथ कूड़ा फेंकती जा रही हैं तो मैं चिंता से स्वयं को विलग भी कैसे रखूँ ? आखिर मैं भी मनुष्य हूँ। ऐसा कीजिए, आप अपनी यह कार्रवाई अभी और इसी समय रोक दीजिए। आप जैसी पढ़ी-लिखी और भद्र महिला के लिए इस प्रकार श्रम करना शोभा नहीं देता।"

"भैयाजी, जो आपको शोभा दे सकता है, वह हमें भी शोभा क्यों न देगा ? हम भी तो आपके पड़ोसी ही हुए।"

"लेकिन बहनजी, हमने आपके दरवाजे पर कूड़ा इस बेरहमी से तो नहीं फेंका था। बेहद शांतचित्त से हमने यह काम किया था। और आप हैं कि...मेरा मतलब है..."

"हाँ भैयाजी, थोड़े बेरहम और थोड़े बेशरम तो हम हैं ही। सारा ज्ञान आपसे प्राप्त करने का सौभाग्य हमें प्राप्त नहीं हुआ। दूसरों से भी उसे हमने ग्रहण किया है। इसलिए मैं जब बेरहमी और बेशरमी पर उतरती हूँ तो आधे में नहीं रुकती। बस थोड़ा-सा ही अवसर और दीजिए। मेरा काम खत्म हुआ जाता है।"

"देखिए, आप कुछ समझ नहीं रही हैं..."

"समझ-बूझ तो मुझमें है नहीं भैयाजी। मेरे पति भी मुझसे अक्सर यही कहते रहते हैं। लेकिन आप चिंता मत कीजिए। मैं समझूँगी। जरा यह अभियान पूरा कर लूँ। मुझे समझ-बूझके काम करने की बजाय काम करके समझना-बूझना ज्यादा अच्छा लगता है। औरत हूँ न ! पुरुषों के अनुसार, बुद्धि का अभाव है मुझमें।"

"बहनजी, आप कुछ ज्यादा ही विनम्र बन रही हैं। आपमें समझ है। बस, अभी आप नासमझी दिखा रही हैं। आप नहीं समझेंगी तो बाद में पछताएँगी।"

"पछताने के अवसर तो भैयाजी, जीवन में आते ही रहते हैं। मैं तो इस मनुष्य योनि में आकर और उसमें भी इस पड़ोस में आकर पछता रही हूँ। लेकिन अब पछताने से क्या होगा। अब तो चिड़िया खेत चुग गई इसलिए आराम से पछताऊँगी, एक साथ-एकमुश्त पछताऊँगी। जल्दी क्या है। बस थोड़ा-सा काम बचा है वरना काम पूरा न होने का पछतावा भी रहेगा।" और वे तल्लीनता से अपने काम में लगी रहीं। कूड़े

का पहाड़ पड़ोसी के दरवाजे पर लगभग खड़ा हो चुका था। बस, शिखर पर निर्माण बाकी था। लेकिन मैं पड़ोसी की दशा से विचलित हो गया, मैंने कहा, "सरोज, अब रहने दो, अंततः ये हमारे पड़ोसी हैं। इनकी बात सुनना भी हमारा पुनीत कर्त्तव्य है।"

"पतिश्री, आपसे बेहतर इस बात को कौन जानता है कि मैं आपके प्रति ही अपने सभी पुनीत कर्त्तव्यों का निर्वाह कहाँ कर पाती हूँ। इस संबंध में स्वयं आपको अनेक शिकायतें रहती हैं। फिर ये तो हमारे पड़ोसी ही हुए। इनके प्रति अपने कर्त्तव्यों में हमसे कुछ चूक भी हो जाए तो कुछ खास गम नहीं, क्यों पतिदेव ? वैसे, मेरा काम संपन्न हो चुका है। अगर आप स्वयं पड़ोसी-कर्त्तव्य की पूर्ति कर लें तो कैसा रहे ? मैं तब तक नहा आती हूँ। मेरा खयाल ठीक है न, मेरे कर्त्तव्यनिष्ठ पतिदेव ?" इतना कहकर वे आँखें दिखाती हुई अंदर चली गईं। मैं समझ गया कि मेरी कर्त्तव्य-चेतना ने मुझे गहरे संकट में फँसा दिया है। लेकिन अब मैं कर भी क्या सकता था ? फिलहाल मैंने पत्नी के घर के अंदर संपूर्ण रूप से जाने का इंतजार किया। जब मुझे इसका विनिश्चय हो गया, तब मैंने पड़ोसी से कहा, "अब फरमाइए, आपको क्या कहना है ?"

पड़ोसीजी मेरे इस कथन से नाराज हो गए। संकट के बादल मुझ पर गहरा रहे थे। "अब फरमाने को रहा क्या ? आपकी श्रीमतीजी की महती कृपा से कूड़े का पहाड़ हमारे दरवाजे पर खड़ा हो गया है। अब तो हम इसके लिए आपको सिर्फ धन्यवाद ही दे सकते हैं। इसी के साथ नमस्कार कहते हुए मुझे अब विदा भी ले लेनी चाहिए।"

"वैसे, आपके प्रस्ताव में अनुचित कुछ भी नहीं मगर फिर भी आप कुछ कहना चाहें तो मैं कुछ सुन भी सकता हूँ। गंगा में पानी अभी बहुत बहा नहीं है।"

"ऐसा आप समझते हैं तो आपका शुक्रिया। लेकिन क्या आप यह उचित मानते हैं कि दो पड़ोसी कूड़े के पहाड़ के दो ओर खड़े होकर वार्तालाप करें ?"

"लेकिन यह पहाड़ तो स्वयं आपकी ही संरचना है, श्रीमन् !"

"मगर यह संरचना अकारण नहीं, सोद्देश्य है, यही मैं आप लोगों को बताना चाहता था। और यही बात आप सुन नहीं रहे हैं।"

"सिर्फ सुनने के हितार्थ तो मैं यहाँ उपस्थित हूँ, महाशय।"

"इसके लिए आपको धन्यवाद, लेकिन क्या दो सभ्य जनों की तरह—जोकि आप भी अपने हित में मानेंगे कि हम दोनों ही हैं—आमने-सामने बैठकर वार्तालाप नहीं कर सकते ? इतना तो भारत-पाकिस्तान की सरकारों के प्रतिनिधि भी कर लेते हैं। मेरे खयाल से हम उनसे गए-बीते तो नहीं हैं! क्यों ?"

"अरे कतई नहीं। उनसे तो हम श्रेष्ठ ही हैं। इसी नाते मैं आपको अपने यहाँ बातचीत करने का निमंत्रण देता हूँ।" मैंने कहा।

"यह निमंत्रण स्वीकार करने में मुझे कोई हानि नहीं दिखाई देती श्रीमान्, मगर चूँकि वार्ता का प्रस्ताव मेरा है तो क्या यह उचित नहीं होगा कि आप कूड़े के इस पहाड़ को लाँघकर मेरी झोंपड़ी पर आएँ और उसे कृतार्थ करें।"

"मेरे आने से—जिसे आप अपनी झोंपड़ी कह रहे हैं—वह कृतार्थ हो सकती है तो

मैं अपना जीवन भी धन्य समझूँगा। लेकिन महाशय, मेरी कठिनाई यह है कि मैं हूँ मैदानी जीव। मैं कभी पहाड़ों की तरफ गया नहीं। अतः पहाड़ लाँघने में मुझे कठिनाई होगी। आपके लिए यह सहज है। आप तो पहाड़ों में रहे हैं।''

''वैसे, आपकी जानकारी दुरुस्त है। मगर मैं सोच रहा था कि आप जैसे कल्पनाशील प्राणियों ने जब पहाड़ देखे बगैर पहाड़ की इतनी सुंदर संरचना कर डाली है तो आप स्वयं उसे लाँघने का रिकॉर्ड भी कायम क्यों नहीं करते ? आप अपनी क्षमता पर अविश्वास न करें और फौरन इसे लाँघकर मेरी तरफ आ जाएँ। अपनी रचना का आनंद रचनाकार को स्वयं भी उठाना चाहिए। दूसरे तो उसे प्राप्त करते ही रहते हैं।''

''भाई साहब, रचना तो होती ही इसलिए है कि दूसरे उसका आस्वाद लें। रचनाकार को तो उसका आनंद रचना के दौरान ही मिल जाता है। उससे अधिक आनंद लेने का प्रयास आत्ममोह ही कहा जाएगा। मैं इस आरोप से बचना चाहता हूँ। मैं तो अपनी रचना का प्रकाशन तुरंत करा देता हूँ ताकि दूसरे उसके आनंद में गोते लगाएँ। अगर आपको मैं उस आनंद में गोते लगाते पाऊँगा तो मेरा रचनाकार मन प्रफुल्लित हो उठेगा।''

उन्होंने आग्रह किया, ''लेकिन मैं एक दूसरी ही दृष्टि से पूरी स्थिति का आकलन कर रहा हूँ। देखिए मानवीय इतिहास में आज तक तो ऐसा हुआ नहीं कि किसी मनुष्य ने कोई पहाड़ बनाया हो। आप यह सौभाग्य प्राप्त करनेवाले पहले व्यक्ति हैं, अब आप स्वनिर्मित पहाड़ पर चढ़कर भी दिखा देंगे, तो मेरा खयाल है कि इसकी मिसाल आनेवाले सैकड़ों सालों में मुश्किल से मिलेगी। आपका नाम इतिहास के स्वर्णिम पृष्ठों पर तो अवश्य ही लिखा जाएगा। हो सकता है, प्लेटिनम पृष्ठों पर लिख दिया जाए।''

''आपका कथन सौ फीसदी सही है। मुझे भी ऐसा लगता है। लेकिन, मैं दूसरों की तरह स्वार्थी नहीं। मैं परमार्थ में भी कुछ आस्था रखता हूँ। चूँकि आप मेरे पड़ोसी होने के साथ ही प्रतिभासंपन्न भी हैं, इसलिए अकेले-अकेले मेरा नाम स्वर्णिम या प्लेटिनम पृष्ठों पर लिखा जाए और आपका साधारण पृष्ठों पर भी नहीं हो, यह मुझे स्वीकार नहीं। इसलिए मैं चाहूँगा कि आप इस पर से चढ़कर मेरे घर आएँ। भावी पीढ़ियाँ हमें एक आदर्श पड़ोसी के रूप में याद करेंगी कि एक ने पहाड़ बनाया और दूसरे को उस पर चढ़वाकर उसका उद्‌घाटन करवाया।''

इतने में मेरी श्रीमतीजी लपकती हुई आईं। उनके लिए हमारा यह दीर्घसूत्री अकादमिक संवाद बरदाश्त से बाहर हो चुका था। उन्होंने गुस्से में कहा, ''इतनी देर से यह क्या बकवास लगा रखी है आपने ? क्यों अपना प्रातःकाल आप इस प्रकार विभष्ट होने दे रहे हैं। आप अंदर आइए जी, किसी चक्कर में मत पड़िए। कूड़े का पहाड़ इनका है। इनकी संपत्ति है, इनके दरवाजे पर अवस्थित है। फिर आप खामखाँ परेशान क्यों हैं ? आइए, आज बहुत-से काम हैं, बाजार चलना है।''

श्रीमतीजी का कथन दुरुस्त था। कम-से-कम जहाँ तक हमारा सवाल था, श्रीमतीजी के त्वरित प्रयत्नों से समस्या का शांतिपूर्ण निदान हो चुका था। कूड़े का पहाड़ उसके

निर्माता के द्वार पहुँच चुका था। इसके उपरांत मेरी वाक्पटुता का यह प्रदर्शन, जिस पर मैं स्वयं भी मुग्ध होने लगा था, व्यर्थ एवं सारहीन था। वास्तव में मैं अपने वाक् कलाकौशल से पत्नी द्वारा अंतिम रूप से सुलझा दी गई समस्या को पुनः उलझाकर अपने पड़ोसी के प्रयासों को सफल बनाने में लगा हुआ था। लेकिन जैसे-जैसे मेरा व्यर्थता-बोध विकसित होता जा रहा था, वैसे-वैसे मेरे पड़ोसी बेचैन हो रहे थे।

उनके भी मुख के भावों से स्पष्ट था कि मेरी पत्नी द्वारा अचानक की गई पारी समाप्ति की घोषणा से वे अप्रसन्न थे। उन्होंने अपनी आपत्ति दर्ज की, ''बहनजी, जिसे भ्रमवश या अज्ञानवश आप बकवास समझ रही हैं, हम उसमें संलग्न नहीं थे। जैसाकि आपको विदित है कि हम दोनों अपने-अपने विषयों के ज्ञाता हैं। हम तथाकथित ही सही विद्वान अवश्य हैं। हम अपनी विद्वत्ता से एक-दूसरे को लाभान्वित करते हुए इस निर्णय पर पहुँचने का विनम्र प्रयास कर रहे थे कि वास्तविक समस्या के निराकरण हेतु कौन किसके घर पदार्पण करे। यह पहाड़ हम लोगों के बीच भौतिक एवं आध्यात्मिक समस्या बना हुआ है। अब आप आ गई हैं तो हमें पूर्ण विश्वास है कि यह समस्या मिनटों में सुलझ जाएगी। इसका एकमात्र कारण यह होगा और यह कहने के लिए मुझे विनम्रतापूर्वक क्षमा किया जाए कि आप स्वयं विद्वान नहीं हैं, अपितु आप समझदार हैं। इस नाते आप अच्छी तरह समझ सकती हैं कि वर्तमान समस्या से अपने पति की अपेक्षा आप अधिक प्रभावित हो रही हैं। मेरा अनुमान है कि आप मेरे निष्कर्षों से पूर्णतः सहमत होंगी और यह स्वीकार करेंगी कि वर्तमान समस्या से आपके हित अधिक प्रभावित होते हैं।''

''वैसे, मैं अपनी सीमित बुद्धि से इतना ही समझ पाती हूँ कि मेरे पति के और मेरे हित एक ही हैं।''

''अवश्य-अवश्य, बेशक-बेशक। इसमें मुझे तनिक भी संदेह नहीं है, लेकिन ये महाशय तो सुबह-सुबह नौकरी करने घर से प्रस्थान कर जाते हैं, इसके उपरांत—बल्कि मेरे विनम्र मत में इसके पूर्व भी—सारी समस्याएँ आपको ही झेलनी पड़ती हैं। इसी व्यापक दृष्टिकोण के अधीन मैंने अपनी बात सुन लेने का प्रस्ताव आरंभ में ही किया था और इसे पुनः दोहरा रहा हूँ। मामला अत्यंत संक्षिप्त है और आप संवेदनशील तथा समझदार हैं, इसलिए सिर्फ 15 मिनट में सब कुछ स्पष्ट हो जाएगा। इसके लिए कूड़े के इस पहाड़ को मेरे द्वार से हटाकर आपको अपने द्वार पर ले जाना होगा ताकि वार्ता के लिए मेरे यहाँ आपका प्रवेश सहज संभव हो सके। हाँ, यह मेरा वादा है कि मेरी बात से आप लोग संतुष्ट न हुए तो कूड़े के इस पहाड़ को या तो मैं स्वयं अपने द्वार पर ले आऊँगा या उसे बाहर फिंकवा दूँगा। लेकिन मुझे एक अवसर अवश्य दें। मैं आपका कृतज्ञ रहूँगा।''

इसे आप दैवी चमत्कार कहिए अथवा पड़ोसी की विनम्र भाषा का प्रताप कि मेरी श्रीमतीजी, जो अभी तक एक अपिघलनीय द्रव्य मालूम पड़ रही थीं, पिघल गईं। उन्होंने अपने शब्दबेधी बाण और अग्निबाण प्रत्यंचा समेत उठाकर नीचे रख दिए। अविलंब

फावड़ा उठाया और द्विगुणित उत्साह तथा त्रिगुणित संकल्प के साथ कूड़े का पहाड़ पुनः हमारे अपने दरवाजे पर खड़ा करने लगीं। कुछ समय तो मैं चकित-विभोर दृष्टि से यह दृश्य देखता रहा। फिर पत्नी के साथ सहयोग करना चाहिए, यह पवित्र भाव मेरे मन में प्रवेश कर गया और कूड़े का पहाड़ अपने ही दरवाजे पर खड़ा करने में मैं औपचारिक सहयोग प्रदान करने लगा।

और इस प्रकार वार्तालाप हेतु हमने अपने स्वनामधन्य और परमादरणीय पड़ोसी के घर में प्रवेश पाया।

हमारे पड़ोसी ने हमारा स्वागत उसी गर्मजोशी से किया, जिस गर्मजोशी से एक राष्ट्राध्यक्ष दूसरे राष्ट्राध्यक्ष का करता है। बस 21 तोपों की सलामी हमें नहीं दी गई थी। इस मामले में हम उनकी विवशता को समझ सकते थे क्योंकि यह उनका फ्लैट था, राष्ट्रपति भवन का प्रांगण नहीं। वह होता तो हमें आशा ही नहीं वरन पूर्ण विश्वास था कि वे 21 नहीं, बल्कि 51 तोपों की सलामी देते। अस्तु।

हमारे पहुँचते ही उन्होंने स्व-पत्नी को बढ़िया इलायचीयुक्त चाय बनाने का निर्देश जारी किया। साथ ही सूजी के ताजा-ताजा भापयुक्त हलवे से स्वयं को वंचित करवाने के हमारे समस्त विनम्र प्रयास भी मात्र उनके आग्रह के कारण विफल होकर रह गए। इसके उपरांत उभयपक्षीय संवाद आरंभ हुआ, जिसके अंतर्गत हवाला, सेंटकिट्स, चुनाव, आतंकवाद, भाजपा का भविष्य, हिंदी साहित्य, उत्तरआधुनिकता, स्वर्गीया डायना के प्रेम-प्रसंगों आदि पर चर्चा हुई मगर उनकी सुई पाकिस्तान को अमरीकी हथियारों के भारत पर पड़नेवाले कुप्रभावों पर अटक गई। वे परम राष्ट्रवादी थे। मैं 'परम' नहीं था।

इस बीच दो बार उनके दरवाजे की घंटी बजी, तीन बार टेलीफोन आए, मगर उनके धाराप्रवाह चिंतन की दिशा इससे बाधित नहीं हुई। ऐसा प्रतीत होता था कि उनके घर हमारे पदार्पण के वास्तविक उद्देश्य को वे पूर्णतः विस्मृत कर चुके हैं। पत्नी मुझे बार-बार कोंच रही थीं कि इन्हें मूल विषय पर लाओ, विवाद निपटाओ और घर चलो। नाश्ता करा देने का यह मतलब तो नहीं कि इसकी पूरी-पूरी कीमत भी ये हमसे वसूलें। हमारा वक्त भी कीमती है। मैं स्वयं भी बुद्धिमान हूँ। पत्नी की प्रेरणा से पूर्व भी स्वप्रेरणा से उन्हें केंद्रीय विषय पर लाने का प्रयास बार-बार कर रहा था मगर असफल हो रहा था। पड़ोसीजी मुख को तनिक विराम दें, तभी तो हम बोलें। तभी ईश्वरीय संयोग से उन्हें खाँसी आ गई। धारा का प्रवाह यकायक अवरुद्ध हो गया। हमारे सौभाग्य का क्षण निकट आ गया। इसका लाभ उठाने में मैं कहीं विलंब न कर दूँ, इसलिए फौरन से पेशतर मेरी श्रीमतीजी ने मूल विषय पर आने की पेशकश कर दी, "हाँ भाईजी, झटपट बताइए कि बात क्या है ? अभी बहुत-से काम पड़े हैं घर में। राष्ट्रीय-अंतर्राष्ट्रीय समस्याओं पर गहन मंथन के लिए हमारे पास बिल्कुल भी वक्त नहीं है। हम श्रेष्ठ भारतीय हैं।"

पड़ोसीजी ने तब कहा : "हाँ बहनजी, तो बात यह है कि हमारे नीचेवाले फ्लैटों

में गुप्ताजी, वर्माजी, शर्माजी और सिंहजी रहते हैं। उन्होंने हमारी छतों पर कब्जा किया हुआ है। कभी इनके बच्चे धमा-चौकड़ी मचाते हैं तो कभी ये ताश खेलते हैं और शराब पीते हैं। कभी इनकी पत्नियाँ बड़ियाँ बनाती हैं तो कभी बिस्तरों को धूप देती हैं। इश्क तक लड़ाया जाता है वहाँ। कल ही गुप्ताजी की लड़की का सिंहजी के सुपुत्र से प्रेम-व्यापार चल रहा था।''

''सब सही है, लेकिन इसका संबंध कूड़े के इस पहाड़ से क्या है ?''

''बिल्कुल है। आप ये तो मानती हैं कि आप स्वयं इन बातों से परेशान हैं। आप ये भी मानेंगे कि आपका इस बारे में उनसे झगड़ा भी हुआ है। हमें झगड़ना नहीं आता, मगर हमने भी उनसे झगड़ा किया है। लेकिन नतीजा निकला—सिफर। पुलिस तक मामला पहुँचाना अच्छा नहीं लगता। हम पड़ोस में रहते हैं, तब सिवाय इसके हमारे पास क्या उपाय था कि हम कूड़े का ढेर खड़ा करके उनके ऊपर जाने के मार्ग में बाधा उपस्थित करते क्योंकि दरवाजा हम वहाँ लगा नहीं सकते और ईंट की दीवार हम खड़ी नहीं कर सकते। अब प्रश्न यह था कि कूड़े का पहाड़ तब कहाँ खड़ा करें ? हम आसानी से यह पहाड़ अपने दरवाजे पर खड़ा कर लेते मगर पहले दरवाजा आपका पड़ता है। हमने सोचा कि हम आपके दरवाजे तक भी उन्हें क्यों पहुँचने दें ? इस तरह हमारा प्रयास उन्हें शिक्षा देने का था। आपसे तो हमारा कोई झगड़ा है ही नहीं।''

हम तो समझदार हैं। हमने मन-ही-मन अपने पड़ोसी की रणनीति की प्रशंसा भी की। लेकिन हमारी श्रीमतीजी जहाँ सुई काम आती है, वहाँ भी तलवार का इस्तेमाल करने के पक्ष में रहती हैं। उन्हें यह बात समझ में न आई, ''भैयाजी, कूड़ा तो आप अपने दरवाजे पर भी इकट्ठा कर सकते थे। इससे भी उनका रास्ता रुक जाता।''

''उनका तो रुक जाता मगर हमारा भी रुक जाता न ! हम अपने घर में वापस न आ पाते।'' पड़ोसीजी का तर्क था।

''तो घर में प्रवेश लायक रास्ता आप रखते।'' हमारी श्रीमतीजी ने तर्क दिया।

''लेकिन समस्या यह थी कि आज हमारे यहाँ मेहमान आनेवाले हैं, वे कूड़े का पहाड़ हमारे दरवाजे पर देखते तो क्या सोचते ?''

''लेकिन वे हमारे बारे में भी तो ऐसा ही सोच सकते हैं ?''

''वे हमारे मेहमान हैं न ! आपके बारे में वे क्यों सोचेंगे ? और सोचेंगे तो हम आपके बचाव के लिए तो हैं न!''

मगर इस पुण्यकार्य को तब आप कल कर लेते और इस पहाड़ को अपने द्वार पर सुशोभित करते।''

''लेकिन कल मेरा लंदनवाला भतीजा आ रहा है। वह सात दिन यहीं रहेगा।''

''तो सात दिन के बाद कर लेते। आपने अपने नीचेवाले पड़ोसियों का इतना अत्याचार सहा है तो थोड़ा और सह लेते।'' हमारी पत्नी तुर्की-ब-तुर्की जवाब दे रही थीं।

''लेकिन इससे उनकी हिम्मत और बढ़ जाती।''

"सात दिन में कितनी बढ़ जाती ?"

"मेरे पास कैलकुलेटर तो है नहीं मगर कुछ तो बढ़ती ही।"

"बढ़ जाने देते।"

"तब बहनजी, उन्हें रोकना नामुमकिन हो जाता।"

"लेकिन नामुमकिन तो अभी भी हैं। जहाँ चाह है, वहाँ कूड़े के पहाड़ के बीच भी राह है। वे चाहें तो इस पहाड़ को लाँघकर छत पर जा सकते हैं। हरियाणा की छोकरी जब एवरेस्ट पर चढ़ सकती है और अंतरिक्ष में भी जा सकती है, तो क्या हमारे पड़ोसी कूड़े के पहाड़ पर भी नहीं चढ़ सकते ? इतने गए-गुजरे तो वे हैं नहीं। काफी उद्यमी और परिश्रमी हैं।"

"आपका आकलन सही हो सकता है और राह भी अवश्य है लेकिन क्या उनमें चाह भी है ? नहीं है बहनजी। ये कूड़े में सो सकते हैं मगर कूड़े पर चल नहीं सकते। बस, दो-चार दिन का कष्ट है आपको। फिर सब ठीक हो जाएगा। कूड़े का यह पहाड़ हमारे घर के भी तो सामने खड़ा है। इससे हमारे घर की भी तो शोभा बिगड़ती है। फिर आपका घर भी तो हमारे घर जैसा है। आपके दरवाजे पर पड़ा कूड़ा भी मानो ऐसा ही है, जैसे हमारे दरवाजे पर पड़ा कूड़ा हो। बहनजी, आपसे हमारी करबद्ध प्रार्थना है कि हमारी यह बात मान लीजिए।"

मैंने हमेशा देखा कि 'करबद्ध प्रार्थना' एक ऐसा शब्द है जो सीधे हमारी श्रीमतीजी के दिल पर असर करता है। इसे सुनते ही उनका दिल उनके दिमाग को कुंद कर देता है। उन्हें पत्थर से मोम बना देता है। यही हुआ भी। वे नरम पड़ गईं। वे मौन हो गईं।

हम हालाँकि उनके पति हैं, मगर हम, हम भी हैं। हमारी बुद्धि ने कहा कि अब बच्चू तुम मोर्चा सँभालो। अपनी पत्नी के मौन को स्वयं की मुखरता से भर दो। उनके अवाक् रह जाने पर स्वयं सवाक् हो जाओ। अपने दिल पर अपने दिमाग को हावी कर दो।

हम तत्काल सन्नद्ध हो गए। हमने कहा, "माननीय पड़ोसीजी, आप कुछ समय पूर्व हमें अमरीका द्वारा पाकिस्तान को हथियारों की आपूर्ति के बारे में कुछ रोचक जानकारियाँ दे रहे थे।"

"हाँ, दे रहा था।"

'आप बता रहे थे कि पाकिस्तान को हथियार देने के अमरीकी तर्क अत्यंत बालसुलभ होते हैं। उन तर्कों को कृपया आप दोहराएँगे–"

"मगर क्यों ?"

"ऐसे ही, हमारी जानकारी के लिए।"

"अमरीका कहता है कि पाकिस्तान उसके हथियारों का इस्तेमाल भारत के विरुद्ध नहीं करेगा। उसने ये हथियार एशिया में बढ़ती मुस्लिम कट्टरता से मुकाबला करने के लिए दिए हैं।"

"और आपका कथन है कि कूड़े का यह पहाड़ आपने हमें तंग करने के लिए नहीं बल्कि नीचे की मंजिलों में रहनेवालों को सबक सिखाने के लिए खड़ा किया है। बहुत बेहतर। और क्या कहता है अमरीका ?"

"अमरीका कहता है कि हम पाकिस्तान को हथियार इसलिए दे रहे हैं कि कहीं वह परमाणु बम न बना ले।"

"और आप कह रहे हैं कि हमारी छतों का इस्तेमाल नीचेवाले न करें, इसलिए कूड़े का यह पहाड़ आपने खड़ा किया है हमारे दरवाजे पर। बहुत खूब। आगे-आगे चलिए। हमारा और आपका मित्र अमरीका और क्या कहता है ?"

"अमरीका कहता है कि उसने इतने कम हथियार पाकिस्तान को दिए हैं कि भारत-पाकिस्तान के बीच हथियारों का संतुलन नहीं बिगड़ेगा।"

"और आप फरमा रहे हैं कि चार-छह दिन कूड़े का यह पहाड़ हमारे दरवाजे पर यथावत् खड़ा रहा तो हमारे संबंध नहीं बिगड़ेंगे। लेकिन ऐसा है महाशय, न आप अमरीकी-प्रशासन हैं, न मैं भारत-सरकार हूँ। हाँ, मैं भारतवासी अवश्य हूँ। न आप वर्ल्ड बैंक हैं, न मैंने आपसे कर्ज लिया है कि मैं आपकी बात मानूँ। और न ही हम भारत और पाकिस्तान हैं कि गोलाबारी जारी रखें। अतः आपसे सादर और 'एक्सप्रेस' निवेदन है कि कूड़े का यह पहाड़ अभी और ठीक अभी उठवा लीजिए, वरना हम दोनों पति-पत्नी—और पति से ज्यादा पत्नी—इतने समर्थ हैं कि इस कूड़े का अविलंब और निःसंकोच प्रवेश आपके ड्राइंग रूम में करवा देंगे। अमरीका की खबरें पढ़कर स्वयं आप अमरीका मत बनिए क्योंकि उस अवस्था में हम भी भारत की सरकार नहीं रहेंगे। आप कुछ समझे या हम द्रुतगति से आपको समझाने का प्रयास आरंभ कर दें।"

इतिश्री कूड़ापुराणे भारतखंडे। अंतिम अध्याय। समाप्त।

गधों का धरना

एक दिन एक जिला मुख्यालय के चौक पर शहर के समस्त गधे जमा हुए। सभी अनुशासनबद्ध थे और सभी सिर झुकाए खड़े थे। विशेषता यह थी कि उनमें से कोई रेंक नहीं रहा था।

जैसाकि होता है, कुछ लोगों ने यह दृश्य देखा और दिमाग पर जोर डाले बगैर वे आगे चल दिए। कुछ और लोग, कुछ देर उत्सुकतावश रुके रहे और यथास्थिति में कोई परिवर्तन न होते देख चल दिए। कुछ और ने कुछ औरों से पूछताछ की। किसी से कोई निश्चित जवाब नहीं मिला। तो भी वे कुछ देर भौंचक से खड़े रहे और फिर 'बोर' होकर चल दिए। कुछ औरों ने देखा, रुके, उन्होंने पूछा और ताछा, फिर वे रुके ही रहे। वे महान आशावादी थे। उन्हें मालूम था कि जहाँ इतने गधे हैं, वहाँ कुछ-न-कुछ अवश्य होकर रहेगा। जग निरंतर परिवर्तनशील है। जो अभी है, वह कुछ देर बाद नहीं रहेगा। जो कुछ देर बाद है, वह उसके कुछ देर बाद नहीं रहेगा।

और केवल वे ही सही साबित हुए। जो गधे अभी तक सिर्फ अनुशासनबद्ध ढंग से सिर झुकाए खड़े थे, वे किसी अदृश्य संकेत को पाकर अनुशासनबद्ध ढँग से ही रेंकने भी लगे। उन्होंने रेंकना शुरू किया तो रेंकते ही चले गए। न किसी के समझाए समझे, न किसी के डराए डरे। वे विशुद्ध दार्शनिक अवस्था को प्राप्त कर चुके थे।

गधों को गधा समझकर कोई उनसे सवाल भी नहीं कर रहा था। मगर एक ने अपनी मनुष्यता को दाँव पर लगाकर उनसे पूछ लिया : "हे गधो, यह तो बताओ, यह धरना क्यों, यह शोकमुद्रा क्यों और यह अविरल रेंकना क्यों ?"

उम्मीद तो पूछनेवाले को भी नहीं थी कि गधों की ओर से कोई जवाब मिलेगा, बल्कि वह तो इतना निराशावादी था कि उसे आशा भी नहीं थी कि कोई गधा उसकी बात समझेगा। मगर जवाब मिला। गधों के एक प्रवक्ता ने कहा, "इसलिए कि तुम मनुष्यों ने हमारा नाम गधा रख छोड़ा है। हम पूछते हैं क्यों? कौन हो तुम हमारा नाम तय करनेवाले और वह भी क्या—गधा। जब तक तुम हमें गधा कहना बंद नहीं करोगे, हम यहीं धरना देंगे। हम यहीं मूतेंगे, यहीं लीद करेंगे और यहीं दिन-रात रेंकेंगे। हम अपने को गधा नहीं कहने देंगे, चाहे हमारी जान चली जाए।"

"मगर तुम्हें अपने को गधा कहे जाने से एतराज क्यों है ? ऐसा एतराज शेर ने तो नहीं किया, हाथी ने तो नहीं किया, चींटी ने तो नहीं किया ?"

''नहीं किया होगा। मगर हमें तो एतराज है। हम तो नहीं कहने देंगे, खुद को गधा।''

''मत कहने दो। तुम्हारी परवाह ही कौन करता है। हम तो तुम्हें कहेंगे गधा। हम कहेंगे क्योंकि हमारे बाप-दादे तुम्हें गधा कहते आए हैं और क्योंकि तुमने यह साबित किया है कि तुम गधे हो और क्योंकि तुम्हें 'गधा' कहने में जो मजा है, वह कुछ और कहने में नहीं है।'' यह सुनकर कई मनुष्य हँस दिए। तब गधों के प्रवक्ता ने कहा, ''मगर मान लो, हम गधे हैं तो तुम कुछ मनुष्यों को क्यों गधा कहकर संबोधित करते हो ?''

''यह हम मनुष्यों का निजी मामला है। हम चाहे किसी को गधा कहें, चाहे चूहा, चाहे शेर कहें, चाहे कीड़ा, चाहे बाँस कहें या भरतपुरी लोटा। तुम्हें इससे क्या मतलब।''

''मतलब है,'' गधों के प्रवक्ता ने दोहराया, ''मतलब है क्योंकि तुम हर आदमी को गधा नहीं कहते। तुम उसे गधा कहते हो जो गरीब है, भोला-भाला है, तुम्हारी दृष्टि में मूर्ख है। हम यह बरदाश्त नहीं कर सकते।''

''मत करो न। तुम कनाट प्लेस नहीं हो कि हम तुम्हारा नाम बदलकर तुम्हें राजीव चौक कहने लगें।''

''तो फिर ठीक है,'' गधों के प्रवक्ता ने कहा, ''हम भी धरना देंगे।''

मनुष्य ने कहा, ''दो और खूब दो। आठ-आठ साल से लोग धरना दिए बैठे हैं, उनकी तो कोई नहीं सुनता, तुम्हारी कौन सुनेगा। हमारा कौन- सा काम तुम्हारे बिना रुकता है। एक दिन तुम धरना देते-देते मर जाओगे और होगा कुछ नहीं। मरो।''

गधों को मनुष्य समाज में उनकी वास्तविक स्थिति का ज्ञान कराने का यह दिव्य प्रयास असफल रहा। गधों ने फिर एक साथ अनुशासनबद्ध ढंग से रेंकना शुरू कर दिया।

कुछ देर तक तो गधों के इस धरने को हँसी-मजाक, खेल-तमाशा समझा गया। मगर गधों का दृढ़ निश्चय और मनुष्यों की बढ़ती उत्सुक भीड़ के कारण शहर के एकमात्र चौक पर विकट स्थिति पैदा होने लगी। शहर के बड़े व्यापारियों की दुकानें यहीं थीं। गधों के इस धरने के कारण उनका धंधा मंदा पड़ गया। मूत और लीद से सारा वातावरण अलग से दुर्गंधित हो गया। रेंकना सुनते-सुनते व्यापारियों के कान पक गए। शहर का यातायात अवरुद्ध हो गया। माताएँ-बहनें-भाई और पिताजी आने लगे। बाल-गोपाल शोर मचाने लगे। मेला लग गया। मूँगफली और रेवड़ियाँ बिकने लगीं। गुब्बारे और बंसियाँ बेचनेवाले वहाँ आ गए।

पुलिसवाले भी अभी तक तो तमाशा देख रहे थे। मगर उन्हें आदेश हुआ, यहाँ से भीड़ छाँटो। उन्होंने हलका लाठीचालन किया। लोग भागने लगे। गधों को भी डंडे पड़े। मगर वे पूर्ववत् डटे रहे। उन्हें मार खाने का लंबा अभ्यास था। पुलिस ने उन्हें भगाने के लिए अश्रुगैस छोड़ी। रहे-सहे मनुष्य तो अब भाग गए, मगर गधे धैर्यधन थे, वे टिके रहे। आँसू गैस भी झेल गए। गधों पर गोली चलाई जा सकती है या नहीं, इस

पर उच्चस्तर पर विवाद था। अतः गोली नहीं चलाई गई।

जब ये सारी कोशिशें धरी रह गईं तो स्वयं कलेक्टर महोदय पधारे। उन्होंने धैर्यधनों का पक्ष सुनने में स्वयं भी धैर्य दिखाया और तब कहा, ''मैं इस संबंध में कुछ नहीं कर सकता। मैं कोई ऐसा आदेश नहीं निकाल सकता कि आप प्राणियों को गधा न कहा जाए। मेरे द्वारा दिया गया ऐसा कोई भी आदेश गैर-कानूनी होगा। अदालत उसे रद्द कर देगी। मैं आपकी सिर्फ एक मदद कर सकता हूँ कि आपकी बात राज्य सरकार तक पहुँचाऊँ। लेकिन मेरा खयाल है, वह भी कुछ नहीं कर सकती। वह गधे को गधा, मोर को मोर और उल्लू को उल्लू कहने से किसी को रोक नहीं सकती। हाँ, आप वोटर होते तो शायद स्थिति भिन्न होती।''

यह सुनकर गधों के प्रवक्ता ने कहा, ''तो हमें वोटर ही बनवा दीजिए।''

यह सुनकर कलेक्टर मुस्कुराया। उसने कहा, ''लेकिन भारतीय संविधान में गधों को वोटर बनाने का प्रावधान नहीं है। वोटर वही हो सकता है, जिसके पास राशनकार्ड हो।'

गधों के प्रवक्ता ने कहा, ''तो हमारा राशनकार्ड बनवा दीजिए।''

कलेक्टर फिर से मुस्कुराया। उसने जवाब दिया, ''इसे आप अपना सौभाग्य समझिए कि आपको घास चरने के लिए राशनकार्ड नहीं बनवाना पड़ता।'' तब गधों के प्रवक्ता ने कहा, ''ठीक है। अगर आप कुछ कर ही नहीं सकते तो हम तो धरने पर बैठ ही सकते हैं।''

कलेक्टर नरम दिल था। उसने कहा, ''फिर भी मैं जो कर सकता हूँ, अवश्य करूँगा। आज ही आपकी माँग के बारे में मुख्यमंत्री को पत्र लिखूँगा। लेकिन मेरी शर्त यह है कि पहले आपको अपना धरना समाप्त करना होगा।''

''कलेक्टर साहब, हमें आपके लोकतंत्र का खूब अनुभव है। इसलिए हम अब कच्चे खिलाड़ी नहीं रहे। हम इतने मामूली आश्वासन पर धरना देना नहीं छोड़ेंगे। हमें निर्णय चाहिए और वही चाहिए, जिसकी कि माँग हम कर रहे हैं।'' गधों के प्रवक्ता ने कहा।

''तो फिर मुझे आपसे विनम्रतापूर्वक कहना होगा कि मुझे आपके साथ सख्ती बरतनी होगी।'' कलेक्टर का जवाब था।

''बरतिए। हम तो आए ही हैं यहाँ शहीद होने। हमने सिर पर कफन बाँध रखा है। अब हमारा सीना होगा और आपकी गोली होगी।''

कलेक्टर यह सुनकर सकते में आ गया। उसने अपने बँगले आकर तत्काल मुख्यमंत्री को फोन किया। सारी स्थिति समझाई और कहा कि यह राजनीतिक मामला है। स्वयं उन्हें ही सँभालना होगा।

यह सुनकर मुख्यमंत्री ने कलेक्टर को जोर से डाँटा, ''तुम कैसे कलेक्टर हो जी, तुमसे गधों का धरना भी नहीं सँभलता। किस गधे ने तुम्हें आई. ए. एस. के लिए चुना था।...अच्छा सुनो, गधों के नेता को वार्ता के लिए बुलाओ। शुरू में उसे डराओ-धमकाओ। इससे वह काबू में आ जाएगा। आखिर गधा जो है। फिर भी न माने तो उसे पुचकारो।

मनुष्य जाति के उत्थान के योगदान के बारे में उसे विस्तृत और मार्मिक व्याख्यान दो। वह मान जाएगा। फिर भी न माने तो ससुरे को खरीद लो।''

कलेक्टर का जवाब था, ''सर, गधों के नेता को कैसे खरीदा जा सकता है ! गधों को तो सिर्फ घास चाहिए और उन्हें घास खिलाना भी उनके मालिक की जिम्मेदारी है, गधों के नेता की नहीं।''

मुख्यमंत्री ने सलाह दी, ''अरे, उसे घास की बजाए लड्डू-पेड़े खिलाओ। उसे डनलप के गद्दों पर सुलाओ। उसे सोफे पर बैठना सिखाओ। सिगरेट और शराब पीना सिखाओ। टायलेट में सू-सू, पू-पू करना सिखाओ। गधों के लिए पैसा जरूरी है, यह उसे बताओ। नोटों की थैली उसे थमाओ। वह शर्तिया तौर पर वश में आ जाएगा।''

कलेक्टर ने कहा, ''सर, आप समझ नहीं रहे। वह मनुष्यों का नहीं, गधों का नेता है। वह स्वयं साक्षात् गधा है। चौपाया है। रेंकता है।''

''मुझे सिर्फ इतना समझ में आ रहा है मिस्टर कलेक्टर कि तुम कलेक्टर रहने के काबिल नहीं हो। चौबीस घंटे में यह मामला नहीं सुलझा तो तुम यहाँ नहीं रहोगे।'' इतना कहकर मुख्यमंत्री ने गुस्से में फोन पटक दिया।

यह सुनकर कलेक्टर का सिर चकरा गया। लेकिन संयोग कि इस चकराहट के दौरान ही उसे एक तरकीब भी सूझी। उसने तत्काल गधों के नेता को बँगले पर बुलाया। उसे बताया कि मुख्यमंत्री से चर्चा हुई है। उन्हें आपसे बेहद सहानुभूति है। वे प्राथमिकता के स्तर पर यह मामला सुलझाना चाहते हैं। इसलिए आप उनसे मिलने तुरंत राजधानी चले जाइए। अगर जरूरी हुआ तो वे मामले को दिल्ली तक ले जाएँगे। आप, आज और अभी रवाना हो जाइए। देरी मत कीजिए। मामला ताजा है। सुलझ गया अभी तो सुलझ गया, वरना हमेशा के लिए लटक जाएगा।

कलेक्टर का यह नुस्खा काम कर गया। सारे गधे राजधानी जाने के लिए चल पड़े। उधर गधों के मालिक जो अभी तक इस मामले में चुप थे, उन्हें कलेक्टर ने सूचना पहुँचाई कि गधे उन्हें हमेशा-हमेशा के लिए छोड़कर राजधानी जा रहे हैं। वे घबराए हुए आए। उन्होंने गधों की खूब मरम्मत की। कुछ तो इतने गुस्से में थे कि उन्होंने इतना मारा कि गधे वहीं मर गए। कुछ गधे बुरी तरह घायल हो गए। कुछ घबराकर मालिक के घर भाग गए।

फिर भी कुछ अधमरे गधे राजधानी के लिए रवाना हुए। राजधानी इतनी दूर थी कि कुछ रास्ते में भूख-प्यास से मर गए। कुछ को ट्रकों-बसों ने कुचल दिया। कुछ को आवारा समझ कुछ लोगों ने जबरदस्ती बाँधकर अपने घर में रख लिया।

राजधानी तक सिर्फ एक गधा पहुँचा था। वह राजधानी पहुँचकर ही इतना पुलकित था कि अपना उद्देश्य भूल चुका था।

गधे भी घोड़े बन सकते हैं

कहते हैं कि गधे कभी घोड़े नहीं बन सकते, जबकि मेरा अटल विश्वास है कि बन सकते हैं।

जब आदमी 'सूअर' हो सकता है, 'उल्लू' बन सकता है तो गधे भी तो घोड़े बन ही सकते हैं। जब औरत 'नागिन' हो सकती है, 'मोरनी' की तरह चल सकती है, तो गधा भी घोड़ा हो ही सकता है। जब आदमी दुम दबाकर भाग सकता है और पूँछ हिला सकता है, तो गधे के भी घोड़े होने में क्या समस्या है ! जब आदमी भौंक सकता है और काँव-काँव मचा सकता है, तो गधे में ऐसी क्या कमी है कि वह घोड़ा नहीं हो सकता ! जब गिरहकट विधायक हो सकते हैं, चोर मंत्री बन सकते हैं, कमीशनखोर प्रधानमंत्री हो सकते हैं, मूर्ख विद्वान हो सकते हैं, पाजी श्रद्धेय हो सकते हैं और चूहे शेर कहा सकते हैं, तो गधे भी घोड़े बन ही सकते हैं।

जब आदमी चारा खा सकता है, तो इस दुनिया में कुछ भी हो सकता है। कम-से-कम गधा तो घोड़ा बन ही सकता है।

गधे में कमी ही क्या है ? घोड़े की चार टाँगें, तो गधे की भी चार टाँगें। घोड़े के दो कान तो गधे के भी दो कान। घोड़े की दो आँखें तो गधे की भी दो आँखें। घोड़ा बोझा ढोता है तो गधा भी ढोता है। वह हिनहिनाता है तो वह रेंकता है। वह खड़े-खड़े पेशाब करता है तो वह भी खड़े-खड़े ही करता है। लीद दोनों करते हैं। कद का ही फर्क है। लेकिन यह फर्क भी कोई फर्क है ! जब अदने-अदने लोग प्रधानमंत्री हो जाते हैं तो गधा तो सिर्फ घोड़ा ही होना चाहता है। इसलिए गधा अवश्य घोड़ा हो सकता है।

मैंने खुद कई गधों को देखा है। कल तक गधे थे, आज घोड़े हो गए हैं। कल तक रेंकते थे, आज हिनहिना रहे हैं। कल तक धोबी की सेवा करते थे, आज रेस-कोर्स में दौड़ रहे हैं। हालाँकि खड़े-खड़े पेशाब अब भी कर रहे हैं, लीद अब भी कर रहे हैं, मगर उनसे कोई कुछ कह नहीं सकता, क्यों वे गधे नहीं रहे, अब घोड़े हैं।

और अगर यह सच है कि गधे कभी घोड़े नहीं बन सकते, तो यह भी सच है कि घोड़े भी कभी गधे नहीं बन सकते। अगर आप समझते हैं कि आप शरीर विज्ञान की बात कर रहे हैं तो जनाब हम भी उसी की बात कर रहे हैं। आप घोड़े को गधा बनाकर दिखाइए। हम भी गधे को घोड़ा बनाकर दिखा देंगे। इसलिए अकड़िए मत और हमारे

गधे पर हँसिए मत।

आप कहेंगे कि साहब, गधा ही घोड़ा बनना चाहता है, घोड़ा तो कभी गधा बनना नहीं चाहता। मगर मैं पूछता हूँ कि साहब यह किसने कह दिया आपसे कि गधा ही घोड़ा बनना चाहता है ! हमारे मोहल्ले में एक गधी को गधा हुआ। वह अंत तक गधा बना रहा। अभी-अभी वह स्वर्ग सिधारा है। मैंने ही नहीं, मेरे सारे मोहल्लेवालों ने देखा कि तब भी वह गधा ही था और हमेशा एक अच्छा गधा बना रहा। धोबी का था। घर से बराबर घाट और घाट से बराबर घर आता-जाता रहा। बीच में रुका तो या तो घास देखकर या नित्यकर्म के लिए। कभी उसने घोड़े की तरह सरपट भागने की कोशिश नहीं की, कभी उसने अपना कद बढ़ाने का प्रयास नहीं किया। कोई कैसे उस पर आरोप लगा सकता है कि वह घोड़ा बनना चाहता था ! अच्छे मनुष्य की तरह अच्छा गधा बने रहने का भी अपना सुख है। वह सुख उसने लूटा और वह मर गया। मगर मरते-मरते भी उसने कभी हिनहिनाने की कोशिश नहीं की। इसलिए यह कहना असत्य है कि हर गधा, घोड़ा बनना चाहता है। हाँ, कुछ गधे हैं जो चाहते हैं कि घोड़े बन जाएँ। कुछ बन भी जाते हैं। ज्यादातर नहीं बन पाते। अधिकतर बनना भी नहीं चाहते। इसलिए आज भी घोड़ा, घोड़ा है और गधा, गधा है। जैसे गोरा, गोरा है और काला, काला। इसी प्रकार विविधता बनी हुई है। आप तो जानते हैं कि भारत उस देश का नाम है जहाँ विविधता में एकता है और एकता में विविधता है।

आप मानें या न मानें, हमने ऐसे भी घोड़े देखे हैं जो गधे बनना चाहते हैं। इतने आजिज आ चुके हैं वे अपनी जिंदगी से, दौड़ते-दौड़ते और चाबुक खाते-खाते इतने बौरा गए हैं कि कहते हैं कि इससे तो हम गधे ही होते तो अच्छा था। इस कदर दौड़ना तो नहीं पड़ता। इस तरह हमें दाँव पर तो नहीं लगाया जाता। गधे होते तो चलते रहते खरामाँ-खरामाँ। तब सवार को भी यह पता होता कि यह गधा है, घोड़ा नहीं है। यह घोड़े का मुकाबला नहीं कर सकता। यह तो अपनी चाल से ही चलेगा। जब मुल्ला नसरुद्दीन जैसे चतुर-सुजान का गधा तक तेज नहीं चला तो यह क्या चलेगा ? इसलिए अव्वल तो सवार तेज दौड़ने के लिए चाबुक से मारता नहीं और मारता तो प्यार से मारता। आदतन मारता, इरादतन नहीं। इसलिए मारता कि यह और धीरे न चलने लगे, इसलिए नहीं मारता कि यह और दौड़े।

लेकिन ऐसे घोड़ों की भी मजबूरी है कि वे गधे नहीं हो सकते। घोड़े बने रहते हैं क्योंकि गधे बनने की कोशिश करने पर और मार पड़ती है। इसलिए अगर आपने किसी घोड़े को गधा बनते नहीं देखा, तो उसे घोड़े की मजबूरी ही समझिए, घोड़े की चाहत नहीं। जब मनुष्य जो चाहता है उसे मिलता नहीं, तब वह तो सिर्फ घोड़ा है।

इसलिए मैं कहता हूँ कि ऐसा नहीं है कि गधा कभी घोड़ा नहीं बन सकता। बन सकता है, बशर्ते कि वह गधा हो और अच्छा गधा न हो क्योंकि ऐसा नहीं हो सकता कि आप अच्छे गधे भी बने रहें और अच्छा घोड़ा होने के प्रयास में सफल भी हो जाएँ। खराब गधे ही अच्छे घोड़े बन सकते हैं।

गधा भी खुश और घोड़ा भी

मैंने कभी गधे को गधा नहीं कहा। आप कह सकते हैं कि अगर मैं इतना कायर हूँ कि मैंने गधे को भी गधा नहीं कहा, तो यह मेरी समस्या है। मैं जानूँ। मैं आपको क्यों खामखाँ परेशान कर रहा हूँ। यह ऐसी समस्या भी नहीं कि जिसमें आप मेरी कोई मदद कर सकते हैं। आप यह भी कह सकते हैं कि वाह, आपने गधे को भी गधा नहीं कहा ! भला क्यों ? तो मैं कहूँगा कि भाई मैंने गधे को गधा इसलिए नहीं कहा कि इस धरा पर गधा ही ऐसा जीव है, जिसे गधा कह दो, तो वह बुरा मान जाता है। बुरा मानकर हो सकता है, चार जनों के बीच मुझे दुलत्ती मारकर मेरी किरकिरी कर दे या गरज पड़ने पर मैं गधे की पीठ पर सवार होऊँ, तो गधा मुझे धड़ाम से गिरा दे। इज्जत का कचरा भी हो और शरीर में टूट-फूट भी हो जाए। अपन ठहरे घर-गृहस्थीवाले आदमी। खतरे मोल लेना अपनी आदत नहीं, तो गधे की ओर से खतरे की आशंका क्यों पैदा होने दें ?

आपको जवाब यह भी हो सकता है कि भैया, आपने गधे को गधा नहीं कहा, यह तो हमें समझ में आया। मगर गधे को आपने गधा नहीं कहा, तो कहा क्या ? घोड़ा कहा क्या ? मेरा उत्तर होगा, जी हाँ मैंने घोड़ा कहा। और घोड़ा इसलिए कहा कि गधे को घोड़ा कहलाना बहुत पसंद है। जिसे जो कहलाना पसंद हो, वह कहो तो आप भी खुश, वह भी खुश। तो खुशी का विस्तार करने के लिए अपन ने गधे को घोड़ा कहा।

इसके बाद हो सकता है कि आप निरुत्तर हो जाएँ। सोचें कि यह अजीब चुगद है। जो गधे को गधा न कह सके, वह स्वयं आदमी के रूप में गधा है। इससे बात क्या करना ! लेकिन हो सकता है, आप मुझसे इतने निराश न हों। आप फिर भी अपनी जिज्ञासा बनाए रखें और पूछें कि क्यों भाई, जब तुम गधे को घोड़ा कहते हो तो घोड़े को क्या कहते हो ?

मेरा जवाब है कि मैं घोड़े को भी घोड़ा ही कहता हूँ। क्योंकि घोड़े को घोड़ा कहो, तो घोड़े को लगता है कि आपने उसका मूल्यांकन सही किया। वहाँ यह तर्कप्रणाली काम काम नहीं करती कि चूँकि आपने गधे को घोड़ा कहा है, इसलिए घोड़े को ऊँट कहें। जिस तरह घोड़े को गधा कहलाना पसंद नहीं, वैसे ही घोड़े को ऊँट कहलाना भी पसंद नहीं। घोड़ा कह सकता है, मैं इतना सुंदर जीव तुम्हें बेढब ऊँट नजर आता

हूँ ? तुम्हें मेरी पीठ पर कूबड़ नजर आती है, वगैरह। सच्चाई तो यह है कि मैं घोड़े को घोड़ाजी या घोड़ा साहब भी नहीं कहता।

दुनिया का हर जीव जी-वी के चक्कर में नहीं पड़ा करता। हर जीव 'विष्णुजी' नहीं हुआ करता। अगर आप जिज्ञासु प्राणी हैं, तो आपका अगला सवाल यह हो सकता है कि क्यों जी, आप गधे को भी घोड़ा कहते हो और घोड़े को भी घोड़ा, तो घोड़ा इसका बुरा नहीं मानता ?

मेरा जवाब है कि जरूर मान सकता है, मगर बुरा मानेगा तब जबकि मैं घोड़े के सामने गधे को भी घोड़ा कहूँ। मैं ऐसी नौबत ही नहीं आने देता। इससे गधा भी भ्रम में रहता है और घोड़ा भी। लेकिन आपका कहना सही है कि कभी-कभी घोड़े और गधे एकसाथ एक जगह पर होते हैं। तब मैं न गधे की तरफ देखता हूँ, न घोड़े की तरफ। शून्य में देखता रहता हूँ और घोड़े को संबोधित करता हूँ। इससे घोड़ा खुश रहता है कि यह कितना समझदार इंसान है, इसने गधे की उपेक्षा कर दी। उधर गधा खुश रहता है कि यह कितना सच्चा इंसान है ! देखो, घोड़े के सामने भी मुझे घोड़ा कह रहा है। अब आप पूछेंगे कि अगर घोड़े की उपस्थिति में मुझे गधे को पुकारना हो, तो मैं क्या करता हूँ ? तब भी मैं गधे का गधा नहीं कहता। कहता हूँ, 'सुनिए'। इससे न गधे का अपमान हो पाता है, न घोड़े का सम्मान। शक्ति-संतुलन बना रहता है।

इस तरह हर स्थिति में गधा भी खुश रहता है और घोड़ा भी खुश और दोनों को उल्लू बनानेवाला मैं भी।

भैंस के आगे बीन बजाना

मुझे बीन बजाना नहीं आता। आता तो मैं भैंस के आगे बीन अवश्य बजाता क्योंकि भैंस के आगे बीन बजाने का जो साहस करता है, उसे यह अच्छी तरह दीख रहा होता है कि सामनेवाली भैंस है और बीन का निर्माण भैंस को सुनाने के लिए नहीं किया गया है। फिर भी वह अगर बीन बजाता है और इसके बावजूद भैंस पगुराती रहती है, तो वह निराश नहीं होता। वह निराश होता है तो गलती करता है। क्योंकि भैंस, भैंस है और बीन, बीन है। दोनों का संगम हो, यह आवश्यक नहीं।

मैं अगर भैंस के आगे बीन बजाता, तो मेरे वादन के प्रति भैंस की स्पष्ट बेरुखी के बावजूद मुझे हमेशा इस बात का संतोष रहता कि यह भैंस ही है, साँप नहीं है और यह अच्छा है। बहरा होकर भी साँप जिस तरह बीनकार के सामने फन मटकाता है, वैसे तो भैंस नहीं करती। मैं इसीलिए भैंस के आगे बीन बजाता रहता क्योंकि यह कम-से-कम एक ढोंगहीन प्राणी तो है और मुझे भैंस के पगुराते रहने से कोई परेशानी नहीं होती।

मुझे भैंस के आगे बीन बजाकर यह खुशी भी होती कि यह केवल साँप ही नहीं, बल्कि मनुष्य भी नहीं है। जो गाहे-बगाहे भी संगीत सम्मेलनों में गए हैं, वे इस तथ्य से अवश्य परिचित होंगे कि दरअसल मनुष्य और भैंस में कई बार मामूली-सा फर्क होता है। भैंस संगीत सुनकर खड़े-खड़े पगुराती है, मनुष्य बैठे-बैठे पगुराता है। यानी दोनों में बीन सुनकर पगुराने का सामान्य गुण पाया जाता है। सिर्फ पगुराने की अवस्था का फर्क है और यह फर्क भी कोई बुनियादी नहीं है। स्वयं मनुष्य भी कई बार खड़े-खड़े पगुराता है, वह ऐसा सिर्फ संगीत सम्मेलन में नहीं करता। दरअसल आदमी जितना ज्यादा आधुनिक होता है, उतना ही वह कम-से-कम पगुराने के मामले में भैंस के करीब होता जाता है।

मनुष्य और भैंस—दोनों में पगुराने का सामान्य गुण पाए जाने के बावजूद मैं भैंस के आगे बीन बजाना पसंद करता। कारण यह है कि किसी भैंस ने किसी बीनकार से कभी नहीं कहा कि आओ और मेरे आगे बीन बजाओ और मुझे पगुराता देखकर पछताओ। मनुष्य स्वयं ही बीन बजाने का प्रयोग भैंस के आगे करता है, और प्रयोगों के साथ असफल होने की संभावना हमेशा जुड़ी रहती है। लेकिन किसी प्रयोग के असफल होने से कोई वैज्ञानिक अपनी प्रयोग-सामग्री या उपकरणों को दोष नहीं देने

लगता। वह अपने में कमियाँ देखने लगता है और उसे अपने में कमियाँ नजर आ जाती हैं, तो वह फिर से प्रयोग शुरू कर देता है। इसलिए बीन सुनकर पगुराने में स्वयं भैंस का कोई दोष नहीं है। वह मनुष्य से फिर भी बेहतर है, जो बीनकार को बीन बजाने के लिए बुलाता भी है और बीन की धुन पर 'अंकल चिप्स' पगुराना आरंभ कर देता है।

मुझे शक है कि 'भैंस के आगे बीन बजाओ, भैंस खड़ी पगुराय' नामक इस मुहावरे के पीछे कोई भैंस नहीं, कोई भैंसाकार मनुष्य रहा होगा क्योंकि हर अच्छा बीनकार हर अच्छी भैंस की इस अच्छाई से परिचित होता है कि इसकी दिलचस्पी पगुराने में होती है, संगीत में नहीं। हुआ यह होगा कि किसी भैंसाकार या शेराकार या ऊँटाकर मनुष्य के सामने किसी बीनकार ने जबरदस्ती बीन बजाना आरंभ कर दिया होगा। न उस मनुष्य पर बीन का असर हुआ होगा, न उसने अपनी जेब से पुरस्कारस्वरूप सोने की कोई मोहर निकाली होगी। सामंती जमाने थे। बीनकार की क्या हिम्मत कि भैंसाकार मनुष्य से कुछ कहे। तो उसने भैंस को ही गरिया दिया, जबकि भैंस तब भी दूध तो देती ही थी। लगता है कि यह बीनकार छायावादी कवियों का पूर्वज था। इसलिए उसने भैंसाकार मनुष्य को भैंस कहना ठीक समझा।

मैं भैंस के आगे इसलिए भी बीन बजाना पसंद करता कि भैंस मनुष्य का लिहाज बहुत करती है। अगर वह बीन सुनती नहीं, तो अपने कान बंद भी नहीं करती। वह कभी यह नहीं कहती कि यह क्या बकवास लगा रखी है, इसे बंद करो। वह कभी हिंसक तो होती ही नहीं। इतना ही नहीं, आप बीन बजाते रहो, वह मैदान छोड़कर भागती भी नहीं। इसके अलावा वह बीन के विरुद्ध प्रतिक्रिया व्यक्त करते हुए न कभी दूध देना बंद करती है, न गोबर देना और इस प्रकार हर अवस्था में वह मनुष्य का खयाल रखती है।

इस प्रकार भैंस तीन संदेश मनुष्य को देती है : (1) मनुष्य को (बीन बजाने से प्राप्त होनेवाले) फल की चिंता किए बगैर कर्म करते रहना चाहिए। (2) मनुष्य तथा भैंस—दोनों को पथ की बाधाओं से विचलित नहीं होना चाहिए। न बीन की धुन पर भैंस को पगुराना बंद करना चाहिए, न भैंस के पगुराने से विचलित होकर बीनकार को बीन बजाना बंद करना चाहिए। (3) इस दुनिया में बहुत-सी परस्पर असंबद्ध चीजें होती रहती हैं। इसलिए भविष्य में भी भैंस को यह मानना चाहिए कि बीन की धुन मेरे लिए नहीं है और बीनकार को यह मानना चाहिए कि यह पगुराना मेरे लिए नहीं है।

यानी निष्कर्ष यह कि किसी भी अवस्था में किसी को निराश नहीं होना चाहिए और न यह शिकायत करना चाहिए कि मैं कितना अच्छा बजा रहा हूँ और कोई सुन नहीं रहा है। अगर आपको निराश होने और शिकायत करने का रोग है, तो कृपया बीन बजाने की हिमाकत नहीं करें क्योंकि भैंस वहाँ कहीं-न-कहीं होगी और वह होगी तो पगुराएगी जरूर।

अंधे की रेवड़ी और आँखवालों के दुख

कहावत है कि अंधा बाँटे रेवड़ी और अपने-अपने को दे।

हर कहावत की तरह इस कहावत का जनक भी निश्चय ही कोई आँखवाला रहा होगा। आँखवाले को ही यह पता चल पाता है कि आँखवाला कौन है कि अंधा कौन, अपना कौन है और पराया कौन, किसके पास रेवड़ियाँ हैं और किसके हाथ खाली हैं, कौन किसे बाँट रहा है और कौन किसे नहीं। यह भी जाहिर है कि इस कहावत के जनक का खास 'अपना' कोई अंधा नहीं रहा होगा, वरना वह खुद भी रेवड़ियाँ खाने में व्यस्त रहता, कहावत गढ़ने में वक्त क्यों बरबाद करता ? स्पष्ट है कि उसकी आँखों के सामने रेवड़ियाँ बँटी और उस बेचारे को नहीं मिलीं। तभी 'आह से उपजा होगा गान' !

वैसे हम आँखवालों का भी जवाब नहीं। दुनिया में बहुत से बेहतरीन और बदतरीन नजारे हैं देखने के लिए, मगर हम महानुभावों की नजरें अंधों की रेवड़ियों की तरफ ही लगी रहती हैं। मिल गई तो गपागप खा लीं, न मिली तो कहावत गढ़ दी। ऐसा नहीं है कि हम तथाकथित आँखवालों के बीच परस्पर रेवड़ी वितरण कार्यक्रम निरंतर संपन्न नहीं होते रहते हैं। होते रहते हैं और इतने होते हैं कि आँखें उन्हें देखने का कष्ट करती रहें तो उनका पथरा जाना सुनिश्चित है। लेकिन अंधों के विरुद्ध तो सारे आँखवाले हमारे भाईबंद ही हुए न ! आँखें अपनों की रेवड़ियाँ देखने के लिए तो बनी नहीं हैं क्योंकि वे रेवड़ियाँ तो समझो हमारी जेब में ही हैं। लिहाजा अंधों की रेवड़ियों की तरफ देखो। क्योंकि इसका अतिरिक्त लाभ यह है कि अंधे हमें और हमारी रेवड़ियों को देख नहीं सकते। हमारी तरह के आँखवालों की रेवड़ियों का हिसाब रखने में एक खतरा यह है कि संभव है कि उनमें से कोई हमारे इस 'अपराध' की सजा हमारी आँखें फोड़कर दे दे। लेकिन जिसकी आँखें ही नहीं, वह हमारी आँखें क्या फोड़ेगा ! तो लग लो उसके पीछे। करो उसे बदनाम ! वह खुद खा ले तो कहो कि अंधा होकर साला रेवड़ी खा रहा है और हम आँखवाले बेचारे तरस रहे हैं और बाँट दे तो कहो कि देखो साला अंधा होकर रेवड़ियाँ बाँटने की हिमाकत कर रहा है। फिर हमें न दे तो कहो कि देखो-देखो, साले की हिम्मत देखो, अपनों को रेवड़ियाँ बाँट रहा है। तो हमारे हिसाब से अंधा न तो रेवड़ियाँ खाए, न बाँटे। बाँटे तो हमें भी 'अपना' समझने की समझदारी दिखाए, ताकि हम उसके खिलाफ कहावतें न गढ़ते फिरें। वह हमारा मुँह बंद रखा करे। अरे आँखवालो, अंधा इतना ही देख सकता तो क्या मजाल कि उसके खिलाफ कोई कहावत

गढ़ पाता। क्या कोई अंधा किसी आँखवाले के खिलाफ कहावत गढ़ पाया है ?

वैसे खुद आँखवाले भी अंधों की रेवड़ियों की शिकायत करते हुए अंधे ही लगते हैं। उन्हें अंधों की मजबूरी समझ में नहीं आती। अंधा सिर्फ अपनों को पहचान सकता है क्योंकि वह उन्हीं के बीच हमेशा रहता है। यह न तो उसके लिए संभव है, न मुनासिब कि कहीं से उसके पास रेवड़ियाँ आ जाएँ तो पहला काम वह यह करे कि घर से निकले और रेवड़ियाँ परायों में बाँट आए ताकि लोग उसे या तो अंधा न कहें या कहें भी तो यह कहें कि यह उन अंधों में नहीं है, यह तो रेवड़ियाँ परायों में बाँटता है। इसके लिए अंधे को परायों के पास जाना होगा। फिर एक-एक को उसकी आवाज से पहचानकर यह सुनिश्चित करना होगा कि ये सिर्फ और केवल पराए हैं—अपने नहीं हैं। फिर वह रेवड़ियाँ बाँटेगा और खाली हाथ घर चला आएगा। इस तरह सिवाए इसके कि वह आँखवालों द्वारा की जानेवाली 'बदनामी' से बच सकता है, उसे कोई और लाभ नहीं है। और आजकल 'बदनामी' से बचने में कोई लाभ वैसे भी है नहीं। आँखवाले जब 'बदनामी' की परवाह नहीं करते, तो अंधे क्यों करें !

और मान लीजिए, खतरे उठाकर भी अंधा रेवड़ी बाँटने घर से बाहर आ जाए तो भी खतरा है। खतरा यह है कि रेवड़ियाँ कितनी भी हों, जब वे परायों में बँटती हैं तो उनका कम पड़ना एकदम निश्चित हो जाता है क्योंकि अपने हमेशा कम होते हैं और पराए हमेशा ज्यादा। और जब कोई भी चीज—चाहे वह रेवड़ी जितनी नाचीज ही क्यों न हो—मुफ्त बँट रही हो तो लेनेवाले सिर्फ वे ही नहीं होते जो उस समय-विशेष पर घटनास्थल पर मौजूद होते हैं बल्कि वे भी होते हैं जोकि मौजूद नहीं रहते हैं। लेनेवाला रेवड़ियाँ सिर्फ अपने लिए नहीं लेना चाहता। हो सके तो वह 'अपनों' के लिए भी लेना चाहता है। इस स्थिति में अंधा तो अंधा, कोई आँखवाला भी यही पसंद करेगा कि मूँगफली हो या रेवड़ी, जब बाँटना है तो अपनों के बीच ही बाँट लो। और अंधा तो निश्चय ही रेवड़ियाँ अपनों के बीच ही बाँटेगा क्योंकि आदमी चाहे जितना अंधा हो या बना दिया गया हो या हो गया हो, वह कभी भी इतना अंधा नहीं हो जाता कि उसके पास कितनी रेवड़ियाँ हैं और उसके अपने कितने हैं और किसके हिस्से में कितनी रेवड़ियाँ आएँगी, इसका हिसाब न लगा सके। वह रेवड़ियों का वितरण इस कुशलता से करेगा कि उसके अपने सभी संतुष्ट रहें। पराए तो फिर पराए होते ही हैं। उन्हें दी तो वे रेवड़ियाँ लेकर चलते बनेंगे। यह भी जरूरी नहीं कि उनमें कोई अंधे को घर तक पहुँचाने की जहमत भी उठाना चाहे।

वैसे आँखवालों को अंधों द्वारा रेवड़ियों के अन्यायपूर्ण वितरण की शिकायत करने से पहले इस बात पर भी गौर करना चाहिए कि अंधों के पास आखिर रेवड़ियाँ आती कहाँ से हैं ? जाहिर है कि रेवड़ियाँ खुद चलकर तो अंधों के पास नहीं आतीं, कोई देता है उन्हें। तो यह 'कोई' कौन है ? निश्चय की यह कोई आँखवाला ही होगा, और अब जब हमारे अपने आँखवाले ही अंधों तक रेवड़ियाँ पहुँचाते हैं तो अंधों पर दोष लगाने का कोई अर्थ भी है भला ? जब अपना सिक्का खोटा, तो किस बात का रोना-धोना ?

इसके उपरांत सवाल यह उठता है कि अंधे को रेवड़ियाँ देनेवाला यह आँखवाला भी आखिर है कौन ? अधिक संभावना तो यही है कि यह अंधे का अपना ही कोई हो क्योंकि पराया तो रेवड़ियाँ देगा नहीं और देगा तो इतनी नहीं देगा कि अंधा खा भी ले और बाँट भी दे। अब अगर अंधे को रेवड़ियाँ देनेवाले भी उसके अपने हैं और अंधा जिन्हें ये रेवड़ियाँ बाँट रहा है, वे भी अपने हैं, तो अपनों को रेवड़ियाँ बाँटने में अंधे को कौन-सी कानूनी और नैतिक बाधा है ? क्या आँखवाले खुद भी ऐसा नहीं करते हैं ?

सवाल की थोड़ी और गहराई में जाने से कुछ और बातें स्पष्ट होने लगती हैं। हमें पता चलता है कि वास्तव में तो रेवड़ियों के इस संपूर्ण कार्य-व्यापार से अंधों को कोई लेना-देना नहीं है। न वे रेवड़ी बनाते हैं, न बेचते हैं। यहाँ तक कि रेवड़ी में प्रयुक्त सामग्री गुड़, चीनी और तिल के उत्पादन, वितरण से भी उनका कोई संबंध नहीं होता, वे तो बस रेवड़ियाँ खाते हैं क्योंकि वे खा सकते हैं। वे रेवड़ियों बाँटते हैं क्योंकि वे बाँट सकते हैं। उन्हें आरोपों के घेरे में लेने का वैसे भी कोई मतलब नहीं। बल्कि सोचना तो यह चाहिए कि जो आँखवाला अंधों को रेवड़ियाँ देता है—वह खुद क्या खाता होगा ! जो कलाकंद, गुलाब जामुन, रबड़ी, मोहनभोग, काजूकतली इत्यादि उच्चकोटि की मिठाइयों का भोग लगाता होगा, वही तो रेवड़ियों को सड़ने से बचाने के लिए उन्हें अपनों को देता होगा !

और क्या यह सच नहीं कि इस हमारी दुनिया में न तो रेवड़ियाँ अंधों के भरोसे बनती हैं, न बिकती हैं। रेवड़ी-निर्माता अंधों को तो किसी गिनती गिनते नहीं। रेवड़ियों का भोग तो मुख्य रूप से आँखवाले लगाते हैं। अंधों के पास तो उतनी रेवड़ियाँ भी नहीं पहुँचतीं, जितनी कि आबादी में उनका अनुपात है। अंधों की इन थोड़ी-सी रेवड़ियों पर भी आँखवाले पीढ़ी-दर-पीढ़ी हल्ला मचाते आ रहे हैं। जैसे शोषक अंधे हों और शोषित आँखवाले। जैसे रेवड़ियों का समस्त कार्य व्यापार अंधों और उनके अपनों के बीच केंद्रित हो। अरे आँखवालो, अंधे की रेवड़ियाँ तुम्हें इतनी ज्यादा प्रिय हैं, तो क्यों नहीं तुम भी किसी अंधे के अपने बन जाते। मना किया है किसी ने ! रोका है तुम्हें ! फिर खाना रेवड़ियाँ और मौज करना ! लेकिन इन्हें रेवड़ियाँ चाहिए, अंधे की रिश्तेदारी नहीं। बदनामी है न इसमें !

वास्तविकता तो शायद यह है कि कोई भी आँखवाला अपने रेवड़ी-संपन्न रिश्तेदार को अंधा नहीं बताना चाहता क्योंकि उसे अंधा बताते ही उसके पास रेवड़ियाँ होने का शक परायों को होने लगता है और वे आरोप लगाने लगते हैं कि अंधे की रेवड़ियाँ उसके अपने खा रहे हैं। उधर रेवड़ी-संपन्न आँखवाले अंधा होने का अभिनय करते रहते हैं, ताकि उन पर आँखवाले होकर भी अंधे की तरह अपनों को रेवड़ी बाँटने की तोहमत न लगे। उधर अंधे पीढ़ी-दर-पीढ़ी बदनाम होते रहें और अपनों को रेवड़ियाँ भी बँटती रहें। इनके लिए असल चीज है रेवड़ी और उसका अपनों में वितरण। फिर बला से, कोई इन्हें अंधा कहे तो कहे !

ईमानदार की दाढ़ी में तिनका !

वे दिन लद चुके जब चोर की दाढ़ी में तिनका होता था। अब तो उसके हाथ में सेलुलर फोन होता है। अब तिनके बेचारे की क्या हैसियत कि जो चोर की दाढ़ी तक पहुँच सके और उलझकर फिर वहीं रह भी सके। अव्वल तो अब चोर, चोरी करके छुपता नहीं और घास के गट्ठर के पीछे तो कतई नहीं छुपता कि तिनका उसकी दाढ़ी में उलझ जाए। अब तो चोर घूमता है वातानुकूलित गाड़ियों और हवाई जहाजों में। वह रहता है वातानुकूलित घरों में। खाता-पीता है पाँच सितारा होटलों में। ऐसी स्थिति में तिनका बेचारा चोर के पास पहुँचे भी तो कैसे और कब ! फिर भी, आज तक तिनके का ऐसा डर चोरों के मन में बैठा हुआ है कि साधारणतः कोई चोर दाढ़ी नहीं रखता। इसलिए तिनका कभी भूले-भटके चोर के चेहरे तक पहुँच भी जाता है, तो उसके सामने समस्या यह होती है कि चोर की दाढ़ी ही नहीं है। लिहाजा तिनका चोर के कंधे पर या उसकी कालर में उलझ जाता है। ऐसे तिनके से चोर को क्या डर !

लेकिन आजकल तिनका क्या, चिड़िया का पूरा घोंसला तक ईमानदारों की दाढ़ी में मिल सकता है। आखिर तिनके तो इस दुनिया से गायब हो नहीं गए हैं और जो चोर नहीं हैं, उन्हें दाढ़ी रखने से डर भी नहीं है। इसलिए आप जिस ईमानदार को जब और जहाँ चाहें, चोर समझकर जेल में बंद कर सकते हैं। उसकी दाढ़ी में न्यूनतम एक तिनका तो मिलेगा ही, जबकि उस बेचारे को याद भी नहीं होगा कि उसकी एक अदद दाढ़ी है, इसलिए वह अवश्य पकड़ा जाएगा। वह इसलिए भी पकड़ा जाएगा कि पुआल पर एक चादर बिछाकर उसे कई बार सोना होता है या हरी घास पर घंटे-भर लेटकर *हरी घास पर क्षण-भर* पढ़ने का उसका मन हो आता है, इसलिए उसकी दाढ़ी में तो तिनका होगा ही।

इसलिए अब चोर की बजाए 'ईमानदार की दाढ़ी में तिनका' जैसा मुहावरा गढ़ा जाना चाहिए, लेकिन जहमत कौन उठाए ! क्योंकि अब कोई चोर तो चोर रहा नहीं तो कोई ईमानदार, ईमानदार भी नहीं रहा। चोर को तो तब कहा जाता था चोर, जब ईमानदारी की कोई कद्र थी, जब कुछ लोगों की समाज में सिर्फ इसलिए पूजा होती थी कि वे ईमानदार हैं, जैसे हमारे गुलजारी लाल नंदाजी थे। कुरता फटा है, पायजामा भी फट गया है मगर कोई बात नहीं क्योंकि ईमानदार हैं। टूटी चप्पल पहने हैं, दाढ़ी बनवाने के लिए पैसे नहीं हैं, सभ्य समाज के तौर-तरीके नहीं आते, अंग्रेजी क्या हिंदी तक नहीं

आती मगर कोई बात नहीं, ईमानदार हैं। तब चोर भी अपने को चोर समझता था और अपनी दाढ़ी से तिनके यथासंभव गिराता रहता था। फिर भी कोई कह देता था कि चोर की दाढ़ी में तिनका, तो तुरंत उसका ध्यान अपनी दाढ़ी की तरफ जाता था और वह पकड़ा जाता था। पकड़े जाने के बाद वह पछताता था कि 'हाय! मैंने यह क्या किया' और जेल में जाकर वह सोचता था कि 'हाय! मैं चोर क्यों हुआ ?'

लेकिन अब तो सिर्फ चोर ही चोर को ईमानदार मानता है और बाकी सबको चोर मानता है। क्योंकि आज के वातावरण में चोर ही ईमानदारी से चोरी करता रह सकता है और चोर ही कभी कामचोरी नहीं करता। क्यों करे, जमाना उसी का है। हर्षद मेहता आज अखबारों में कॉलम लिख सकता है, सुखराम बेईमानों के विरुद्ध बेईमानी के पैसे से पार्टी बनाता है, लालू अपनी बीवी को मुख्यमंत्री बना सकता है, तो चोर क्यों कामचोरी करे ? उसके लिए कर्म का यही तो सुअवसर है। 'अभी नहीं, तो कभी नहीं' का नारा आज उसी को प्रेरित करने के लिए लगाया जा रहा है। पीछे मुड़कर न देखने का आग्रह उसी से किया जा रहा है।

यह कहावत भी अब पुरानी पड़ चुकी है कि चोर, चोरी से जाए, हेराफेरी से न जाए। आज सवाल यह है कि चोर, चोरी से जाए ही क्यों और हेराफेरी पर आए ही क्यों ? जब पीछे मुड़कर देखना एक गाली बन चुका है तो चोर डाकू क्यों न बने, हेराफेरी जैसा घटिया काम क्यों करने लगे ? हाँ, वह चोरी करता है, डाकू बनने का प्रशिक्षण लेता है और अपने गरीब रिश्तेदार को हेराफेरी का 'सब-कांट्रेक्ट' दे देता है। आखिर चोर के भी तो भाई, चाचा, ताऊ, दामाद, साले, भतीजे, भांजे होते हैं। हमारा समाज अभी पश्चिमी समाज तो बना नहीं है कि पति-पत्नी रह तो रहे हैं एक घर में, मगर बाजार से ब्रेड और जैम अपना-अपना, अलग-अलग ला रहे हैं। यहाँ रिश्तेदारों का खयाल तो रखना ही पड़ता है। अपनी जाति के विकास एवं संवर्धन की जिम्मेदारी चोर पर रहती है, ईमानदार पर नहीं। मौका आने पर समाज चोर से ही पूछता है कि तुम तो चोरी कर-करके करोड़पति और अरबपति हो गए, मगर अपने रिश्तेदारों और जाति-भाइयों के लिए तुमने क्या किया ? इसलिए चोर विवश होता है कि अपने स्वजनों तथा स्वजाति के विकास के लिए वह स्वयं तो डाकू बनने की ओर अग्रसर हो और अपने गरीब रिश्तेदारों को हेराफेरी सिखाए। यही नहीं, भूल-चूक से अपना आदमी हेराफेरी में पकड़ा जाए, तो उसकी जमानत कराने भी स्वयं जाए। इसलिए समय आ गया है कि हम अपनी कहावतों-मुहावरों और चुटकुलों की समीक्षा करें। आजादी की पचासवीं वर्षगाँठ पर यह आयोजन भी हो जाना चाहिए। इसके लिए सरकारी अनुदान या कोई-न-कोई प्रायोजक जरूर मिल जाएगा।

ऊपर बैठा एक निठल्ला

जरूर यह बात भगवान की तारीफ में कही गई है कि वह ऊपर से सब कुछ देखता है। लेकिन अपनी है उलटी खोपड़ी। अपन इससे यह निष्कर्ष निकालते हैं कि भगवान निठल्ला है क्योंकि सिर्फ और केवल निठल्ले के पास ही सब कुछ देखने की फुरसत होती है। वह नाली में कीड़ों के बिलबिलाने से लेकर, सूअरों के कीचड़ में नहाने तक—सब कुछ देख सकता है और देखना बरदाश्त कर सकता है। लेकिन कामवाला या तो अर्जुन की तरह सिर्फ पक्षी की आँख देखता है या कृष्ण की तरह गोपियों की केवल मटकी देखता है। इसके विपरीत निठल्ला पेड़ भी देखता है, पक्षी भी, लेकिन न पेड़ के फल खाता है, न पक्षी की आँख फोड़ता है। उसे पेड़ का कट जाना और पक्षी का उड़ जाना जरा भी परेशान नहीं करता। वह गोपियों और मटकियों—दोनों को देखता है, लेकिन न तो वह गोपियों को छेड़ता है, न मटकी फोड़ता है। कृष्ण के अलावा भी कोई गोपियों को छेड़ दे या मटकी फोड़ दे, तो उसकी सेहत पर फर्क नहीं पड़ता क्योंकि निठल्लापन उसका धर्म है।

यही हाल हमारे भगवान का है। कितना कुछ हो जाता है और वह देखता रहता है। भक्त इसी से खुश रहता है कि भगवान देख रहा है। लेकिन भगवान है कि देखता रहता है। उसे न रोजी कमानी है, न रोटी। न झाड़ू लगानी है, न पोंछा लगाना है। न पसीना बहाना है, न खून सुखाना है। न बीमार की देखभाल करनी है, न खाना पकाना है। उसके पास तो फुरसत-ही-फुरसत है। वह तो देखेगा ही। हम-आपकी तरह नहीं कि देखकर परेशान हो जाए, लड़-भिड़ ले, गाली दे ले। कुछ न हो तो कम-से-कम मन मसोसकर ही रह जाए, क्योंकि हमें और भी काम हैं जमाने में देखने के सिवाए। बच्चे हैं। पत्नी है। नौकरी है। किराए का मकान है। महँगाई है। नजला है। सिरदर्द है। फटा पैंट है। घिसी चप्पल है। राजनीति है। समाज है। वगैरह-वगैरह है।

निठल्ले की सबसे बड़ी पूँजी देखना होता है। वह जो औरत अपने बीमार पति के लिए दवाई लेने जा रही है, निठल्ला उसके स्तन और नितंब देखता है और मन-ही-मन वाह-वाह करता है। उसे औरत के चेहरे की परेशानी नहीं, उसकी गोल आँखें, सुतवाँ नाक, रसीले होंठ और गोरा रंग दीखता है। वह उन लोगों को जो निठल्ले नहीं हैं, लेकिन जो उस निठल्ले के निठल्लेपन का लाभ उठाना जानते हैं, बताता है कि आजकल उस पर जवानी चढ़ी हुई है। वह अकेले-अकेले बाजार जाती है। दिन में ही नहीं, रात के

अँधेरे में भी जाती है। वह बड़ी 'चरित्रहीन' है। निठल्ला चूँकि पूरे मोहल्ले का चरित्र-निरीक्षक होता है, इसलिए जो निठल्ले नहीं हैं, वे भी निठल्ले की बात पर विश्वास करते हैं। जब तक बीमार पति स्वस्थ होता है, तब तक उसकी पत्नी 'चरित्रहीन' की अपनी प्रतिभा को अनजाने ही स्थापित कर चुकी होती है। निठल्ले को पता है कि उसे किसी औरत के 'चरित्र' के 'ढीले' या 'सुदृढ़' हो जाने से कुछ नहीं मिलनेवाला क्योंकि वह निठल्ला है और उसका कर्त्तव्य है सिर्फ देखना। उसने जो अपनी आँखों से देखा है, उससे 'पति, पत्नी या वह' में से किसी का फायदा-नुकसान हो जाए तो हो जाए। उसे न इसकी खुशी है, न गिला।

यही हमारे भगवान का काम है। चोर चोरी कर जाए, वह देखता रहता है। चोर माल लेकर रफूचक्कर हो जाए, तो वह देखता रहता है और पकड़ा जाए, मार खाए, तो भी वह देखता रहता है। उसे न खुशी होती है, न गम। न गिला होता है, न शिकवा। किसी औरत का बलात्कार हो जाए, तो हो जाए। एक नहीं, दर्जनों हो जाएँ। जगह-जगह नहीं, एक साथ एक जगह हो जाएँ। अस्पताल में हो जाए या थाने में हो जाए। दफ्तर में हो जाए या घर में हो जाए। बच्ची का हो जाए या बूढ़ी का हो जाए। वह देखता रहता है क्योंकि उसके भक्त चाहते हैं कि वह देखे जरूर। करे या न करे, देख जरूर ले। मौके का मुआयना अवश्य कर ले। रिपोर्ट चाहे कुछ भी लिख दे। बस देख ले। देखना ही न्याय है।

भक्तों को पता है कि यह मुआ देखेगा बस। कहेगा कुछ नहीं। इसलिए वे भी रिश्वत ले लेते हैं, मौके का फायदा उठा लेते हैं, कहीं से कुछ गायब कर देते हैं, कहीं कुछ रख देते हैं, राम को कहीं भी जन्म दिलवा देते हैं, कृष्ण की गायें चुरा लेते हैं। भगवान चूँकि सबको देखता है, इसलिए भक्त सोचता है कि अगर यह मुझे देख रहा है, तो चोर को भी देख रहा होगा। हर चोर की नजर अपने से बड़े चोर पर रहती है। छोटा चोर सोचता है कि जब भगवान ने बड़े चोर का कुछ नहीं बिगाड़ा, तो मेरा क्या बिगाड़ेगा ! देखने दो उसे। सिर्फ देखने से क्या होता है। हमाम में सभी नंगे हैं, तो मेरे ही नंगे होने का क्या विशेष महत्त्व ! जैसे सब, वैसा मैं ! भगवान देख लेगा, तो शायद शरम से मुँह फेर लेगा ! और हम हमाम में गए हैं, तो नंगे तो होंगे ही। सड़क कपड़े पहनकर चलने के लिए है और हमाम का आविष्कार ही नंगा रहने के लिए हुआ है। इसलिए अगर भगवान हमाम में झाँककर देखता है, तो यह उसकी गलती है। अपनी गलती पर सभी को शर्मिंदा होना चाहिए। भगवान गलती करेगा, तो वही शर्मिंदा होगा !

अरे निठल्ले, अब तो देखने के अलावा कुछ कर ! अब तो हमने तेरे खिलाफ लिख भी दिया है। तेरी निठल्लगी की पोल तेरे भक्तों के सामने खोल दी है। तुझसे कुछ नहीं होता, तो अपनी आँखें ही बंद कर ले, अरे ओ निठल्ले !

नहीं, वह निठल्ला नहीं

मैं अपनी गलती सुधारता हूँ।

पहले मैंने लिखा था कि भगवान निठल्ला है, तभी तो वह सब कुछ देख लेता है और सिर्फ देखता रह जाता है। मगर हाल ही की कुछ घटनाओं के कारण ईश्वर के निठल्लेपन के संबंध में मेरे विचार बदले हैं। नहीं, ईश्वर निठल्ला नहीं है।

वह अगर निठल्ला होता तो हमारे माननीय (जिन्हें मैं भूलवश मानवीय लिखने जा रहा था और अब भूतपूर्व हो चुके) प्रधानमंत्री हरदनहल्ली डोड्डेगौड़ा देवगौड़ा यह नहीं कहते कि मैं भगवान की कृपा से ही प्रधानमंत्री बना हूँ इसलिए मुझे इस पद से भगवान के अलावा कोई हटा नहीं सकता। आपने माननीय लालू प्रसाद यादव द्वारा अपने आवास में संपन्न कराए गए दस दिवसीय यज्ञ के बारे में भी पढ़ा होगा, जिसका उद्देश्य सिवाय इसके क्या रहा होगा कि हे परमात्मा, हे परमेश्वर ! तू मुझे जेल जाने से बचा ले, वरना मेरा तो पूरा कैरियर चौपट हो जाएगा।

तो जिस भगवान के हाथों में देवगौड़ा ने अपनी कुर्सी सौंप रखी थी, वह कुछ और तो हो सकता है मगर निठल्ला बिल्कुल नहीं हो सकता। हमें अपने नेताओं की बुद्धि पर इतना भरोसा जरूर करना चाहिए। वे इतने मूर्ख नहीं हैं कि किसी निठल्ले की शरण में चले जाएँ। इसलिए मैं अपनी गलती सुधारता हूँ। हालाँकि कहावत है कि मुसीबत में लोग गधे को भी बाप बना लेते हैं, लेकिन यह बात इसलिए इस संदर्भ में सही नहीं है क्योंकि देवगौड़ा और लालू की ईश्वर भक्ति में कभी किसी को संदेह नहीं रहा। मुसीबत से पहले भी ये ईश्वर को अपना बाप मानते थे और अब भी मानते हैं। इसलिए मुसीबत में ईश्वर को उन्होंने अपना बाप नहीं बनाया है। वह इनका बाप था, इनका बाप है, इनका बाप रहेगा क्योंकि इन्हें हमेशा प्रधानमंत्री या मुख्यमंत्री बने रहने की ख्वाहिश रहेगी।

इसलिए आप खुद ही समझ सकते हैं कि जिस भगवान को देवगौड़ा और लालू जैसी विचित्र हस्तियों को बचाना था, उसने पता नहीं क्या-क्या, कहाँ-कहाँ, कैसे-कैसे और कितने-कितने पापड़ नहीं बेले होंगे। पापड़ बेलनेवालों को हमारी संस्कृति में और हमारी भाषा में कभी निठल्ला नहीं कहा गया। इसलिए भगवान भी निठल्ला नहीं है।

और फिर अकेले देवगौड़ा और लालू ही तो नहीं हैं जो ईश्वर की शरण में हैं। हर मर्द और हर औरत उसके पास पहुँच जाती है। किसी को नौकरी चाहिए तो किसी

को प्रमोशन चाहिए। किसी को परीक्षा में पास होना है, किसी को किसी से शादी करना है। किसी को कोई ठेका लेना है, किसी को तस्करी करना है। कोई अपने दुखों की दवा माँग रहा है, तो कोई दुष्टों का दलन उससे चाह रहा है।

भला आदमी उसके पास पहुँचा हुआ है तो बुरा आदमी भी उसके पास पहुँचा हुआ है। वादी उसके पास पहुँचा हुआ है तो प्रतिवादी भी उसके पास पहुँचा हुआ है। मिल मालिक उसके पास पहुँचा हुआ है तो मजदूर भी उसके पास ही पहुँचा हुआ है। कांग्रेसी उम्मीदवार पहुँचा हुआ है तो भाजपा का उम्मीदवार भी पहुँचा हुआ है। कोई माला जप रहा है तो कोई यज्ञ कर रहा है। कोई एक टाँग पर खड़ा है तो कोई आलथी-पालथी मारकर बैठा हुआ है। कोई भजन गा रहा है तो कोई गायत्री मंत्र का जाप कर रहा है। हर कोई कह रहा है, कुछ करो। कुछ-न-कुछ करो। कुछ तो करो। हमें इन सब लोगों की बुद्धिमत्ता तथा व्यावहारिकता पर अविश्वास नहीं करना चाहिए।

भगवान को चंद्रास्वामी को भी बचाना है और सतीश शर्मा को भी, कल्पनाथ राय को भी बचाना है और नरसिंह राव को भी। उसे हरेक का भला सोचना है और हरेक का भला करना है। उसे किसी की जमानत करानी है तो किसी की फाइल गुम करवानी है, किसी का मामला 'सेट' कराना है तो किसी का बिगड़ा हुआ मामला बनाना है। जिसके खिलाफ सुबूत जुटाना है, उसके खिलाफ सुबूत मिटाना भी है। यह प्रायः तय है कि रामलाल भगवान की शरण में गया है तो उसका कट्टर दुश्मन शामलाल भी भगवान की ही शरण में जाएगा। भगवान को दोनों से अपने संबंध निभाने हैं। दोनों की मनोकामनाएँ पूरी करनी हैं। अगर वे एक-दूसरे का गला काटना चाहते हैं तो उसमें मदद करनी है। नाक काटनी है तो इसमें सहायता करनी है। जहाँ तक समझौते का सवाल है, अगर वह इन दोनों को स्वीकार्य है, तो यह काम वे स्वयं कर लेंगे।

इससे एक बात सिद्ध होती है कि मनुष्य स्वयं भी एक उद्यमशील प्राणी है। वह सब कुछ भगवान के भरोसे छोड़कर भी भगवान के भरोसे कुछ नहीं छोड़ता। वह भगवान को प्रसाद चढ़ाता है तो पुलिस को रिश्वत भी देता है। वह ईश्वर के चरणों में गिरता है तो नेता के चरणों में भी गिरना नहीं भूलता। लेकिन भगवान की मुश्किल यह है कि आदमी उसको भी फँसाकर रखता है। देवगौड़ा को इसकी भी परवाह थी कि कांग्रेस उन्हें न हटा दे मगर वे यह भी कहते रहे कि भगवान के अलावा उन्हें कोई नहीं हटा सकता। इसलिए भगवान को भी देवगौड़ा या लालू या राव या शर्मा या किसी और की मदद के लिए दौड़ते तो रहना ही पड़ता है। भक्त के भरोसे को तोड़ा नहीं जा सकता। इसलिए दौड़ते रहनेवाला निठल्ला तो नहीं होता !

ऐसे भगवान को मैं भविष्य में निठल्ला नहीं कहूँगा। इसका एक कारण है। एक बार एक 'मूर्ख' को मैंने लगातार पचास बार 'मूर्ख' कहा। इससे वह तो बुद्धिमान नहीं ही हुआ, अलबत्ता लोग मुझे 'मूर्ख' कहने लगे। तब से मैं बुद्धिमान हो गया हूँ, कम-से-कम ऐसा मैं तो जरूर मानता हूँ।

विश्व-कल्याण का चस्का

हम हिंदुस्तानियों में एक बात बहुत अच्छी पाई जाती है कि हजारों वर्षों से भले ही हम अपनी फटेहाली-बदहाली दूर न कर पा रहे हों मगर बात हम 'विश्व-कल्याण' से नीचे की नहीं किया करते। इस देश में हर साल चार-छह ठो 'विश्व-कल्याण महायज्ञ' होते रहते हैं। अप्रैल 1996 में 'विश्व-कल्याण' के लिए हुआ 'विराट महायज्ञ' खर्च की दृष्टि से सबसे बड़ा बताया गया है। अयोध्या में हुए इस यज्ञ पर पाँच करोड़ रुपए खर्च होने का अनुमान है। महँगाई के इस जमाने में पाँच करोड़ रुपए में 'विश्व-कल्याण' के अलावा भी बहुत कुछ हो सकता है, इसकी सीख यह प्रस्तावित 'महायज्ञ' देता है। मसलन, इन रुपयों में 15 सौ टन देसी घी, एक हजार टन सरसों का तेल, चार हजार क्विंटल चावल, एक हजार क्विंटल चीनी और इतनी ही अरहर की दाल, साढ़े पाँच सौ क्विंटल दूध के अलावा काजू, किसमिस, चिरौंजी, अखरोट, पिस्ता वगैरह न जाने क्या-क्या आया। इसमें से कुछ यज्ञ-कुंड में और कुछ पेट-कुंड में स्वाहा होगा।

एक बात अत्यंत स्पष्ट है कि यज्ञों से 'कल्याण' अवश्य होता है। सबसे पहले तो जिसे यज्ञ के दौरान तर माल खाने को मिलता है, उसका 'कल्याण' हो जाता है। इस जमाने में अच्छे से अच्छा मध्यवर्गीय सूखे मेवे नहीं खा पाता। मेरे घर पर दीपावली के दिन एक सज्जन सूखे मेवे दे गए मगर मेरी पैकेट खोलने तक की हिम्मत नहीं हो रही। तो ऐसी अवस्था में तमाम भोजन-प्रेमियों का कल्याण तो महायज्ञ के माध्यम से अवश्य ही होगा। अगर धर्मार्थ सरकारी बिजली का 'मुफ्त उपयोग' किया गया तो उत्तर प्रदेश बिजली बोर्ड का भी कल्याण होगा। इतनी भीड़ हुई होगी तो जूते-चप्पल चुरानेवालों, जेबकतरों, पुलिसवालों का 'कल्याण' भी होगा। यानी जिधर नजर घुमाई, तू ही तू है, 'कल्याण' ही 'कल्याण' है।

मैं तो सोच भी नहीं सकता था कि आज जब महँगाई इतनी बढ़ चुकी है कि बिहार तक में सिर्फ चारा घोटाला भी एक हजार करोड़ रुपए से कम का नहीं होता, तब हमारे साधु-संतों के प्रयासों से सिर्फ पाँच करोड़ में इतना कुछ 'कल्याण' संभव है। इतने 'कल्याण' को तो सचमुच 'विश्व-कल्याण' ही कहना चाहिए क्योंकि इस देश में पिछले पचास वर्षों में कल्याणकारी योजनाओं पर ही हजारों करोड़ रुपए लग गए मगर उसका 'कल्याण' न हुआ जिसका 'कल्याण' करना लक्ष्य था। सिर्फ उसी का 'कल्याण' हो पाया जो स्वयं कल्याण कार्य में उत्साह से लगा हुआ था। इसलिए हमारे जैसे गरीब लेखक

की दृष्टि में तो अयोध्या में जो हुआ, वह विश्व-कल्याण नहीं तो कम-से-कम विश्व कल्याण जैसा कुछ अवश्य ही है।

ऐसा क्यों है कि हमारे देश में या तो राव के कल्याण के लिए या देवगौड़ा के कल्याण के लिए 'महायज्ञ' होते हैं या फिर सीधे 'विश्व-कल्याण' के लिए 'महायज्ञ' होते हैं। या तो हमारे यज्ञकारों की दिलचस्पी 'व्यक्ति-कल्याण' में होती है या फिर सीधे 'विश्व-कल्याण' में। वे 'समाज-कल्याण' या 'देश-कल्याण' यज्ञ क्यों नहीं कराते ? 'परिवार-कल्याण' और 'मोहल्ला-कल्याण' यज्ञ क्यों नहीं कराते ? क्यों हम व्यक्ति से सीधे विश्व तक ही पहुँचते हैं ? हम बीच में क्यों नहीं रुकते ? चलो मान लिया कि हमारे अंदर की कल्याण भावना वी. वी. आई. पी. है और इस नाते वह लालबत्ती पर नहीं रुकती लेकिन नदी, नाले, पहाड़ देखकर भी क्यों नहीं रुकती, यह क्या चक्कर है ?

जहाँ तक 'विश्व-कल्याण' का सवाल है तो वह पहले ही बहुत कुछ हो चुका है। मसलन, अमरीका को कल्याण की क्या जरूरत है, वह तो स्वयं 'विश्व-कल्याण' यज्ञ में लगा रहता है। उसने सोवियत संघ का 'कल्याण' करा दिया और आज दुनिया में इस नाम के किसी देश का कहीं अता-पता नहीं मिल रहा। सोवियत संघ से टूटकर रूस बना तो अब बोरिस येल्तसिन अमरीका के सहयोग से रूस का 'कल्याण' करने में इस कदर व्यस्त हैं कि बेचारे कब अस्पताल में रहते हैं और कब बाहर, इसका खुद उनको पता नहीं रहता। हमारा पड़ोसी 'चीन' तक इतना समर्थ है कि उसने 1962 में ही हमारा 'कल्याण' करने की कोशिश की थी। 'कल्याण' तो कर भी दिया था बल्कि उसकी देखा-देखी पाकिस्तान ने भी हमारे 'कल्याण' के बार-बार प्रयत्न किए मगर वह न कर सका, यह अलग बात है। इसलिए 'विश्व-कल्याण' की अब उतनी जरूरत नहीं, बल्कि देश में भी कल्याणकारी शक्तियाँ काफी अधिक सक्रिय हैं। टी. टी. कृष्णमाचारी और केशवदेव मालवीय से लेकर सुखराम और जाफर शरीफ तक 'देश-कल्याण' के प्रयत्न जारी हैं। इसलिए वे यज्ञ अवश्य करें और उसके लिए अनाज-घी आदि भी स्वाहा जरूर करें क्योकि यह धर्म का काम है और धार्मिक काम मानुषिक काम से, हमारे प्यारे देश में, सदा-सर्वदा प्राथमिकता पाते रहे हैं। लेकिन इस 'विराट महायज्ञ' के आयोजक इतना अवश्य सोच लें कि इससे वे 'कल्याण' किसका करना चाहते हैं ? क्योंकि आजकल 'कल्याण' उन्हीं का हो पाता है जो 'समाज-कल्याण' से लेकर 'विश्व-कल्याण' तक करते रहते हैं। जैसे रोए बिना माँ भी बच्चे को दूध नहीं पिलाती, वैसे ही दूसरों का 'कल्याण' किए बगैर अपना 'कल्याण' भी नहीं हो पाता।

(मार्च, 1996)

रावण को सलाह

जब मैंने पढ़ा कि एक बाप एक साल तक अपनी बेटी से बलात्कार करता रहा और जब उसे गर्भ रह गया तो उसे जहर देकर मार दिया, तो मुझ नास्तिक को भी मानना पड़ा कि कलयुग अब तो आ ही चुका है। लेकिन तभी नजर एक दूसरे समाचार पर पड़ी कि बिहार के एक गाँव में एक रामलीला के दौरान जब राम के तीर से घायल एक रावण ने राम को बुरी-बुरी गालियाँ देनी शुरू कीं तो इससे दर्शक उत्तेजित हो गए और रावण बने अभिनेता को मारने के लिए मंच पर चढ़ आए। बेचारा रावण भाग खड़ा हुआ। लेकिन इससे भी दर्शकों का क्रोध शांत नहीं हुआ। उन्होंने रावण का पुतला जलाया, तब कहीं उनके कलेजे को शांति मिली।

इस घटना के बारे में पढ़कर मैंने अपने विचार बदले—कि नहीं, कलयुग अभी नहीं आया है। अभी त्रेता युग ही चल रहा है। वरना बेचारे रावण की गलती नहीं थी। उसे तीर लगा तो वह कब तक 'रावण' बना रहता! वह तुरंत कमलाशरण प्रसाद या जीवन महतो, वह जो भी था, बन गया और गालियाँ देने लगा। गाली खाकर 'राम' भी समझ गए कि वह भी अब रामलीला के राम नहीं रहे। अब तो उन्हें गालियाँ सुननी ही पड़ेंगी। वैसे भी हर रामलीला का रावण, हर रामलीला के राम से ज्यादा मोटा-ताजा और ताकतवर होता है और हर राम सुंदर-सुकोमल, दुबला-पतला होता है। इसलिए वैसे भी बेचारे राम की मजबूरी थी कि वह रावण की गालियाँ सुने। उसे क्या पता था कि अचानक उसकी मदद के लिए रामभक्त मंच पर कूद आएँगे, वरना राम तीर मारकर भी रावण की गालियाँ क्यों सुनते ! खैर, रावण ने तो जिस क्षण से राम को गालियाँ देनी शुरू की थीं, वह जान गया था कि वह खुद रावण नहीं रहा। इसलिए उसे यह तुरंत समझ में भी आ गया कि वह रामलीला के राम का तो मुकाबला कर सकता है, मगर इन रामभक्तों का नहीं। सो बेचारा घायल होते हुए भी जान बचाने के लिए सरपट भागा और भागता ही चला गया।

लेकिन एक बात इस घटना से सिद्ध हो गई कि कलयुग अभी आया नहीं है। भले ही पति, पत्नी को बाजार में बेच रहा है; भले ही तीन-तीन माह की बच्चियों के साथ बलात्कार हो रहे हैं; भले ही मामा, भांजी को भगा रहा है और भले ही अपने को कृष्णावतार माननेवाले लालू यादव जेल में हैं और भले ही लूट-खसोट, गरीबी, भूख, तंगहाली अपने चरम पर है; भले ही नेता और अफसर मिलकर देश को विदेशियों के

हाथों बेच रहे हैं, मगर कलयुग अभी दूर है क्योंकि देश में रामलीलाएँ हो रही हैं और दर्शक नकली राम को असली राम और नकली रावण को असली रावण मान रहे हैं। रावण को तीर भले ही लग जाए, वह बेचारा भले ही मर जाए, मगर हर हालत में राम ही सही हैं। राम जो करें सो ठीक, मगर रावण तीर खाने के बदले गाली भी दे तो वह गलत है क्योंकि वह रावण है, राम नहीं।

भला हो बेचारे रावण का कि उसे सद्‍बुद्धि आ गई और वह दर्शकों को देखकर भाग गया और उसे भागना भी आता था, वरना क्या पता रावण के पुतले की बजाए दर्शक उस रावण को ही जला देते ! इसलिए हे रामलीला के तमाम रावणों, सावधान हो जाओ। रावण बनो, तो फिर हर हालत में रावण ही बने रहो। तीर खाकर रामप्रसाद या रमाकांत या टीकाराम मत बन जाओ। तीर खा लो, मगर राम को कभी गाली मत दो। यह वैसे भी रामभक्तों का जमाना है। तुम यह न समझो कि रामभक्त सिर्फ मस्जिद ही तोड़ सकते हैं, वे रावण को जिंदा भी जला सकते हैं। इसलिए हे रावण, राम से लड़ना अब बंद करो। राम के सामने अब आत्मसमर्पण कर दो। तुम्हें बनना ही है तो वास्तविक जीवन के वास्तविक रावण बनो, रामलीला के रावण बिलकुल मत बनो। सूट-टाईवाले, मारुति, जेन या मर्सीडीजवाले रावण बनो, खादी का पायजामा-कुरता पहनकर राजनीति करनेवाले रावण बनो, ताकि तुम्हारा युद्ध किसी राम से तो न होने पाए ताकि गलती से ही सही, तुम्हें किसी राम का तीर तो न लगे ! पुलिस, नेता, तस्कर, अफसर, पत्रकार, बुद्धिजीवी—सब तुम्हारे बचाव के लिए बेझिझक आ तो सकें, जनतंत्र और मानवाधिकारों का नाम लेकर, वाणी और कर्म की स्वतंत्रता की माला जपते हुए तुम्हारी सहायता जेल आकर भी कर तो सकें! तुम्हें किसी भीड़ से मार खाने और जलाए जाने का खतरा तो न उठाना पड़े। इसलिए हे रामलीला के गरीब रावणों, अब तो मान जाओ।

जमाना लद गया, जब राम को रावण चुनौती दे सकता था और उनसे लड़ सकता था। अब तो राम के सामने तुम उसी तरह आत्मसमर्पण कर दो, जिस तरह नेताओं के सामने कभी डाकू आत्मसमर्पण किया करते थे। हालाँकि डाकुओं, चोरों, तस्करों, घूसखोरों के सामने नेताओं के आत्मसमर्पण का जमाना तो आ ही चुका है।

पंडितजी की संस्कृति

यह उस समय की बात है, जब इस देश में बहुत कुछ नहीं था। यहाँ तक कि संस्कृति की रक्षा के लिए मर-मिटने तक का रिवाज नहीं था। लोग यों ही बहुत मर जाते थे। जितने बचते थे, उन्हें मर-मिटने की तमन्ना नहीं रह जाती थी।

तभी भारत-भूमि पर पंडित घनश्याम अवतरित हुए। उन्होंने संस्कृति की रक्षा के लिए मर-मिटने का बीड़ा बठाया। उनके सद्प्रयासों से संस्कृति बच गई। वे भी बच गए। देश-भर में पंडित घनश्याम का मान-सम्मान बहुत बढ़ गया। वे जहाँ जाते, लोग उन्हें फूल-मालाओं से लाद देते। वे भी विनम्र थे। वे लद जाते।

एक दिन एक शहर में फूल-मालाओं से उनका इतना ज्यादा सम्मान किया गया कि उनकी गरदन की हड्डी टूट गई। बड़े-बड़े आयुर्वेदाचार्यों ने उनकी गरदन जोड़ने के प्रयास किए। वे असफल रहे।

हालत यह थी कि संस्कृति की रक्षा में अपने योगदान को याद करके पंडित घनश्याम का सीना गर्व से हमेशा फूला रहता था मगर गरदन लटकी रहती थी। हार वह पहन नहीं सकते थे, भाषण वह दे नहीं सकते थे।

इस अवस्था में यह अस्वाभाविक नहीं कि उन्हें अपने जीवन का अंत निकट दिखाई दे रहा था। पंडित घनश्याम के मन में एक बार आत्महत्या का विचार भी आया। मगर ऐसा करना संस्कृति के विरुद्ध था।

इन दुर्दिनों में मलेरिया ने उनका साथ दिया। इसे बताने का तात्पर्य यह है कि जीवन के किस मोड़ पर कब, कौन, कहाँ आपका साथ दे दे, इसका पता नहीं। भले ही आदमी पंडित घनश्याम हुआ करे।

पंडितजी के आम

उस साल आम की आमद बाजार में बहुत कम थी। आम महँगे थे। अच्छे खाते-पीते इनसान भी आम खाने को तरस रहे थे।

तभी किसी भक्त ने पंडित ब्रजलाल शर्मा के यहाँ आमों का टोकरा भिजवा दिया। पंडितजी के आशीर्वाद से आज ही उसे पुत्ररत्न की प्राप्ति हुई थी।

आमों की इस आकस्मिक प्राप्ति को पंडितजी ने दैवीय कृपा माना क्योंकि कभी भी किसी भक्त ने उन्हें आम का टोकरा भेजने का सम्मान नहीं दिया था।

लेकिन इसे क्या कहें कि इधर घर में आम आए और आमों के पीछे-पीछे वृद्धा माँ की मृत्यु का समाचार भी आ गया। भावुक पंडितजी बिलख-बिलखकर रोने लगे और यह निर्णय ले लिया कि तत्काल माँ के अंतिम दर्शन प्राप्त करने के लिए सारा परिवार रवाना हो जाएगा।

इतना रोने के बावजूद पंडितजी को आमों की याद थी, मगर उन्हें स्वयं इस बारे में परिवारजनों से कुछ कहना उचित नहीं जान पड़ा। परिवार के किसी सदस्य ने इस भय से आमों का जिक्र उनसे नहीं किया कि इससे पंडितजी की अपनी माँ के प्रति कोमल भावनाओं को चोट पहुँचेगी।

सिर घुटाकर वह और उनके पुत्र जब वापस लौटे, तब तक आम सड़ चुके थे। उनकी दुर्गंध पूरे मकान में भर चुकी थी और बाहरी संसार में प्रवेश कर चुकी थी।

खैर, वह इस दुख को पी गए। लेकिन जब उन्हें पता चला कि ये अल्फांसो आम थे और एक टोकरी की कीमत 800 रुपए थी तो उन्हें भारी सदमा लगा। इन आमों के लिए वे रो नहीं सके और नतीजा यह हुआ कि उन्हें दिल का दौरा पड़ गया। ईश्वर की कृपा से वे बच तो गए, मगर 10667 रुपए का चिकित्सा-बिल बन गया।

वे प्रभु से लगातार पूछते रहे कि प्रभु मुझ गरीब ब्राह्मण के साथ ऐसा क्यों कर हुआ, लेकिन प्रभु अपने स्वभाव के अनुसार सिर्फ मुस्कुराते रहे।

पंडितजी का यथार्थवाद

यह उस समय की बात है, जब बिस्मिल्लाह खाँ बच्चे थे और उन्होंने शहनाई बजाना शुरू नहीं किया था।

जो नहीं है, उसका गम क्या, यह सोचकर लोग तब जिये जाते थे। उन्हीं दिनों पंडित रामचरण ने समाज-सेवा का व्रत ले लिया। समाज को उनके सेवा-व्रत का प्रसाद प्राप्त होने लगा।

पंडितजी ने अपने समाज-सेवा कार्यक्रम के अंतर्गत दो उद्‍देश्य तय किए थे : वह ब्राह्मण कुल में उत्पन्न हर बालक का यज्ञोपवीत संस्कार कराएँगे तथा लघुशंका एवं दीर्घशंका के समय जनेऊ धारण करने का महत्त्व तथा आवश्यकता का प्रतिदान करेंगे।

उनकी यह मुहिम सफलता की ओर निरंतर अग्रसर होती जा रही थी, लक्ष्य प्राप्ति की ओर बढ़ रही थी। तभी उस्ताद बिस्मिल्लाह खाँ के शहनाई के स्वर चारों ओर गूँजने लगे। पंडितजी को आभास हो गया कि कलयुग आ चुका है। तभी संयोग से उन्हें कुछ ब्राह्मण युवक दिखाई पड़े, जिनके सिर पर चोटी नहीं थी और वे पैंट-शर्ट पहने हुए थे। उनका ध्यान शहनाई से हट गया और उन्हें समझ में आ गया कि वास्तव में कलयुग क्यों आ चुका है।

जिंदगी बंबइया फिल्म तो हुआ नहीं करती कि उसका अंत अनिवार्य रूप से सुखद हो। इधर कलयुग का आगमन इन्हें दीखा, उधर वह हृदय गति के अवरुद्ध हो जाने से परलोक सिधार गए।

उनके अंतिम संस्कार में मात्र 200 लोग सम्मिलित हुए। उनकी देश और समाज में जो प्रतिष्ठा थी, यह उसके अनुरूप नहीं था। मगर स्वयं पंडितजी यथार्थवादी थे। उन्हें पता था कि राष्ट्र और समाज के प्रति उनकी अनथक सेवा के उपरांत भी इससे अधिक लोग उनकी अंतिम यात्रा में सम्मिलित नहीं होंगे। लेकिन पंडितजी की अंतिम यात्रा में 200 लोगों की उपस्थिति भी यह दर्शाती है कि तब कलयुग आ ही रहा था, आ नहीं गया था। पंडितजी को समाज-सेवा का कुछ समय और मिल जाता तो संभवतः कलयुग वापस लौट जाता। सब-कुछ ठीक हो जाता। लेकिन हाय हृदय, उसने धड़कना बंद कर दिया !

जय उल्लू जय लक्ष्मी

दीपावली पर उल्लू पर सवारी गाँठकर लक्ष्मीजी आपके यहाँ भी पधारी होंगी। कैसी विडंबना है कि जिन पर लक्ष्मीजी की महती कृपा है, उनके पास तो अपने हवाई जहाज हैं, हेलीकॉप्टर हैं, रॉल्स रायस और बी. एम. डब्ल्यू. हैं, मर्सीडीज और टोयोटा हैं, फोर्ड और होंडा हैं, देवू और टाटा-सियरा हैं मगर खुद लक्ष्मीजी के पास सवारी के नाम पर वही उल्लू का उल्लू है। दूसरों पर कृपा करनेवाली लक्ष्मी खुद पर कृपालु नहीं हैं। दस साल पहले जो पैदल सफर करते थे, वे मारुति में घूम रहे हैं और जो पाँच साल पहले स्कूटर पर बैठते थे, वे मारुति-एस्टीम पर सवार हैं मगर लक्ष्मीजी विष्णुलोक से पृथ्वीलोक तक का लंबा सफर उल्लू पर ही तय कर रही हैं। लेकिन आज तक किसी अरबपति ने लक्ष्मी को ऑफर करना तो दूर, उनसे आवेदन-निवेदन तक नहीं किया कि हे देवी, आप अब भी उल्लू पर सवारी क्यों करती हो, हमारे हवाई जहाजों और कारों पर करो। हमारी देवी होकर भी आपके उल्लू पर सवारी करने से हमारी इज्जत में बट्टा लगता है। कहो तो चंदा करके एक हवाई जहाज या कार ला दें।

हिंदू धर्म में लक्ष्मी से लेने का प्रावधान तो है, उन्हें कुछ देने का नहीं है। इसलिए लक्ष्मी उल्लू पर चली आएँ, तब भी उनका स्वागत है। वैसे हिंदू भाई उल्लू से नफरत करेंगे। छत की मुँड़ेर पर भी बेचारा आकर बैठेगा तो पत्थर मार-मार कर भगा देंगे। उसका आना अशुभ मानेंगे, मगर लक्ष्मी उस पर सवार होकर आएँगी तो उसे भी खुशी-खुशी घर के अंदर आने देंगे। चूहा घर में आ जाएगा तो उसे जहर देकर मार देंगे, मगर गणेशजी उस पर सवार होकर आएँगे तो उसे सहर्ष घर में स्थान देंगे।

वैसे लक्ष्मी ही अकेली ऐसी देवी हैं जो मंदिर में भक्तों को नहीं बुलातीं। वह दीपावली पर स्वयं भक्तों के घर चली आती हैं। खैर, लक्ष्मी तो देवी हैं, विष्णु-प्रिया हैं वह एक ही समय में कितने ही रूप धर सकती हैं, जितने चाहें अपने क्लोन बनवा सकती हैं। लेकिन उल्लू तो उल्लू है। वह उल्लूपन के अलावा कुछ कर नहीं सकता, एक साथ करोड़ों रूप धर नहीं सकता। जाहिर है कि दीपावली की रात लक्ष्मीजी को करोड़ों घरों में एक साथ जाने के लिए करोड़ों उल्लुओं की जरूरत भी पड़ती होगी। मुझे शक है कि इतने उल्लू विष्णुलोक में उपलब्ध हैं। वहाँ एक लक्ष्मी हैं, तो एक ही उल्लू भी होगा। लेकिन यहाँ करोड़ों घरों में एक लक्ष्मी करोड़ों लक्ष्मियाँ बनकर जाती है तो यहीं से वे करोड़ों उल्लू भी हासिल करती होंगी। मुझे तो लगता है कि मैं भी उन करोड़ों उल्लुओं

में से एक हूँ। दीपावली की रात पत्नी-बच्चों के साथ सज-धजकर जब मैं लक्ष्मी-पूजन करता हूँ और अपने को कतई उल्लू नहीं समझता, तब लक्ष्मीजी मेरे यहाँ आती हैं। लेकिन मुझ पर कृपा करने के लिए नहीं, बल्कि मेरी सवारी गाँठने के लिए, ताकि वे किसी करोड़पति या अरबपति के यहाँ पहुँच सकें। वह मेरे घर मुझसे किसी गरीब को उल्लू बनाकर लाती होंगी और मुझे अपने से किसी ज्यादा अमीर के यहाँ उल्लू बनाकर ले जाती होंगी। इसलिए मैं दीपावली के दिन जितना लक्ष्मी का खयाल रखता हूँ, उतना ही उल्लू का भी क्योंकि कोई और उल्लू न बनेगा तो लक्ष्मी मेरे यहाँ कैसे आएँगी ? मैं उल्लू न बनूँगा तो लक्ष्मी किसी और के यहाँ जाएँगी कैसे ? इसलिए मैं तो अपनी पत्नी को कई बार राय दे चुका हूँ कि दीपावली की रात सिर्फ 'लक्ष्मी प्रसन्न' लिखने से काम नहीं चलेगा, 'लक्ष्मी-वाहन प्रसन्न' भी लिखो। लक्ष्मी का वाहन एक जिंदा जीव है। हालाँकि वह उल्लू ही है, मगर फिर भी उसका प्रसन्न रहना जरूरी है। वह प्रसन्न नहीं रहेगा तो लक्ष्मी को अपने यहाँ कौन लाएगा ? लेकिन पत्नी नहीं मानती, इसलिए मैं उल्लू-का-उल्लू बना हुआ हूँ। देश में आर्थिक उदारीकरण आ गया, पड़ोसियों के यहाँ सिएलो और फोर्ड आ गईं और मैं मारुति-800 के लिए भी तरस रहा हूँ।

दरअसल लक्ष्मी का वाहन उल्लू है और उल्लू को सिर्फ रात में दीखता है, इसलिए लक्ष्मी सिर्फ दीपावली को ही नहीं, हर रात अँधेरे में छुपकर आती हैं। इसके लिए उन्हें किसी-न-किसी उल्लू पर सवारी गाँठनी होती है। इधर मैं हूँ कि रात होते ही घर पहुँच जाता हूँ। जब उल्लू सक्रिय होता है, तब मैं निष्क्रिय हो जाता हूँ। जब उल्लू निष्क्रिय होता है, तो मैं सक्रिय रहता हूँ। यह मेरी सनातन समस्या है। सटोरियों, तस्करों, दलालों, गुंडों, अफसरों, मंत्रियों, कुबेरपतियों, पुलिस अफसरों, पत्रकारों, दलालों की बैठकें रात को दस बजे के बाद पाँच सितारा होटलों में होती हैं, जबकि मैं टी. वी. के कार्यक्रम देखकर सोने की तैयारी कर रहा होता हूँ।

मुझे यह बात अब समझ में आ चुकी है कि उल्लू भले लक्ष्मीजी की प्रिय सवारी है, मगर कभी कोई उल्लू, लक्ष्मी को अपने यहाँ नहीं ले जा पाया। वे जाती उसी के घर हैं जो या तो उल्लू नहीं है या उल्लू था, मगर अब उस अवस्था से कुछ ऊपर उठ चुका है। इसीलिए लक्ष्मी हमारी उस लक्ष्मी के यहाँ पिछले दस वर्षों से नहीं आ रहीं, जो हमारे कपड़े-बरतन धोती है। वह फिर भी लक्ष्मी होकर लक्ष्मी की व्यर्थ पूजा करती रहती है, और मैं विष्णु नामक प्राणी लक्ष्मी को बुलाता रहता हूँ, मगर नहीं आतीं।

संक्षिप्त सागर

सागर तो भाई साहब, सागर ही होता है। वह नदी, नाला या तालाब नहीं होता। अब यह ठीक है कि कुछ हरीश सागर और कुछ सागर मेंहदी भी होते हैं, पर वे बेचारे आदमी होते हैं, सागर नहीं। कुछ बेचारे तो बेबस होते हैं। अब 'सागर' 'सरनेम' है तो क्या करें। बाप-दादे की गलती को ढोते जाते हैं। कई तो इनमें से वाकई नाले ही होते हैं, मगर 'सागर' 'सरनेम' को ढोते हैं। इन बेचारों की बात तो अलहदा है। इन्हें माफ किया जा सकता है। लेकिन साहब आपसे कोई कहे कि यह 'संक्षिप्त सागर' है और यह 'लघु सागर' है और यह 'लघुतर सागर' है, तो आप क्या इसे सहन कर पाएँगे ! अरे सीधे नदी, नाला या तालाब कहिए ! गधे को लघु घोड़ा कहने की बजाए गधा ही कहिए। लेकिन ये हिंदी उद्धारक जो करें, सो कम है और जो न करें सो भी उनकी कृपा ही समझिए।

हुआ यों कि कहीं से टहलते-घूमते दफ्तर की हमारी मेज पर *नागरी प्रचारिणी पत्रिका* नामक एक पत्रिका आ गई। किसी ने सोचा होगा कि यह साहित्यप्रेमी व्यक्ति है, अब यह पत्रिका अपने पास आ ही गई है, तो इसके मत्थे मढ़ दो। फेंकना चाहेगा तो यही फेंकेगा। रद्दी बेचने में इसका इस्तेमाल करना चाहे, तो दो-चार पैसे इसे ही कमा लेने दो। मगर वह पत्रिका वाकई हमारे काम की निकल आई। जिधर देखो, उधर संपादक विराजमान। हमने सोचा कि इतनी ज्यादा बार बिराजे हैं, तो गिन ही लें कि उन्होंने कितनी जगह छेंकी है। सो देखा, अपने नाम सहित वह सत्ताईस बार उस कृशकाय पत्रिका में विराजित हैं। हमारा मन तुरंत उन्हें पत्र लिखने को हुआ कि महाराज इसे 'संपादक प्रचार पत्रिका' क्यों नहीं कहते ! लेकिन हर अच्छे काम को करना जिस तरह हम टालते जाते हैं, उसी तरह हमने इसे भी टाल दिया।

हमारी नजर उसमें छपे विभिन्न विज्ञापनों पर भी गई थी। वैसे भी वह पत्रिका कम, विज्ञापन-पत्रिका ज्यादा है। एक जगह *हिंदी शब्द सागर* का विज्ञापन था। उसका मूल्य था सत्ताईस सौ रुपए। सागर जैसी चीज का सागर जैसा ही मूल्य हमें यह लगा। अब हमारी जेब को माफिक आने के लिए कोई सागर, नदी या नाला या नाली तो बन नहीं सकता। सागर की हैसियत हमारी हैसियत से तय नहीं होगी। इसलिए तटस्थ दृष्टि से सोचने पर लगा कि यह सागर नहीं, शब्द सागर है, इसलिए इसकी कीमत सत्ताईस सौ रुपए है और शायद ठीक ही है। वैसे यह हो सकता है कि यह हिंदी का शब्द सागर,

सागर न होकर सिर्फ एक अच्छी-खासी नदी हो, लेकिन सागर है या नदी है या झरना या नाला है या डबरा है या जो भी है, इसका फैसला तो हम तब करेंगे, जब जेब में सत्ताईस सौ रुपए खर्च करने को होंगे। जेब में अभी सिर्फ तीन सौ रुपए थे।

पत्रिका के पन्ने पलटे तो पता चला कि केवल *हिंदी शब्द सागर* ही नहीं है, *संक्षिप्त हिंदी शब्द सागर* भी है और हमारी जेब के बिलकुल अनुकूल है, तीन सौ रुपए में। फिर सोचा, सारे रुपए निकल जाएँगे। फिर फोकटिए-के-फोकटिए रह जाओगे। दृष्टि कुछ और नीचे दौड़ाई, पता चला *लघु हिंदी शब्द सागर* भी है और उसका मूल्य एक सौ पचास रुपए है। एक सौ पचास जेब में फिर भी बचे रह सकते हैं। मगर लालच बढ़ता ही गया। ज्यों-ज्यों नजर फैलती गई, मालूम हुआ कि *लघुतर हिंदी शब्द सागर* भी है। सोचा कि बचत और ज्यादा हो जाएगी। लेकिन लघु और लघुतर की कीमत में फर्क नहीं था। डेढ़ सौ रुपए का यह भी था।

लेकिन फिर खयाल आया कि भैया विष्णु, जिस भाषा की उन्नति में तुम अभी तक जुटे रहे हो, उसके शब्दकोश, विश्वकोश, व्याकरण पर तुमने आज तक एक पैसा भी खर्च नहीं किया, उसके बगैर तुम्हारा गुजारा अब तक चलता रहा, तो अब यह 'सिद्धांतों' से समझौता क्यों ? एक सौ पचास रुपए भी क्यों खर्च करते हो ? रहने दो। इसमें पचास रुपए और मिलाओ, एक सूती साड़ी खरीद लो। बीवी को पसंद नहीं आई तो वह भारतीय संस्कृति के अनुरूप किसी रिश्तेदार या परिचित को भेंट दे देगी।

रुपए बचाने के लिए किया गया चिंतन कभी-कभार बड़े काम का भी होता है। इसी चिंतन प्रक्रिया के दौरान मेरा ध्यान इस तथ्य की ओर गया कि यह संक्षिप्त (हिंदी) सागर, लघु (हिंदी) सागर और लघुतर (हिंदी) सागर क्या होता है। सागर या तो सागर होगा या सागर नहीं होगा। मगर हमारे ये हिंदीसेवी 'सागर' तक के साथ जो चाहें हरकत करने की सामर्थ्य रखते हैं। सागर को भी इन्होंने संक्षिप्त, लघु, लघुतर में बाँट दिया है और अब निश्चित रूप से उसे लघुतम में बाँटनेवाले होंगे। अरे इनसे पूछो कि क्यों भैया तुम्हारे *हिंदी शब्द सागर* में 'संक्षिप्त सागर', 'लघु सागर' और 'लघुतर सागर' जैसे शब्दों और उनके अर्थ भी दिए होंगे क्या ? शर्तिया तौर पर नहीं दिए होंगे क्योंकि हिंदीभाषियों को नदी को नदी कहने में शरम नहीं आती, वे क्यों उसे 'संक्षिप्त-सागर' कहेंगे ? उन्हें 'तालाब' को तालाब कहने में शरम नहीं आती, उसे वे 'लघु सागर' क्यों कहेंगे ? नाले को नाला कहने में दिक्कत ही क्या है, जो उसे 'लघुतर सागर' कहेंगे ? तो भई हिंदसेवीजी, आप क्यों *संक्षित हिंदी सागर* कहने पर तुले थे ? संस्कृतनिष्ठ बनाने के लिए 'हिंदी कूप' कह देते। नदी, नाला, कुआँ, तालाब कहने में शरम आती थी तो 'हिंदी गंगा', 'हिंदी यमुना', 'हिंदी नर्मदा' आदि कह देते। 'हिंदी तालाब' को 'हिंदी तालाब' कहने में शरम आती तो उसे 'हिंदी हुसैन सागर' कह देते। पढ़े-लिखे लोग समझ जाते कि जिक्र 'तालाब' का ही है। लेकिन वे हैं पक्के हिंदीसेवी। रहेंगे भले ही गंगा के किनारे, मगर बात सागर से कम की नहीं करेंगे। आख़िर उनकी प्रतिष्ठा का सवाल जो है।

कुर्सी का बैरी पेड़

आपने खुद गौर किया होगा कि जिस दिन से भारतीय जनता पार्टी से समझौता करके 'बहन' मायावती उत्तर प्रदेश की मुख्यमंत्री बनी थीं, उसी दिन से 'भाई' कल्याण सिंह का चेहरा लटक गया था। लगता था, बहनजी के मुख्यमंत्री बनने का दुख उन्हें मुलायम सिंह यादव से ज्यादा था।

नेताओं के चेहरे पर दुख को आते-जाते तो बहुत देखा है, लेकिन स्थायी भाव बनते नहीं देखा। अब देख लिया है। कल्याण सिंह का दुख तो इतने 'पारदर्शी' ढंग से उनके चेहरे पर चिपका हुआ था कि टी. वी. का दर्शक भी उन्हें देखकर दुखी हो जांता था और उनसे सहानुभूति रखने लगता था।

हमारे नेता खुद कुछ नहीं करते, अपने दुख के कारणों की खोज भी नहीं। कल्याण सिंह के दुख के कारणों की खोज भी भाजपा को ही करनी पड़ी। पता चला कि उनके दुख का कारण लखनऊ के भाजपा मुख्यालय में लगा 'चिलबिल' का एक पेड़ है। यह पेड़ है, जो कभी कल्याण सिंह को कुर्सी दिलाता भी है तो किसी-न-किसी कारण से उनसे जल्दी छीन भी लेता है। यही पेड़ है, जो कभी मायावती को कुर्सी दे देता है, कभी मुलायम सिंह को मगर कल्याण सिंह को लटका कर रखता है। कल्याण सिंह की कुर्सी का बैरी अगर कोई है तो यह पेड़ है।

यह पेड़ कट जाए तो कल्याण सिंह को पाँच साल के लिए कुर्सी मिल जाए, उनकी उदासी दूर हो जाए। लेकिन यह पर्यावरण के युग का पेड़ है। इस युग में आदमी तो कट सकता है मगर पेड़ नहीं। अखबार बताते हैं कि अटल बिहारी वाजपेयी तक यह मान गए कि इस अशुभ पेड़ की वजह से ही सत्ता कल्याण सिंह से पास रहकर भी दूर-दूर रहती है। लेकिन वह भी नहीं सोच पा रहे हैं कि पेड़ का क्या करें। वास्तुशास्त्री और ज्योतिषी कह रहे हैं कि इस पेड़ से भाजपा को छुटकारा पाना ही पड़ेगा। मगर पर्यावरण कानून इससे छुटकारा पाने नहीं दे रहा। एक भाजपा समर्थक ने कहा है कि इस पेड़ की जड़ में तेजाब डाल दो, तो यह अपने-आप गिर जाएगा। लेकिन खतरा यह है कि यह पेड़ इतना बड़ा और भारी है कि यह गिरेगा तो भाजपा के दफ्तर को भी गिरा देगा। भाजपा की दिलचस्पी पेड़ गिराने में तो है, अपना दफ्तर गिराने में नहीं।

हम वास्तुशास्त्री नहीं, हम ज्योतिषी भी नहीं। हम सोचते थे कि कल्याण सिंह की कुर्सी के आड़े आ रहे हैं मुलायम सिंह और मायावती। हम सोचते थे कि कल्याण सिंह

के आड़े आ रहे हैं रोमेश भंडारी। हम सोचते थे कि कल्याण सिंह के आड़े आ रहे हैं 'छद्म-धर्मनिरपेक्षतावादी'। लेकिन उनके आड़े तो आ रहा है एक पेड़। सिर्फ एक पेड़। भाजपा के दफ्तर में उगा हुआ चिलबिल का एक साधारण पेड़। साधारण इनसान नहीं, साधारण पेड़।

इस पेड़ को आखिर कल्याण सिंह से क्या दुश्मनी है ? क्या पेड़ भी मुलायम सिंह यादव और मायावती के एजेंट होने लगे ? क्या पेड़ भी धर्मनिपेक्षता के समर्थक होने लगे ? क्या उत्तर प्रदेश में पेड़ भी मतदाता होने लगे ?

पेड़ तो पेड़, इस सत्ता को क्या हो गया है ? मान लिया कि उसके रास्ते में एक पेड़ खड़ा है तो वह थोड़ा घूमकर कल्याण सिंह के पास नहीं आ सकती ? सत्ता के लिए नेता गली-कूचे में जाने कहाँ-कहाँ घूमते हैं और सत्ता एक पेड़ के पास से घूमकर भाजपा के दफ्तर में नहीं आ सकती ? सत्ता के लिए नेता बाप की हत्या कर सकता है, भाई की पीठ में छुरा घोंप सकता है, दल बदल सकता है, सिद्धांत बदल सकता है, हवाला कर सकता है, दिवाला कर सकता है, दलाली कर सकता है, घोटाला कर सकता है, हाथ जोड़ सकता है, पैर तोड़ सकता है, अंधा हो सकता है, बहरा हो सकता है मगर सत्ता इतनी छुई-मुई है कि एक पेड़ को भी पार करके नहीं आ सकती ?

हमारी तो भाजपाइयों से विनम्र प्रार्थना है कि इस पेड़ को आप अवश्य कटवा दें। एक पेड़ को उत्तर प्रदेश की सबसे बड़ी पार्टी के आड़े नहीं आने दिया जा सकता। एक पेड़ को रोमेश भंडारी और मुलायम सिंह यादव नहीं बनने दिया जा सकता। एक पेड़ को हिंदुत्व के मार्ग की बाधा नहीं बनने दिया जा सकता। एक पेड़ को एक पेड़ रहना होगा। पेड़ को राजनीति करने से बाज आना होगा। एक पेड़ को हक नहीं है कि वह एक नेता को दुखी रखे। एक पेड़ को अधिकार नहीं है कि एक राजनीतिक पार्टी का रास्ता वह रोके। एक पेड़ को हक नहीं है कि वह मायावती को मुख्यमंत्री बनाने में मदद करने के लिए भाजपा को बाध्य करे।

बताइए, जिस पार्टी की मदद राम ने की, उसकी सहायता एक पेड़ नहीं कर रहा और राम भी साहब गजब हैं, सत्ता को पेड़ तक लाकर छोड़ दिया, पेड़ के आगे नहीं लाए। कभी तो राम इतने उदार कि 'मरा-मरा' करनेवाले का भी उद्धार कर देते हैं और कभी इतने कृपण कि राम-राम करनेवाले को भी मरा-मरा कर देते हैं। यह तो ठीक नहीं है रामजी। कम-से-कम इतना तो करो कि पेड़ काटने की 'परमिशन' भाजपा को दिलवा दो।

हमने बचपन में पढ़ा था कि पेड़ फल देते हैं, फूल देते हैं, छाया देते हैं। पेड़ हवा देते हैं, यह भी पढ़ा था। लेकिन पेड़ सत्ता से दूर रखते हैं, यह कभी नहीं पढ़ा था। आशा है, कम-से-कम उत्तर प्रदेश की पाठ्यपुस्तकों में यह संशोधन अवश्य करवा लिया जाएगा।

रंग बदलने का महान गुण

एक राष्ट्रीय कहे जानेवाले अखबार ने बड़े शिकायती लहजे में खबर छापी है कि 'लोकतांत्रिक कांग्रेस' के नेता नरेश अग्रवाल ने रंग बदलने में गिरगिटों को भी पीछे छोड़ दिया है।

माफ करें, मुझे यह शिकायती लहजा अच्छा नहीं लगा। मुझे ऐसा लगा, जैसे कि संवाददाता महोदय यह चाहते हों कि रंग बदलने की इजारेदारी गिरगिट के पास है तो उसी के पास बनी रहे। उन्हें इस बात का दुख है शायद कि उनके अपने प्रदेश के ही एक नेता ने इसे तोड़ दिया है। गिरगिट को उसकी अपनी जमीन पर ही पछाड़ दिया है, उसे अपना कद और अपनी हैसियत बता दी है। क्षेत्रीयतावाद के इस युग में अपने ही प्रदेश की इस उपलब्धि का ऐसा तिरस्कार निंदनीय है।

कितना पतन हो गया है हम मनुष्यों का कि हममें से कोई गिरगिट तक से आगे बढ़ जाता है तो हमारी ईर्ष्या उफनकर सामने आ जाती है।

यहाँ तक तो समझ में आता है कि एक आदमी दूसरे को पछाड़कर आगे बढ़ जाए तो हम आगे बढ़नेवाले की टाँग खींचना शुरू कर दें, और अगर संभव हो तो उसे तोड़ भी दें। लेकिन साहब कल्याण सिंह सरकार का एक मंत्री, जो पाला बदलकर जगदंबिका पाल सरकार में उपमुख्यमंत्री की कुर्सी तक पहुँच चुका था, वह किसी इनसान से नहीं, सिर्फ गिरगिट से प्रतियोगिता कर रहा है तो भी हमें उससे ईर्ष्या हो रही है ! गिरगिट को तो हममें से कोई भी पसंद नहीं करता, उसे देखकर ही हमारे मन में भय और जुगुप्सा जागती है, लेकिन उसे नरेश अग्रवाल जैसा सुदर्शन आदमी रंग बदलने की प्रतियोगिता में पछाड़ रहा है तो हमें यह पसंद नहीं आ रहा है।

दरअसल हमें शिकायत तो पूरी मनुष्यता से होनी चाहिए थी कि 21वीं सदी आने वाली है और हम अभी तक रंग बदलने में गिरगिट से भी आगे नहीं बढ़ पाए, जबकि यह मामूली काम कम-से-कम पाँच-छह शताब्दी पहले हो जाना चाहिए था। लेकिन चलिए, यह काम अब हो तो गया और 21वीं सदी से ठीक पहले और वह भी उत्तर प्रदेश जैसे हिन्दी-प्रदेश में हो गया। यह काम किसी प्रयोगशाला में नहीं हुआ। सरकार का या जनता का इस पर एक पैसा भी खर्च नहीं हुआ। किसी वैज्ञानिक को इस पर अपना समय और शक्ति बरबाद नहीं करनी पड़ी। यह काम तो हमारे एक पुराने कांग्रेसी नेता ने महज खेल-खेल में कर दिखाया। उसने अपने इस महान कार्य से बार-बार उत्तर

प्रदेश की राजनीति को भी 'लाभान्वित' किया। और ये पत्रकार हैं कि मनुष्य से गिरगिट के हार जाने पर आँसू बहा रहे हैं। इनसे उत्तर प्रदेश की राजनीति का 'विकास' सहन नहीं हो रहा। पर्यावरण के ये इतने प्रेमी लगते हैं कि इन्हें गिरगिट के बार-बार रंग बदलने के अहं पर मनुष्य द्वारा की गई चोट बरदाश्त नहीं हो रही है।

अब बताइए, यह गिरगिट न होता तो वह राम-राज्य कैसे बना रहता जिसकी लुटिया बहन मायावती अचानक डुबा चुकी थीं। इस 'गिरगिट' ने ही उस डूबती लुटिया को न केवल तैराया, बल्कि खुद मायावती की लुटिया डुबोने में मदद भी की और अपनी गिरगिटिया प्रवृत्ति का बेहतर और शानदार प्रदर्शन करते हुए रातोंरात स्वयं कल्याण सिंह की लुटिया डुबोने में भी योगदान दे दिया मगर पुनः रंग बदलने में गिरगिट को पीछे छोड़ते हुए, डूबती लुटिया को पुनः तैरा दिया। ऐसे महान रंग परिवर्तनकारी, ऐसे 'गिरगिटों के गिरगिट' का तो अभिनंदन होना चाहिए था। हाँ, हम चाहते तो गिरगिट को भी धन्यवाद दे सकते थे कि हे गिरगिट, अगर तू इस पृथ्वी पर न होता, अगर जल्दी-जल्दी रंग बदलने का महान गुण तुझमें न होता, तो मनुष्य और मनुष्यों में भी हम भारतीय और हम भारतीयों में भी उत्तर प्रदेश और उत्तर प्रदेश में भी नरेश अग्रवाल जैसे लोग इस गुण को कैसे आत्मसात कर पाते ! वे कैसे सीख पाते यह कला और धर्मनिरपेक्ष कांग्रेसी होते हुए भी पूरे उत्तर प्रदेश एवं पूरे भारत में हिंदुत्व की ध्वजा फहराने में कैसे मदद दे पाते !

इसलिए नरेश अग्रवालजी, आपने जो किया, सो ठीक ही किया और चूँकि आप गिरगिट से प्रतियोगिता करने को इतने अधिक उत्सुक हैं कि दो दिन में आपने अपने रंग पाँच बार बदल डाले तो आगे भी आपसे यही उम्मीद है कि इस मनुष्य प्रजाति को कम-से-कम ंग बदलने के मामले में गिरगिट से पीछे नहीं रहने देंगे। हम चाहते हैं कि लोग आपको याद करें। प्राणीशास्त्र की पुस्तकों में यह लिखा जाए कि गिरगिट भी नरेश अग्रवाल नामक राजनीतिक से कभी मात खा चुका है। हम चाहते हैं कि प्राणीशास्त्र की पुस्तकों के अलावा राजनीतिशास्त्र की पुस्तकों में भी आपका सादर उल्लेख हो और 'गिनीज बुक ऑफ वर्ल्ड रिकॉर्ड्स' में आपका यथोचित स्मरण किया जाए।

लेकिन नरेशजी, इस पल-पल, छिन-छिन बदलती राजनीति में कब कौन-सा इनसान आपको पीछे छोड़ दे, इसका भरोसा नहीं। कब आपका भी प्रतियोगी कहाँ पैदा हो जाए, इसका पता नहीं। हम यह नहीं चाहते कि भविष्य में लोग 'आदमी ने गिरगिट को पीछे छोड़ दिया', लिखने की बजाए यह लिखें कि 'फलाँ नेता ने नरेश अग्रवाल को भी पीछे छोड़ दिया'। इसलिए आप प्रतियोगिता में गिरगिट से निरंतर आगे बने रहिए क्योंकि ये प्रकृति के जीव भी अपने को नई-नई परिस्थितियों के अनुरूप ढालने की कोशिश किया करते हैं। हो सकता है कि इस बीच खुद गिरगिट ने इतने रंग बदलना सीख लिए हों कि न जाने कब वह आपके रंग में आपके सामने प्रस्तुत हो जाए और आपको काट ले। अतः आप पर यह महान उत्तरदायित्व आ पड़ा है नरेशजी, कि न गिरगिट को अपने से आगे बढ़ने दीजिए, न मनुष्य को। इस ऐतिहासिक दायित्व को सँभालने में आप और सिर्फ आप ही समर्थ हैं।

चालू चिंतन

अफसर नहीं चाहता कि प्रमोशन कोई और ले ले। नेता नहीं चाहता कि पार्टी का टिकट कोई और ले ले। पुलिस नहीं चाहती कि रिश्वत कोई और ले ले। ठेकेदार नहीं चाहता कि पुल कोई और बना ले। व्यापारी नहीं चाहता कि मुनाफा कोई और कमा ले। भाषण तक कोई नहीं चाहता कि कोई और दे ले। लेकिन चिंतन हर कोई चाहता है कि कोई और कर ले। क्योंकि चिंतन से होता क्या है ? चिंतन से सिर्फ चिंतन होता है। चिंतन से पत्ता भी नहीं खड़कता। धूल का गुबार भी नहीं उठता। अगर कुछ होता है तो हेराफेरी करने से होता है, चोरी और सीनाजोरी करने से होता है, भाषण देने से होता है, ठेकेदारी करने से होता है, फाइल पर साइन करने या न करने से होता है। चिंतन करने से क्या होता है ? चिंतन करने से चिंतन होता है। जबकि नहाने तक से सिर्फ नहाना नहीं होता, साबुन कंपनियों की कमाई हो जाती है।

अभी गाजियाबाद के एक कॉलेज में एक समारोह हुआ। कोशिश की गई होगी कि उसमें कोई नेता आ जाए। वह नहीं आया होगा। कोशिश की गई होगी कि कोई बहुत बड़ा अफसर आ जाए। वह भी नहीं आया होगा। कोशिश करने से मगर कोई-न-कोई आ ही जाता है। बहुत से तैयार बैठे हैं। फालतू हैं। (कोशिश की गई होती तो मैं खुद चला जाता। लेकिन ऐसी कोशिश की नहीं गई।) कोशिश करने से एक अफसर चला आया। उसने मेधावी छात्रों को पुरस्कार दिए और सभी को भाषण दे दिया। भाषण में चूँकि सब कुछ देने के लिए ही होता है, सर्वस्व न्योछावर करने के लिए ही होता है, अपने पास बचाकर रखने के लिए कुछ भी नहीं होता, स्वहिताय कुछ भी नहीं होता, इसलिए मेरा अटल विश्वास है कि उन्होंने भारतीय परंपरा के अनुकूल भाषण जमकर दिया होगा। क्योंकि जब तक जमकर भाषण नहीं दिया जाता, तब तक 'चिंतन' शब्द भी मुँह में फिसलकर बाहर नहीं आता। इस शब्द का प्रस्फुटन ही, उनके जमकर भाषण देने का स्वतःप्रमाण है। मगर जमकर दिया गया भाषण भी इतना निस्सार होता है कि संवाददाता चाहे तो एक वाक्य में इसका सार निकाल लेता है। तो इस निस्सार भाषण का सार यह था कि शिक्षा का स्तर बेहद गिर रहा है और अवसर आ गया है कि शिक्षक चिंतन करें। अफसर ने सोचा होगा कि अवसर आने पर शिक्षक छात्रों को पढ़ाता है। अवसर आने पर शिक्षक कक्षा में अनुशासन स्थापित करके भी दिखा देता है। अवसर आने पर वह जनगणना के काम में लग जाता है। अवसर आने पर वह

राशनकार्ड बनाना शुरू कर देता है। अवसर आने पर अफसर की बेटी की शादी में मदद करने पहुँच जाता है। अवसर आने पर वह चुनाव-कर्म में लग जाता है तो अवसर आने पर यह शिक्षक-ससुरा चिंतन क्यों नहीं कर सकता ? चिंतन करने में आखिर धरा ही क्या है ?

शिक्षक इसलिए भी चिंतन कर सकता है और उसे करना चाहिए कि वह भाषण नहीं देता, हद-से-हद लेक्चर देता है (अंग्रेज भाषण और लेक्चर के बीच इस विशुद्ध स्वदेशी फर्क को समझ नहीं सकते)। भाषण देनेवाला दूसरे के कर्त्तव्य बताता है। लेक्चर देनेवाला अपने कर्त्तव्य का निर्वाह स्वयं करता है। शिक्षक लेक्चर में भाषण पिलाने की कोशिश करता है तो पिटता है। इसलिए शिक्षक लेक्चर देता है और भाषण सुनता है। अच्छा शिक्षक अंततः एक अच्छा श्रोता भी होता है। अच्छे श्रोता की विशेषता यह होती है कि उसे अच्छा या बुरा भाषण देना नहीं पड़ता। उसे देश को भाषण देकर दिशा नहीं देनी पड़ती। शिक्षक इस दायित्व से मुक्त होता है। इसलिए शिक्षक कोई तो दायित्व ले। वह चिंतन करे। चिंतन करे क्योंकि चिंतन करने से होता क्या है ? मात्र चिंतन होता है।

हमारे प्यारे भारत देश में अफसर होने के बहुत-से फायदे हैं। इसलिए आपने गौर किया होगा कि हमारे यहाँ जो अफसर नहीं है, उसे भी अफसरी करने का बहुत शौक है। अफसर होने का एक मामूली फायदा यह है कि आपको आज्ञाकारी श्रोता खूब मिल जाते हैं। जितना बड़ा अफसर, उतने ज्यादा उसके मातहत काम करनेवाले लोग। जितने ज्यादा मातहत काम करनेवाले लोग, उतने ही ज्यादा मुफ्त के आज्ञाकारी श्रोता। इसलिए अफसर को अपनी हास्यास्पद से हास्यास्पद बातों को धैर्य से सुनाने के लिए आज्ञाकारी श्रोता हमेशा मिल जाते हैं। अफसर कहता है कि भाई शिक्षको, समय आ चुका है, अब तुम चिंतन करो तो शिक्षक सुन लेता है। शिक्षक भी अंततः एक भारतीय नागरिक है और इस नाते वह जानता है कि यह जो भाषण दे रहा है, इसकी समस्या सिर्फ अवसरानुकूल भाषण देना है। भाषण की समाप्ति के साथ यह ससुरा भी भूल जाएगा कि इसने क्या भाषण दिया था और हम भी भूल जाएँगे कि इसने क्या भाषण दिया था। इसलिए शिक्षक जानता है कि भाषण सुनने के बाद उसे चिंतन करने में व्यस्त नहीं हो जाना है। वह चिंतन नहीं करेगा तो न तो उसका 'एनुअल इंक्रिमेंट' रुकेगा, न उस पर अनुशासनात्मक कार्रवाई होगी। जो कह रहा है शिक्षक से कि तू चिंतन कर, उसे खुद पता नहीं है कि चिंतन किस चिड़िया का नाम होता है। इसलिए तू भी मस्त रह, उसे भी मस्त रहने दे। वैसे भी चिंतन करने से निकलता क्या है ? जबकि गन्ना पेरने से रस निकलता है। तू तो पट्ठे, रस निकाल और पी।

बलबट भेरू

हम बचपन में जिस गली में रहते थे, वह कहने को तो गली थी मगर उसका गला इतना बड़ा था कि उसमें से ट्रक भी निकल जाता था। दिक्कत वहाँ पैदा होती थी, जहाँ वह गली सड़क से मिलती थी। गली के बाएँ मोड़ पर एक बनिए की हवेली थी और अक्सर उसकी दीवार के एक कोने से ट्रक टकरा जाते थे। अक्सर इस वजह से झगड़ा होता रहता था। बनिए की हवेली खतरे में थी। बनिए ने दीवार के उस कोने में, जहाँ ट्रक टकराता था, एक बड़ा-सा गोल पत्थर लगा दिया जो दीवार से कुछ बाहर निकला हुआ था। अब ट्रक उस पत्थर से टकराने लगे। बनिए को चिंता हुई कि किसी दिन ट्रकों से टकराते-टकराते यह पत्थर भी दीवार से बांहर आ जाएगा। उसने फिर अपना दिमाग दौड़ाया और तेल में सिंदूर घोलकर पत्थर पर पोत दिया और उसे 'भेरू' (भैरव) मानना शुरू कर दिया। लोगों ने भी उस पत्थर को 'बलबट भेरू' (जबरदस्ती का भैरव) मानना शुरू कर दिया। इससे उसकी दीवार हमेशा के लिए सुरक्षित हो गई। अब ट्रकवाले ट्रक को हर हालत में 'बलबट भेरू' से टकराने से बचाते। बनिए कि व्यक्तिगत समस्या अब पूरे हिंदू धर्म की समस्या बन चुकी थी।

पहले इस पत्थर पर वह बनिया ही सिंदूर पोतता था। बाद में दूसरे भी उस पर सिंदूर पोतकर चाँदी का वर्क चिपकाने लगे। उसकी दीवार की चिंता सार्वजनिक चिंता हो गई और उसने गली तथा सड़क के निवासियों को एक नया देवता प्रदान कर दिया। अब यह तो हो सकता है कि एक दिन जर्जर होकर यह हवेली ही ट्रक पर गिर जाए मगर ट्रक से यह हवेली सुरक्षित है।

अब देखता हूँ तो ऐसे बलबट भेरू हर गली और हर मुहल्ले में, हर सड़क और हर राजमार्ग, हर गाँव और हर शहर में हैं। जिधर देखिए, उधर बलबट भेरू हैं। जहाँ नहीं थे, वहाँ से भी प्रकट हो रहे हैं। जहाँ एक थे, वहाँ सौ हो रहे हैं। क्योंकि बहुत-से बनिए हैं तथा बहुत-सी हवेलियाँ और कोठियाँ हैं। ट्रकों से उनकी रक्षा सिर्फ बलबट भेरू ही कर सकते हैं। लेकिन जरूरी नहीं कि हर बलबट भेरू ने अपने शरीर पर सिंदूर पोत रखा हो। समय की आवश्यकता हो तो हो सकता है, ये कृष्ण की तरह होंठों पर बाँसुरी लगाए मिलें, गाँधी की तरह लँगोटी पहने मिलें, मार्क्स की तरह दाढ़ी बढ़ाए मिलें, भगत सिंह की तरह टोपी लगाए या चंद्रशेखर आजाद की तरह जनेऊ पहनकर मूँछों पर ताव देते मिलें, विवेकानंद की तरह भगवा धारण किए हुए मिलें या आदिवासी की

तरह तीर-धनुष लिए मिलें, अंबेडकर की तरह थ्री-पीस में मिलें या लोहिया की तरह कुरता-पायजामा पहने मिलें मगर मिलेंगे जरूर। हाँ, वे सांप्रदायिक और जातिवादी के रूप में भी अब मिल सकते हैं क्योंकि वे तो भेरू हैं, उनका उद्‌देश्य तो हवेलियों को बचाना है।

हम सब या तो बलबट भेरू हैं या बलबट भेरुओं से घिरे हुए हैं। बचपन से मरने तक, घर से दफ्तर तक, जमीन से आसमान तक हम उनसे घिरे हैं। एक बलबट भेरू का किस्सा सुनाता हूँ। वह पढ़ने में थर्ड क्लास मगर महत्त्वाकांक्षा में फर्स्ट क्लास है। उसकी महत्त्वाकांक्षा के मार्ग में उसका थर्ड क्लास आड़े आने लगा तो आयुर्वेद की फर्जी डिग्री उसने कबाड़ ली। डॉक्टर हो गया। डॉक्टर की डॉक्टरी अक्सर उसकी योग्यता से नहीं, उसकी व्यवहार-कुशलता से चलती है। सो उसकी डॉक्टरी चलने और दौड़ने लगी। लेकिन अभी सिर्फ इतनी दौड़ रही थी कि दिन में वह एक हजार रुपए और महीने में तीस हजार रुपए कमाता था, जबकि उसमें लाख रुपए महीना कमाने की महत्त्वाकांक्षा पैदा हो चुकी थी। वह डॉक्टरी छोड़कर छोटी-मोटी ठेकेदारी करने लगा तो महीने में एक लाख रुपए बटोरने लगा। लेकिन जब एक लाख रुपए महीने कमाते-कमाते भी वह बोर हो गया, तब उसे लगा कि उसकी प्रगति रुक गई है। फिर उसमें दस लाख रुपए कमाने की इच्छा पैदा हो गई। इसलिए आजकल वह वास्तु-विशेषज्ञ बनकर अपनी इस महत्त्वाकांक्षा की पूर्ति कर रहा है। आजकल वह छह महीने भारत में रहता है और छह महीने अमरीका में। जल्दी ही वह पूरे साल अमरीका में रहने लगेगा। नोटों को डॉलरों में बदलने की दुविधा से भी मुक्त हो जाएगा। तब वह एक करोड़ रुपए महीना कमाने के लिए कुछ और बन जाएगा।

पत्थर की मुश्किल यह होती है कि वह सिर्फ एक ही बार भेरू बन सकता है। लेकिन इनसान की खूबी यह है कि अगर वह एक बार पत्थर बन जाए तो वह बलबट भेरू से उन्नति करके काल भैरव बन सकता है। वह दीवार से निकलकर मंदिर में भी स्थापित हो सकता है। मंदिर से निकलकर वह अंडरवर्ल्ड का डॉन बन सकता है। वहाँ से वह राजनीति में आ सकता है। बशर्ते कि बलबट भेरू बनने का मौका 'सही आदमी' को 'सही समय' पर मिले। फिर तो दूरदृष्टि और पक्का इरादा हो तो मैदान साफ है।

सभी इनसानों से मेरी करबद्ध प्रार्थना है कि वे मिट्टी, कंकड़, गिट्टी, रोड़ा या ईंट न बनकर इतना बड़ा पत्थर बनें कि वे किसी के बलबट भेरू बन सकें। शर्त यह है कि उन्हें सिर से पैर तक, दिल से दिमाग तक, पेट से पीठ तक, आँख से कान तक सिर्फ और सिर्फ पत्थर होना पड़ेगा। पत्थर भी साधारण पत्थर नहीं, बड़ा पत्थर। टेढ़ा-मेढ़ा और नुकीला पत्थर नहीं, एकदम गोल व चिकना पत्थर। ऐसा पत्थर जो कच्चा न हो, मजबूत हो, टिकाऊ हो, बिकाऊ हो। जो सिर्फ आत्मरक्षा न कर सके, किसी की हवेली बचा सके, बना सके, बढ़ा सके।

तुम कहाँ हो सी.आई.ए. !

किसी को इस बात की फिक्र नहीं है मगर मुझे है कि आजकल भारत देश में सी. आई. ए. कहाँ है ? पहले तो सर्वव्यापी थी। कण-कण में समाई हुई थी। अब कहाँ गई ? ईश्वर तो है मगर यह सी. आई. ए. कहाँ चली गई ? क्या ईश्वर से पहले ही यह 'स्वर्गवासी' हो गई ?

वैज्ञानिक कहते हैं कि पदार्थ कभी खत्म नहीं होता, सिर्फ रूप बदलता है ! सी. आई. ए. तो पदार्थों का भी पदार्थ थी ! वह कहाँ गई ? उसका नया रूप कौन-सा है ? क्या सी. आई. ए., आई. एस. आई. हो गई है ?

पहले हमारे प्यारे भारत वर्ष में के. जी. बी. भी थी और सी. आई. ए. भी। यह समझ में आता है कि सोवियत संघ नहीं रहा तो के. जी. बी. भी नहीं रही मगर अमरीका तो है, भारत भी है, फिर सी. आई. ए. कहाँ है ?

षड्यंत्र हैं मगर सी. आई. ए. नहीं है। राजनीतिक हत्याएँ हैं मगर सी. आई. ए. नहीं है। आतंकवाद है मगर सी. आई. ए. नहीं है। भारत में सरकार है मगर सी. आई. ए. नहीं है। यह तो ऐसे ही है, जैसे भाषा रहे मगर उसके तमाम क्रियापद गायब हो जाएँ।

देश में इधर उदारीकरण आया, उधर सी. आई. ए. चली गई। जैसे उदारीकरण, उदारीकरण न होकर सी. आई. ए. की सौत का वारंट हो ! या तो अमरीकी पूँजी रहेगी या सी. आई. ए. रहेगी ! दोनों साथ-साथ नहीं रह सकते।

आजकल मैं अखबार पढ़ता हूँ और सिर्फ सी. आई. ए. की खोज में लगा रहता हूँ और सिर्फ वही नहीं मिलती। भारत से तो वह गायब ही हो गई है। अभी अफगानिस्तान की खबर पढ़ रहा था। वहाँ भी आई. एस. आई. ने सी. आई. ए. की जगह ले ली है।

विश्व की एक महाशक्ति का यह पतन मुझसे देखा नहीं जा रहा। कहाँ तो वह जमाना था कि भारत का हर पढ़ा-लिखा, भला-बुरा आदमी या तो सी. आई. ए. का एजेंट हुआ करता था या के. जी. बी. का। तब आदमी आदमी न होकर किसी-न-किसी का एजेंट हुआ करता था। कम्युनिस्ट के. जी. बी. के एजेंट होते थे और जो कम्युनिस्ट नहीं होते थे, वे सब सी. आई. ए. के एजेंट होते थे। अब उदारीकरण आ गया है मगर कोई किसी का एजेंट नहीं रहा। इसी को मुक्तिबोध कहते थे : 'ट्रेजेडी है नीच !'

यह स्थिति खुद सी. आई. ए. की प्रतिष्ठा के लिए अच्छी नहीं है कि भारत जैसे विशाल देश के समस्त लोग उसका नाम ही भूल जाएँ। ईश्वर तक कहीं-न-कहीं, कभी-न-कभी, कुछ-न-कुछ ऐसा करता-करवाता रहता है कि लोग उसका नाम न भूलें। ईश्वर तक को अपने नाम और अपने भक्तों की चिंता रहती है और एक सी.आई.ए. है कि कर्मयोगी की तरह काम करती रहती है मगर ईश्वर से भी अधिक नाम के मामले में निस्पृह रहती है। यह हमसे बेहतर कौन जानता है कि इस जमाने में कर्मयोगी के रूप में भी उसे ही मान्यता मिलती है जो उससे बड़ा नामयोगी हो ! ताजा उदाहरण आरिफ मोहम्मद खाँ का है। खाँ साहब स्वयंसेवी संस्था चलाकर कर्मयोग में लगे हुए थे तो कुत्ता भी उनकी तरफ झाँकता नहीं था। छापों ने उन्हें नामयोगी बना दिया है तो आजकल या तो उनके चर्चे हैं या चंद्रास्वामी के ! बंबई के हीरो-हीरोइन तक जानते हैं कि सिर्फ कर्मयोग यानी फिल्मों में काम करने से काम नहीं चलता, कोई-न-कोई 'स्कैंडल' जरूर छपना चाहिए। लेकिन सी. आई. ए., सी. आई. ए. होकर भी सब कुछ भूलकर कर्मयोग में लगी है।

एक जमाना था कि 'बुद्धिजीवी' सी. आई. ए. या के. जी. बी. का एजेंट बनने के लिए तरसते थे। किसी ने आपको इनमें से किसी एक का एजेंट मान लिया, यानी आप मान्यता-प्राप्त बुद्धिजीवी हो गए। आई. एस. आई. मार्क आपको मिल गया। आप अपना 'प्रोडक्ट' अब बाजार में बेच सकते हैं मगर अब 'बुद्धिजीवी' का संघर्ष काफी कठिन हो गया है। बुढ़ापा आ जाता है मगर कोई किसी को बुद्धिजीवी मानकर राजी नहीं होता। अंततः मृत्यु को करीब आता देखकर आदमी खुद ही अपने को 'बुद्धिजीवी' कहना शुरू कर देता है और सब मुँह फेरकर हँसते हैं।

जब तक सी. आई. ए. थी, तब तक यह लगता था कि 'मेरा भारत महान' है। अब आई. एस. आई. है। अब तो ससुरा राष्ट्र-प्रेम भी वैसा नहीं जागता ! लगता है, क्या कर लेगी आई. एस. आई. हमारा—आखिर पड़ोसी पाकिस्तान की ही तो है।

कभी-कभी यह सोचकर दुख होता है कि हमारा देश इस काबिल भी नहीं रहा कि इसकी जासूसी सी. आई. ए. किया करे। इतना पतन हो गया है हमारा कि इस काम को भी सी. आई. ए., आई. एस. आई के भरोसे छोड़ दे ! ठीक है, उदारीकरण हो रहा है, भूमंडलीकरण हो रहा है लेकिन जो कुछ भी हो रहा है, एक प्राचीन और विशाल देश में हो रहा है। दुनिया के सबसे बड़े जनतांत्रिक देश में हो रहा है। हम सिंगापुर और हांगकांग नहीं हैं। कुछ तो शरम करो। कुछ तो हमारा खयाल रखो। आई. एस. आई. को वापस बुलाओ और सी. आई. ए. को यहाँ भेजो ! हमें हमारा राष्ट्रीय स्वाभिमान वापस दिलवाओ।

नए वर्ष आओ

आओ भई 1997, तुम भी आओ। कभी 1996 भी आया था। कभी 1995 भी आया था। तुम भी आओ। भारतीय परंपरा है, उगते सूरज को सलाम करने की, डूबते सूरज की तरफ न देखने की। इसलिए भैया आओ। तुम्हारे स्वागत में होनेवाले धूम-धड़ाके को सुनकर 1996 खुद ही चुपचाप विदा हो गया। उसे बाकायदा विदा करने की जरूरत नहीं पड़ी। इसलिए इसी तरह विदा होने के लिए आओ 1997, तुम भी आओ।

आए हो तो कुछ और उदारीकरण लाओगे, कुछ और बेरोजगारी लाओगे, कुछ और भ्रष्टाचार बढ़वाओगे। कुछ और गरीबी बढ़ाओगे, कुछ और गेहूँ आयात कराओगे, कुछ और काला हांडी बनाओगे। आए हो तो बाढ़ का वार्षिक कार्यक्रम तैयार करके ही आए होगे। कुछ नए बीजों का आविष्कार कराओगे ताकि कुछ नए इलाकों में अकाल भी आ सके।

आए हो तो कुछ ज्यादा बलात्कार कराके ही जाओगे। कई-कई दुर्घटनाएँ लेकर ही आओगे। ठंड से कुछ और मौतें तो कराओगे ही। लोगों को लू से मरवाओगे ही। आए हो तो कइयों के घर तो उजड़वाओगे ही, कइयों की रोजी-रोटी छिनवाओगे ही, आए हो तो कुछ और औरतों-बच्चियों को वेश्यालय पहुँचवाओगे ही, कुछ बच्चों को बेसहारा बनवाओगे ही। कुछ और चीखें, कुछ और हताशाएँ, कुछ और आँसू लाओगे ही। पुरानी परंपराएँ निभाओगे ही।

आए हो तो निश्चय ही कुछ अमीरों को और अमीर बनाओगे, कुछ और गरीबों को और गरीब बनाओगे, कुछ और बहुराष्ट्रीय कंपनियों का भला करवाओगे, कुछ और छोटे उद्योगों को बरबाद करवाओगे। आए हो तो त्वचा को सुंदर बनाने को कुछ और क्रीमें, कुछ और साबुन लाओगे, जबकि कई और लोगों को भूख से बिलखवाओगे, बीमारियों से मरवाओगे।

तुम इतने आँसू तो लाओगे ही कि खुशियाँ बिला जाएँगी। इतनी बरबादियाँ तो लाओगे ही कि जो अभी-अभी आबाद हुए हैं, वे भी भविष्य के भय से काँप उठें। इतनी भुखमरी तो लाओगे ही कि जिन्हें जीवन में पहली बार दो टाइम का खाना नसीब हुआ है, वे भी इसका आनंद भूल जाएँ। इतनी महँगाई लाओगे ही कि लोग नई-नई नौकरी की खुशी भी भूल जाएँ।

1997, तुम्हारे 365 दिनों में पहले की तरह कुछ लोग खा-खाकर मरेंगे तो कुछ

खाना न मिलने से मरेंगे। कुछ झाड़फूँक से मरेंगे तो कुछ डॉक्टरों के हाथों मरेंगे। कुछ इसलिए मरेंगे कि वे साइकिल पर नौकरी करने जा रहे थे, कुछ इसलिए मरेंगे कि वे सड़क पार कर रहे थे। कुछ जिनके पास दिल नहीं है, वे दिल के रोगों से मरेंगे और बहुत से इसलिए मरेंगे कि उनके पास एक अदद कोमल दिल है और सोचनेवाला एक अदद दिमाग है। कुछ घमंड से चूर होकर मरेंगे, कुछ वे मरेंगे जिन्होंने जीवन में कभी पीछे मुड़कर नहीं देखा, कुछ वे मरेंगे जिन्होंने पीछे मुड़कर देखा मगर आगे आते खतरे को नहीं देख पाये।

लेकिन प्रधानमंत्री, मुख्यमंत्री, मंत्री इत्यादि सुनहरे भविष्य के कुछ और वायदे करेंगे। वे कुछ और उद्‌घाटन करेंगे, कुछ और घोषणाएँ करेंगे, कुछ और लंच और कुछ और डिनर करेंगे, कुछ और विदेशी निवेश को आमंत्रित करेंगे, कुछ और नियमों को ढीला करेंगे ताकि तस्करों, कालाबाजारियों, कर-चोरों आदि को कुछ और आसानियाँ हो जाएँ। वे कुछ और विदेश यात्राएँ करेंगे, कुछ और भूखे भारत की छवि को विदेशों में चमकाएँगे।

इस साल कुछ और आडवाणी, कुछ और अशोक सिंघल, कुछ और उमा भारतियाँ, कुछ और लालू, कुछ और जयललिताएँ, कुछ और नरसिंहराव, कुछ और सुखराम, कुछ और सतीश शर्मा, कुछ और चंद्रास्वामी तथा कुछ और चंद्रशेखर पैदा होंगे। कुछ और हर्षद मेहता, कुछ और नरसिंह रावों को ब्रीफकेस देंगे। कुछ और चंद्रास्वामी, कुछ और अदनान खाशोगियों की मदद करेंगे। घोटालों के नए-नए रास्ते खुलेंगे। बेशरमी के नए-नए कीर्तिमान स्थापित होंगे।

टी. वी. कुछ और सस्ते होंगे, गेहूँ कुछ और महँगा होगा, दूरदर्शन कुछ और रंगीन होगा, जिंदगी कुछ और बदरंग होगी। गाँधी को कुछ और गालियाँ पड़ेंगी, बाल ठाकरे का कुछ और महत्त्व बढ़ेगा। कुछ और सौंदर्य प्रतियोगिताएँ होंगी मगर मनुष्य का सौंदर्य कुछ और घटेगा। कुछ और 'डॉग शो' होंगे, कुछ और आदमियों की हालत कुत्तों से बदतर होगी। कुछ और पुष्प-प्रदर्शनियाँ होंगी, कुछ और फूल खिलने से पहले झर जाएँगे। कुछ और हिंदुत्व होगा, कुछ और यादवत्व होगा। कुछ और कांग्रेसी राव को गाली देंगे, कुछ और सीताराम केसरी की जय-जयकार करेंगे। कई-कई बार केसरीजी चमचागिरी का विरोध करेंगे तो कई-कई बार अपने जूतों के तस्मे चमचों से बँधवाएँगे-खुलवाएँगे। कुछ और पत्रकार पिटेंगे, कुछ और लेखकों के मुँह बंद किए जाएँगे।

फिर भी तुम आए हो तो रहोगे ही। वैसे नए वर्ष तुम्हीं हो जो नेताओं की तरह चिपके नहीं रहते। 365 दिनों में निश्चित रूप से चले जाते हो। बहुत-सी निराशाएँ लाते हो तो कुछ उम्मीदें भी ले आते हो। कम-से-कम उम्मीद की कुछ किरणें, कुछ ही किरणें तो लाते हो। इसलिए आओ। तुम्हारा भी स्वागत है।

नारी तुम केवल श्रद्धा हो

जयशंकर प्रसाद कवि थे। उन्होंने कहा था : 'नारी तुम केवल श्रद्धा हो'।

वे कवि थे, शरद यादव नेता हैं। नेता का काम होता है, जो मर चुका है, उसके अधूरे कामों को पूरा करना। आज जयशंकर प्रसाद हमारे बीच नहीं हैं। उनकी यह पंक्ति अधूरी पड़ी है। शरद यादव ने इस पंक्ति को इस प्रकार पूरा किया है : 'केवल श्रद्धा ही रहो'। यानी जयशंकर प्रसाद और शरद यादव की मिली-जुली रचना इस प्रकार है : 'नारी तुम केवल श्रद्धा हो, केवल श्रद्धा ही रहो'।

तो नारी, तुम जो हो, वह रहो। केवल श्रद्धा हो तो केवल श्रद्धा ही रहो। केवल हो तो संपूर्ण केवल ही रहो। केवल वेश्या हो तो केवल वेश्या ही रहो और केवल पत्नी हो तो केवल पत्नी ही रहो। केवल बच्चे पैदा करती हो तो केवल बच्चे ही पैदा करो और केवल रसोईघर में रहती हो तो केवल रसोईघर में ही रहो और चलते-चलते अगर ड्राइंगरूम तक आ ही गई हो तो केवल रसोईघर से केवल ड्राइंगरूम तक ही रहो। उससे भी आगे बढ़कर अगर तुम नौकरियाँ कर रही हो तो केवल वही करती रहो। संसद तक मत आओ। अपनी केवलता का धीरे-धीरे विलोप मत करो। नारी तुम केवल श्रद्धा हो, श्रद्धा ही रहो।

हम रख रहे हैं तुम पर केवल श्रद्धा, और तुम माँग रही हो संसद में केवल एक-तिहाई सीट। हमसे माँगो मत नारी ! हे भारतीय सन्नारी, हम माँगने पर तो खाना भी नहीं देते हैं मगर बिना माँगे लात-घूँसे दे देते हैं। इसलिए माँगो मत। हम औढ़रदानी हैं। हम खुद दे देते हैं। तुमने हमसे श्रद्धा नहीं माँगी मगर हमने स्वयं आगे बढ़कर तुम्हें केवल श्रद्धा दे दी। हमने बिना कहे श्रद्धा का रिजर्वेशन तुम्हारे लिए कर दिया है और हम स्वयं जनरल कंपार्टमेंट में ही सफर कर रहे हैं।

केवल भारतीय संस्कृति में ही नारी को यह आरक्षण सदियों से प्राप्त है, वह भी सेंट-परसेंट, 33 प्रतिशत नहीं, और तुम हो कि केवल 33 प्रतिशत के पीछे पड़ी हो। शत-प्रतिशत देनेवालों से केवल 33 प्रतिशत माँग रही हो। श्रद्धा दे रहे हैं, तो सीट माँग रही हो। सिंहासन दे रहे हैं तो केवल कुर्सी माँग रही हो। कितनी नीच हो नारी तुम ! जो पूरा-का-पूरा दे दिया है, वह तुम्हें नहीं चाहिए और जो पूरा का पूरा हमने ले लिया है, वह तुम्हें 33 प्रतिशत चाहिए। तुम्हीं बताओ कि हमारे लात-घूँसों के बदले, हमारी भद्दी-से-भद्दी गालियाँ खाने के बदले, हमारे बलात्कारों के

बदले और बच्चा पैदा करने की हमारी मशीन बनने के बदले तुम्हें श्रद्धा मिलनी चाहिए थी या सीट ? श्रद्धा न, वह मिल गई। यह श्रद्धा तुम्हारी अपनी सदियों की कमाई है। हे नारी, संसद की केवल एक तिहाई सीट के लिए, इसे खोओ मत। सीट तो आनी-जानी है। क्षणभंगुर है। आजकल तो पाँच वर्ष की भी नहीं है। क्षण-भंगुर सीट के लिए, चिरंतन श्रद्धा को खोओ मत। नश्वर के लिए, अनश्वर का त्याग मत करो। बोलने की स्वतंत्रता के लिए, मौनव्रत की प्राचीन महत्ता की उपेक्षा मत करो।

हे नारी, तुम चुनाव लड़ोगी तो टिकट लेने के लिए यहाँ-वहाँ झींकती फिरोगी, टिकट मिलेगा तो अपने विरोधियों की गालियाँ सुनोगी, ताने सुनोगी, चरित्रहनन के आरोप सुनोगी, निर्वाचन क्षेत्र की धूल फाँकोगी, धूल में घूमोगी, काले झंडों का सामना करोगी, आश्वासन दोगी, प्रदर्शन करोगी, पार्टी के संतुष्ट या असंतुष्ट गुट में शामिल होओगी, संसद में बहस करोगी, कमेटियों की सदस्य बनोगी, देश-विदेश के दौरे करोगी। हे नारी, दुनिया के सामने झींकने से पति के सामने झींकना अच्छा, विरोधियों की गालियाँ सुनने से सास की गालियाँ सुनना अच्छा, चरित्रहनन के आरोप सुनने से दहेज के लिए बलिवेदी पर चढ़ जाना अच्छा। सड़कों, गली-मोहल्लों में धूल फाँकने से अच्छा है, पति की चरण रज लेना, देश-विदेश जाने से अच्छा है, अपनी ससुराल में रहना। इसलिए हे नारी, हे कामिनी, हे विलासिनी, हे मालिनी, हे प्रमदा, हे प्राणवल्लभा, हे रामदुलारी, हे कमला, हे गंगा, हे लक्ष्मी तुम सोचो, कितना कुछ है घर में करने के लिए। एक अदद पति है, दबाने के लिए उसके दो चरण हैं, मार खाने के लिए उसके दो हस्तकमल हैं, कटुवचन बोलने के लिए उसका एक श्रीमुख है, तुम्हारे चरित्र पर निगाह रखने के लिए उसकी दो आँखें हैं और तुम्हें सारे पापों की खान बताने के लिए उसके पास एक अदद दिमाग है। उसके पास बिस्तर है तुम्हें सुलाने के लिए, बच्चे हैं देने के लिए। उसके पास इज्जत है, जिसका खयाल तुम्हें रखना है और उसके पास एक चूल्हा है, जिसे तुम्हें हमेशा गरम रखना है। क्या नहीं है नारी ? सब कुछ तो है, तुम्हारे अपने ही घर में।

इसलिए हे नारी, इस बात को समझो कि 'जहाँ काम आवे सुई, कहा करे तरवारी'। सुई भी तो काम आती ही है, सिर्फ तलवार से ही तो काम नहीं चलता। इसलिए तू सुई है, सुई रह। सुई भी तलवार बन जाएगी तो दुनिया में तलवारें-ही-तलवारें हो जाएँगी।

वैसे भी किसी ने कहा है, जो जहाँ भी है, वतन के काम पर है। हम भी वतन के काम पर हैं, तुम भी वतन के काम पर बनी रहो। रोटी बनाना भी वतन का काम है और देश की संसद और विधानसभाओं में मारपीट और हंगामे करना भी वतन का काम है। कोई काम छोटा नहीं है। फिर संसद में तुम आओगी तो बेचारे सुखराम और सतीश शर्मा कहाँ जाएँगे ? बोफोर्सवाले कहाँ जाएँगे और हवालावाले कहाँ जाएँगे ब्रीफकेसवाले कहाँ जाएँगे और चारावाले कहाँ जाएँगे ? कमीशनखोर कहाँ जाएँगे और

चाकूबाज कहाँ जाएँगे ? हमारी सारी संसदीय व्यवस्था ही फेल हो जाएगी। पचास वर्ष से जो संसदीय जनतंत्र का पौधा हमने सींचा है, वह सूख जाएगा। इसलिए हे नारी, तुम केवल श्रद्धा बनी रहो और मस्त रहो। हम, हम रहें; तुम, तुम रहो। और जयशंकर प्रसाद की कविता में शरद यादव का योगदान जिंदाबाद रहे।

इनसान और हैवान

दुनिया दो हिस्सों में बँटी है। इसमें एक तरफ इनसान हैं, दूसरी तरफ हैवान। जाहिर-सी बात है कि जो इनसान होते हैं, वे हैवान नहीं होते। इसलिए जो हैवान होते हैं, वे भी इनसान नहीं होते।

हैवान और इनसान में बहुत फर्क है। जो इनसान को कच्चा चबा जाए, उसे हैवान कहते हैं। और जो हैवान को भी दुनिया-भर के मसालों के साथ तलकर लजीज बनाकर खाए, उसे इनसान कहते हैं। आखिर सभ्यता भी कोई चीज है जिसका कि निरंतर विकास होता रहता है और जिसे हैवान नहीं जानते हैं।

वैसे हैवान भी उतना ही पुराना है, जितने कि डायनासोर, जितने कि इनसान। अलबत्ता डायनासोर मर गए, इनसान और हैवान बच गए। शायद ये एक ही माँ की जुड़वाँ संतान थे। इसीलिए जब इनसान कहता है कि हर कीमत पर इनसानियत की रक्षा की जाएगी तो हैवान भी अड़ जाता है और कहता है, चाहे जो हो जाए, हैवानियत खत्म नहीं होने दी जाएगी। तेरी नाक बड़ी है तो मेरी भी बड़ी है। तू बड़े बाप का बेटा है तो मैं भी हूँ।

यूँ इसमें हैवान की गलती भी नहीं। दिखने में हैवान भी इनसान ही लगता है। और इनसान तो खैर इनसान लगता ही है। हैवान का कहना है कि इनसान के पास जो कपड़े, जो जूते, जो हेयर स्टाइल, जो बातें करने का सलीका वगैरह है—सब उससे चुराया है। इनसान का अपना कुछ भी नहीं है। क्या कोई इनसान, हैवान की इस बात पर यकीन करेगा ?

बेशक हैवान और इनसान पृथ्वी पर ही रहते हैं मगर इसका यह मतलब तो नहीं कि इनसान ने हैवान की नकल की ! नकल की होती तो ऐसा क्यों होता कि इनसान ने हैवान से अपनी बस्तियाँ अलग बसाने की कोशिश की होती ! इसमें नाकामयाबी मिलना अलग बात है। अलबत्ता ईश्वर जरूर कामयाब रहा। उसने स्वर्ग और नरक बना दिए। किसके लिए कहाँ जगह है, आपको पता ही है। कौन कहाँ चला जाता होगा, यह भी आपको पता ही है।

हैवान भले ही डींग हाँकते रहें कि इनसान ने उनकी नकल की है, मगर हकीकत यह है कि कई बार हैवान, इनसान बनने की कोशिश करते हुए पकड़े गए। उन्हें हवालात भेजा गया। कई बार उन्हें फाँसी भी दी गई। इसके दस्तावेजी प्रमाण मौजूद

हैं। मगर हैवान कहते हैं कि हमने कभी किसी इनसान को हैवान बनने से नहीं रोका। हमारा दिल तुम्हारे जैसा छोटा नहीं। हमारी दृष्टि तुम जैसी संकुचित नहीं। कुछ इनसान भी हैवानों की इस हरकत को इनसानियत बताकर, यह दिखाने की कोशिश करते हैं कि यह हैवानों में इनसानियत होने का सबसे बड़ा सबूत है। यह हैवानों पर असल में इनसानों की जीत है। वे इनसानों से अपील करते हैं कि तुम भी सच्चे इनसान बनकर इनसानों को हैवान बनने से मत रोको।

बहरहाल इनसान, इनसानों में बढ़ती हैवानियत से परेशान है। उसने माथा मारा मगर कोई नतीजा न निकला। अंततः उसने हैवानों के साथ एक समझौते का प्रस्ताव किया है कि भविष्य में इनसानों को हैवान बनने की छूट नहीं होगी और हैवानों को इनसान। इस समझौते के लिए इनसान की ओर से जो तर्क दिए जा रहे हैं, वे कुछ इस प्रकार हैं : तुम, तुम रहो और हम, हम। अगर तुम, तुम नहीं रहे तो हम भी हम नहीं रहेंगे। एक दिन ऐसा भी आ सकता कि हम, तुम बन जाएँ और तुम, हम। कुछ वर्ण-संकर भी पैदा हो सकते हैं। इससे दोनों के अस्तित्व को खतरा पैदा हो जाएगा। इसलिए क्यों न हम भाईचारे की भावना से काम करें और एक-दूसरे से न लड़ें। क्यों न हम रक्त-शुद्धता को कायम रखें।

हैवानों ने इस पर अपनी प्रतिक्रिया वक्त नहीं की है मगर इस पर हैवानों की प्रतिक्रिया हैवानियत-भरी भी हो सकती है।

अच्छे और बुरे इनसान

दुनिया में दो तरह के इनसान होते हैं–अच्छे और बुरे। अच्छे इनसान हर तरह से अच्छे होते हैं, बुरे इनसान हर तरह से बुरे। थोड़े अच्छे-थोड़े बुरे इनसान कम-से-कम इस दुनिया में तो नहीं होते और भारत में तो शर्तिया तौर पर होते ही नहीं।

स्वाभाविक रूप से अच्छे इनसान चाहते हैं कि उनकी आबादी में इजाफा हो। इसलिए वे बुरे इनसानों को भी अच्छा इनसान बनाने की कोशिश करते रहते हैं।

मगर बुरे इनसान भी तो नहीं चूकते। वे भी अपनी जनंसख्या में वृद्धि चाहते हैं। इसलिए वे अच्छे इनसानों को बुरा इनसान बनाने में लगे रहते हैं।

लिहाजा दुनिया में हरदम दोनों किस्म के इनसानों में जंग छिड़ी रहती है। इस मुसलसल जंग में दोनों तरह के इनसान हताहत होते हैं। डर और लालच से दोनों तरह के इनसान पाले भी बदलते रहते हैं। जिधर दम होता है, उधर हो जाते हैं। इस प्रक्रिया में कुछ अच्छे इनसान बुरे और कुछ बुरे इनसान अच्छे बन जाते हैं। परिवर्तन प्रकृति का क्रम है। वह बना रहता है। संतुलन कायम रहता है।

बुरे इनसान तो खैर बुरे इनसान होते ही हैं। 'प्यार किया तो डरना क्या' का फार्मूला अपनाते हुए वे अच्छे इनसानों से लड़ते रहे हैं। अच्छे इनसानों पर स्वाभाविक रूप से अपनी परंपरा की रक्षा का महत् दायित्व होता है। वे बेचारे लड़ें नहीं तो करें क्या ! उनके दादा-परदादा-लकड़दादा, लकड़दादा के भी लकड़दादा इसी प्रकार इनसे लड़े थे। उनके बलिदान को वे व्यर्थ क्यों जाने दें। कुल पर कलंक क्यों लगाएँ। लिहाजा वे भी बुरे इनसानों से लड़ते हैं।

इस बीच कुछ बुरे और कुछ अच्छे इनसान ऐसे भी पैदा हो जाते हैं जो कहते हैं, इनसान, इनसान है। जन्म और कुल से कोई अच्छा या बुरा नहीं होता। हर इनसान न पूरा अच्छा होता है; न पूरा बुरा। तब झगड़ा क्यों ? खूनखराबा क्यों ? जब हजारों बरस से जंग लड़कर भी कोई किसी का किला फतह नहीं कर पाया तो छोड़ो सब झंझट। गले मिलो और मेलमिलाप से रहो।

लेकिन ऐसे इनसान हरस्वरूप की तरह अपवादस्वरूप होते हैं, इसलिए उनकी सुनी नहीं जाती। फिर अब तो तलवार से जंग लड़ने का जमाना नहीं रहा। तोप और बंदूक से लड़ने का भी नहीं।

अब तो जंग लड़ी जाती है पूँजी से, प्रौद्योगिकी से, विज्ञापन से, प्रचार से। अब

तो इस जंग में मारा जा चुका इनसान भी खिलखिलाता है। मरता नहीं, घायल नहीं होता। इसलिए दोनों का एक-दूसरे के विरुद्ध हौसला खूब ही बढ़ा हुआ है।

दोनों को भरोसा है कि अंतिम विजय उन्हीं की होगी। एक कहता है, न्याय हमारे साथ है। ईश्वर हमारे साथ है। दूसरा भी यही बातें दोहराता है।

अब तो ससुरे दोनों कहने लगे हैं कि अमरीका भी हमारे साथ है। दोनों के दोनों बेशरमी से यह दावा करते हैं। दोनों अपने दावों को सही बताते हैं। उधर अमरीका दोनों से शांति की अपीलें करता रहता है। दोनों को हथियार देता रहता है। दोनों लड़ते रहते हैं। अमरीका से दोस्ती निभाते रहते हैं। 'लांग लिव अमेरिका' का नारा बुलंद करते रहते हैं।

परसों एक अच्छे इनसान ने संपादक के नाम पत्र लिखा है कि वह वंश-परंपरा से अच्छा इनसान है और अच्छा इनसान ही बना रहेगा। उसने आगे लिखा कि हालाँकि वह भूल चुका है कि अच्छा इनसान किसे कहते हैं और अच्छाई होती क्या है।

आज उसका अनुकरण करते हुए एक बुरे इनसान ने भी लिखा कि यही उसकी भी हालत है। वह भी भूल चुका है कि बुराई क्या होती है। लेकिन वह बुरा इनसान है और मरते दम तक बुरा बना रहेगा।

लेकिन इस भूलने से कोई फर्क नहीं पड़ता क्योंकि इनसान कुछ याद रखता है तो कुछ भूलता भी है।

भूलने से ज्यादा महत्त्वपूर्ण यह है कि इनसान कुछ याद रखता है। मसलन, लड़ना क्योंकि लड़ने से ही फतह हासिल होती है। न लड़ने से इनसान कुछ खो तो देता है मगर उसे फतह हासिल नहीं होती। इसलिए लड़ना पड़ता है। लड़ना याद रखना पड़ता है।

यह ऐसी ट्रेजडी है नीच कि न तो अच्छे इनसान कुछ और कर पाते हैं, न बुरे इनसान। इतना कर पाते हैं, यही क्या कम है कि उन्हें अपनी जाति, अपना धर्म, अपना-अपना वंश याद रहता है।

कहते हैं कि एक दिन ऐसा आएगा, जब इनसान सिर्फ इनसान रह जाएगा। वह अच्छा है या बुरा है, यह भूल जाएगा। इसलिए वह लड़ना भी भूल जाएगा।

यह सही हो सकता है। लेकिन उस हालत में सवाल यह पैदा होता है कि इनसान क्या सब कुछ भूलता ही चला जाएगा ? याद कुछ भी नहीं रखेगा ? लड़ना भी ?

और जी, सुनाओ जी

और जी कैसे हैं आप, क्या हालचाल हैं आपके ?

—बस जी चंगे हैं। और जी आपके हाल ?

—बस जी ठीक हैं।

—और जी सुनाओ, आजकल क्या चल रहा है ?

—बस जी ठीक चल रहा है।

—बच्चे कैसे हैं ?

—बस जी ठीक हैं। और आपके जी ?

—चंगे हैं।

—और हमारी भाभीजी अच्छी तो हैं ?

—उनको क्या होना है जी। भली-चंगी हैं। और हमारी भाभीजी, वे कैसी हैं ?

—बस जी ठीक हैं।

—आजकल मौसम ठीक नहीं चल रहा है जी। कभी ठंडा-कभी गरम।

—ओ ठीक कहते हो जी। अभी कितनी गरमी है। रात को ठंडक हो जाएगी।

—और जी कुछ सुनाओ। आप तो कुछ सुनाते ही नहीं।

—बस जी क्या सुनाऊँ। घर-दफ्तर, बस, यही जिंदगी है।

—वो तो सभी के साथ है। फिर भी कुछ सुनाओ जी।

—महँगाई बहुत बढ़ गई है।

—महँगाई कब नहीं बढ़ी है जी। महँगाई का तो काम ही बढ़ना है। कोई नई गल सुनाओ जी।

—बस जी, आपके राज में सब ठीक है।

—राज हमारा नहीं है जी, उस ऊपरवाले का है। उसकी कृपा बनी रहे जी। और तुसी सुनाओ जी।

—बस जी, बस नहीं आ रही है। बड़ी देर हो गई आज तो।

—वोई तो बात है जी। हम भी परेशान हैं जी!...कल आपने फिल्म देखी थी जी. टी. वी. पर 'राजा की आएगी बरात।' चंगी थी जी।

—हाँ जी ठीक थी।

—ठीक तो थी जी, मगर फिल्म देखने का असली मजा तो सिनेमाघर में है जी।

—हां जी।

—कितने बजे हैं जी, आपकी घड़ी में ?

—सवा पाँच।

—ओहो, मेरी घड़ी में तो पाँच-बीस हुए हैं। तेज है जी।.. आपको किधर जाना है जी।

—माडल टाउन।

—वो तो बड़ी दूर है जी, यहाँ से।

—हाँ, पर क्या करें जी।

—ठीक कहते हो जी। और जी आप तो कोई नई गल-बाताँ सुनाओ जी।

—बस जी अब बस आ जाए तो अच्छा।

—बस तो हमारी भी नहीं आई है। बस नहीं आने से आप परेशान मत रहा करो जी। यह दिल्ली है। यहाँ कोई काम टाइम पर नहीं होता।

—हां जी।

—दिल्ली को दिल्ली की तरह लिया करो। कोई बात दिल पे मत लगाया करो। और जी ?

—बस जी।

—ये सरकार तो फेल हो गई लगती है जी।

—हाँ जी।

—आपके खयाल से ये कब तक चलेगी ?

—कभी तक चले। बस जी अपनी तो बस टाइम पर जरूर चली आए जी।

—ठीक कहते हो जी। आजकल तो कोई काम करके राजी नहीं। देश का बुरा हाल है जी।

—हां जी।

—आप बहुत जल्दी में लगते हैं जी।

—हाँ जी। अब आप थोड़ा चुप रहेंगे जी।

—मैं तो चुप ही हूँ जी। सोचा आपका हालचाल पूछ लें।

—आपने पूछ लिया और मैंने बता दिया। अब आप चुप रहो।

—सुन लिया जी। धन्यवाद।

—सुन लिया, तो फिर चुप रहिए।

—चुप ही हूँ जी, मगर आप फालतू में अकड़ रहे हैं जी। देखा आपने भाईसाहब ! भलाई दा जमाना नहीं रहा।

—भलाई के बच्चे अब चुप। बकवास करे जा रहा है।

—ओए, तू चुप कर। बहुत बोलता है।

—तू चुप।

—तूने मुझे तू कहा ?

—तो क्या तेरी आरती उतारूँ ?

—फिर से कह के देख 'तू'।

—क्या तेरे बाप का नौकर हूँ, जो फिर से कहूँगा ?

—ओए, बाप पर मत जा। साले के यहीं दो टुकड़े कर दूँगा।

—अबे तू क्या करेगा। मेरी बस आ गई वरना मैं तुझे यहीं बताता।

—तू क्या बताएगा। मेरी भी बस आ गई, वरना तुझे मैं बताता कि मुझसे उलझनेवाले का क्या हाल होता है ?

—अबे जा।

—अबे जा।

—मरद का बच्चा हो तो कल यहीं मिलना। फिर बताऊँगा तुझे।

—अपने बाप की असली औलाद हो तो तू भी यहीं मिलना। भूलना मत ?

—कल पाँच बजे।

—हाँ, पाँच बजे।

—इसी जगह।

—इसी जगह।

—पक्का।

—पक्का।

लाल बत्ती पर दोनों की बस आमने-सामने आ जाती हैं। उसे देख वह मुस्कुराता है, न जाने क्यों।

उसे देख वह भी मुस्कुराता है, न जाने क्यों।

लाल बत्ती, हरी हो जाती है।

सब कुछ बदला, कुछ नहीं बदला

केसरीजी की कृपा से देश को इंद्रकुमार गुजराल के रूप में एक नया प्रधानमंत्री मिल गया है।

अब पत्रकार कहेंगे कि मैंने पहले ही कहा था। पहले वे उनसे उम्मीदें लगाए बैठे थे, अब वे इनसे उम्मीदें लगाना शुरू करेंगे। अब इनकी पत्नी, बेटे-बेटियों, नाते-पोतियों की खबरें देंगे। इनके कुत्ते का चित्र छापेंगे, इनकी पसंद के व्यंजन पाठकों को बताएँगे। इनके दरबार का हाल लिखेंगे। इनके अधिकारियों पर रोशनी डालेंगे। इन्हें घेरेंगे। इनके सामने अपने कैमरों और माइकों के मुँह किए रहेंगे। इनसे, और सिर्फ इनसे सवाल पूछेंगे। इनके, और सिर्फ इनके वक्तव्य छापेंगे। इनके, और सिर्फ इनके संकेतों के अर्थ समझाएँगे।

जो कल तक उनके बँगले के बाहर लाइन लगाते थे, आज इनके बँगले के बाहर लाइन लगाएँगे। जो कल तक उनके साथ तसवीरें छपाते थे, आज इनके साथ तसवीरें छपाएँगे। जो कल उनके साथ अपने पुराने ताल्लुक बताते थे, आज इनके साथ बताएँगे। जो कलमें कल तक उनकी तारीफ में घिस जाती थीं, अब से इनकी तारीफ में घिसने लगेंगी। जो उनके ड्राइंग रूम और बेडरूम में झाँकते थे, अब इनके ड्राइंग रूम और बेडरूम में झाँकेंगे। जो कल तक उनके पेड़ की छाँव में बैठते थे, आज इनके पेड़ की छाँव में बैठने को अकुलाएँगे। जो कल उनके लिए फूल-मालाएँ, गुलदस्ते लेकर आते थे, अब इनके लिए फूल-मालाएँ और गुलदस्ते लाएँगे। जिन्हें गुलाब के फूल में सिर्फ काँटे नजर आते थे, अब उसे ही वे अपनी अचकन में लगाएँगे। जिन्होंने सफारी सूट ट्रंक में रख दिए थे, वे फिर से उन्हें निकालेंगे। जिन्होंने बरतनवाली को बेच दिए थे, वे अपनी गलती पर पछताने से ज्यादा नया सफारी सूट जल्दी सिलवाने की चिंता करेंगे। जो सफाचट थे, वे मूँछ और दाढ़ी रखने लगेंगे। जिन्होंने कल ही कटवाई है, वे अफसोस करेंगे क्योंकि दाढ़ी-मूँछ सफारी सूट नहीं है जो कि शाम तक सिलकर आ जाए।

जो कल तक उनकी प्रशंसा के पुल बाँधते थे, आज से इनकी प्रशंसा के पुल बाँधने लगेंगे। जो कल तक उनके 'विजन' की तारीफ करते थे, आज इनके 'विजन' की तारीफ करने लगेंगे। जो कल तक इन्हें फालतू मानते थे, आज से उन्हें फालतू मानने लगेंगे। जो कल तक बड़ा-सांभर खाते थे, आज से मक्के की रोटी और सरसों का साग खाने लगेंगे। जो कल तक मंगलूरी रेस्त्राँ में दीखते थे, आज से इंडिया इंटरनेशनल सेंटर में

जाने लगेंगे। जो कल तक पढ़े-लिखों के खिलाफ थे, आज से पढ़े-लिखों के पक्ष में हो जाएँगे। जिन्हें कल तक उस रास्ते का पता मालूम था, आज से इस रास्ते का पता ही याद रहेगा।

जो पाला बदलकर उधर से इधर आ रहे थे, वे इधर से उधर जाने लगेंगे। जिन्होंने पाला कल बदला था, वे पाला आज फिर से बदल लेंगे। जो कल तक सिर्फ उन्हें जानते थे और उन्हें मानते थे और उनके सिवाए न किसी को जानते थे, न मानते थे; वे सिर्फ और केवल इन्हें जानेंगे और सिर्फ इन्हें मानेंगे। जो कल तक इन्हें पहचानते थे मगर मुँह फेरकर चले जाते थे, वे आज इन्हें अपना मित्र बताएँगे और अपना मुँह केवल इनकी तरफ रखेंगे। जो इनसे कटकर उनसे जुड़ चुके थे, वे उनसे कटकर इनसे जुड़ जाएँगे। जो पहले सिर्फ जुड़े हुए थे, वे ज्यादा जुड़ जाएँगे। जो ज्यादा जुड़े हुए थे, वे इनसे एकाकार होने में लग जाएँगे।

जो कल तक उनके ड्राइवर से अपना परिचय होने में गौरव महसूस करते थे, वे आज से इनके ड्राइवर से परिचय बढ़ाएँगे। जो कल तक इनको गाली देते थे, आज उनको गाली देने लगेंगे। जो कल तक उनके बेटे पर नजर रखते थे, आज से इनके बेटे पर नजर रखने लगेंगे। जो उधर तोहफे भेजते थे, इधर तोहफे भेजने में लगेंगे। जो 'उगाड़ी' मनाते थे, वे बैसाखी मनाने लगेंगे। जो उनको पुरस्कार दिलाते थे, अब इनको पुरस्कार दिलाने लगेंगे। जो उनकी ओर से हस्तक्षेप करते थे, आज इनकी ओर से हस्तक्षेप करने लगेंगे। जिन्होंने कल तक उनका पता और टेलीफोन नंबर रट रखा था, वे आज से ही इनका पता और टेलीफोन नंबर रट लेंगे। जिनकी रुचि उनके अतीत में थी, उनकी रुचि इनके अतीत में होने लगेगी। जो कल तक कंधे पर अंग-वस्त्र डालते थे, वे आज से सूट-टाई पहनने लगेंगे।

जो कल तक चूहे थे, आज से शेर हो जाएँगे। जो कल तक शेर थे, आज से सबसे हाथ मिलाने लग जाएँगे। जो कर्नाटक होकर दिल्ली आ रहे थे, वे दिल्ली में रहकर महारानी बाग जाएँगे। जिनके ड्राइंग रूम में उनकी तसवीरें थीं, आज से इनकी तसवीरें होंगी।

जो भुलाए जा चुके थे, उनकी याद आने लगेगी। जिनकी याद भूले-भटके आती थी, वह उगते सूरज की तरह रोज आने लगेगी। जिनकी याद शाम होने पर आती थी, उनकी याद सुबह से ही आने लगेगी। जिनका महत्त्व बढ़ चुका था, उनका महत्त्व घट जाएगा। जिनका महत्त्व था ही नहीं, सिर्फ उनका महत्त्व रह जाएगा।

जो पहले सुबह नौ बजे जगते थे, वे बिना अलार्म के भी सुबह चार बजे जगने लगेंगे। जो संसद में और सार्वजनिक समारोहों में सोते थे, वे घर में, बिस्तर में सोने लगेंगे। जिन्हें चैन की नींद आती थी, वे अब रात-भर जागा करेंगे। जो रो रहे थे, अचानक इस तरह हँसने लगेंगे जैसेकि वे रोने का तो सिर्फ नाटक कर रहे थे। जो हँस रहे थे, वे अचानक ऐसे रोने लगेंगे जैसे वे कभी हँसे ही नहीं थे। जो 'एक्सट्रा प्लेयर' थे, वे सचिन तेंदुलकर हो जाएँगे और जो सचिन तेंदुलकर थे, वे रिटायर हो जाएँगे।

लेकिन कुछ हैं जो सचिन तेंदुलकर थे, रहेंगे और वे कभी रिटायर नहीं होंगे।

जिनके पास समय की कमी थी, उनके पास इतना समय हो जाएगा कि कुछ तो असमय ही समय (काल) के गाल में समा जाएँगे। और जो बैठे रहते थे, ऊँघते रहते थे, बीवी की गालियाँ खाते रहते थे, बच्चों की उपेक्षा सहते रहते थे, वे उत्तिष्ठ और जाग्रत होकर वरान्नि बोध प्राप्त करने लग जाएँगे।

लेकिन मूली, मूली ही रहेगी और गाजर, गाजर ही। कुरता, कुरता ही रहेगा, अचकन नहीं बन जाएगा। गेंदा, गेंदा ही रहेगा, लिली नहीं बन जाएगा और रामवचन यादव, रामवचन यादव ही रहेगा, लालू प्रसाद यादव नहीं बन जाएगा। जो रोटी खाता है, वह चारा नहीं खाएगा और जिसने चारा खाया है भाई साहब, उसे जेल भेजकर भी कोई उसका कुछ नहीं बिगाड़ पाएगा !

सीताराम की नाक

उस दिन उन्हें देखा तो पाया कि उनकी नाक कटी हुई है। पड़ोसी की नाक थी ! उसे कटी हुई देखा तो खुशी ही हुई। लेकिन कुछ खुशियाँ ऐसी होती हैं, जिन्हें आप जाहिर नहीं कर सकते। पड़ोसी की नाक कटने की खुशी भी ऐसी ही खुशी है। इसलिए मैंने यह नहीं कहा : 'अरे वाह, आपकी तो नाक कट गई। मुबारक ! बहुत खुशी हुई। आपने पहले बताया होता तो हम भी उस खुशी के मौके पर हाजिर होते। आपने हमें याद ही नहीं किया। कोई बात नहीं। लेकिन मिठाई तो हम आपसे आज भी खाएँगे। कब खिला रहे हैं मिठाई ?'

मैंने कुछ कहने से पहले अपने चेहरे को शोकमय बनाया। फिर कहा, "बहुत बुरा हुआ। बहुत बुरा। बताइए, कानून-व्यवस्था की स्थिति इतनी खराब हो गई है कि किसी ने आपकी नाक तक काट ली ! रामायण के जमाने में ये घटनाएँ जंगलात में ही होती थीं। लक्ष्मण जैसा पराक्रमी भी शूर्पणखा की नाक वन के एकांत में ही काट पाता था। लेकिन आपके साथ यह घटना शहर में हो गई। बहुत अफसोस है।"

उन्होंने जवाब दिया है, "किस बात का अफसोस ? हमारी नाक किसी ने काटी नहीं। हमने तो खुद कटवा ली है।"

हम थे परंपरावादी। हमें यही सिखाया गया था कि अपनी नाक कोई खुद नहीं कटवाता। नाक दूसरे काटते हैं। इसलिए किसी की नाक कटी दिखे तो अफसोस जाहिर करो। इसलिए हमने कहा, "आप यह क्या फरमा रहे हैं जनाब। अपनी नाक भी खुद कोई कटवाता है भला !"

उन्होंने कहा, "हाँ कटवाता है। समय-समय की बात है। पहले कोई एक, किसी एक की नाक काटना चाहता था। तब समस्या ज्यादा नहीं थी। पहले नाक भी एक होती थी और उसे काटनेवाला भी एक ही होता था। एक नाक की एक आदमी से रक्षा करना मुश्किल था, मगर इतना न था। मगर तब नाक कटती तभी थी, जब आप जबरदस्ती अपनी नाक कहीं घुसाने जाएँ। शूर्पणखा की नाक कटने का यही मूल कारण था। अब नाक एक, शत्रु अनेक वाली स्थिति हो गई है। मेरी ही नाक लो। तुमने तो देखा ही था कि मेरी नाक ऊँची न थी। खासी नीची थी। कोई मुझे मजबूर करता तो मैं इसे और भी नीचे कर लेता था। फिर भी मेरी नाक के बहुत से दुश्मन थे। उसे बचाना मुश्किल हो रहा था। कटना उसकी नियति थी। तो मैंने सोचा कि अपनी नाक काटने

की खुशी किसी दूसरे को क्यों लूटने दूँ ? इसे खुद ही काट लेता हूँ। कम-से-कम मेरी नाक के दुश्मनों को यह अफसोस तो होगा कि वे मेरी नाक काट नहीं पाए। खुदा का शुक्र है कि अपन ने यह काम अपने दुश्मनों के षड्यंत्रों के सफल होने से पहले ही कर लिया। इसलिए अपन तो अपनी इस सफलता पर खुश हैं। वैसे आपकी नाक के दुश्मन भी कम नहीं हैं। किसी भी दिन, किसी भी पल आपकी नाक पर हमला होना संभव है। सोते में संभव है, जागते में संभव है। गली में संभव है, सड़क पर संभव है। इसलिए आप भी अपनी नाक खुद कटवा लें, मेरी तरह सुखी रहेंगे।''

मेरी नाक निश्चय ही टेढ़ी-मेढ़ी है। भौंड़ी है। चेहरे के अनुपात से बड़ी भी है। अक्सर सुड़-सुड़ करती रहती है। परेशानी का बायस है। मुझे शंका भी है कि कई लोग इसे काटने की फिराक में हैं। लेकिन मैं आशावादी हूँ। सोचता हूँ कि शायद नहीं कटेगी और जब कटेगी, तब कटेगी, उसे अभी से खुद क्यों काट लूँ। मैं इस मामले में कबीर का अनुयायी नहीं। कबीर कहते थे : ''काल करे, सो आज कर, आज करे सो अब, पल में परलय होयगी, बहुरि करेगा कब ?'' जहाँ तक मेरी नाक का सवाल है, मैं प्रलय तक इंतजार कर सकता हूँ। लेकिन जो कल होगा, उसे आज और अभी मैं नहीं कर सकता। प्रलय में तो मैं खुद ही नहीं बचूँगा तो अपनी नाक की चिंता क्यों करूँ ?

तो मैंने उनका 'ऑफर' ठुकरा दिया। मगर मैंने इतना ही कहा, ''सुझाव के लिए धन्यवाद। मैं इस पर विचार करूँगा।''

''विचार करोगे !'' उन्होंने कहा, ''तो नाक अपनी मर्जी से कभी नहीं कटवा पाओगे। फिर तो वे ही काट ले जाएँगे। जब चुनौती सामने हो तो उसका जवाब तुरंत दिया जाता है। विचारमग्न अवस्था में ही कोई तुम्हारी नाक काट ले जाएगा। मेरी बात गाँठ बाँधकर रख लो।''

वे मेरी नाक कटवाने पर तुल गए थे। मैंने विषय बदला, ''क्या आप नाक कटवाकर खुश हैं।''

उन्होंने कहा, ''नाक कटवाकर खुश तो कौन होगा ? नाक होती तो अच्छा रहता। जैसी भी थी, आखिर अपनी थी। हमेशा संभावना रहती थी कि कभी-कभी आप अपनी नाक ऊँची करके भी चल सकेंगे। अब वह संभावना ही खत्म हो गई। लेकिन फिर भी...मेरी तो अब भी आपसे सलाह है कि आप अपनी नाक खुद कटवा लें।''

मैंने पूछा, ''आपने अपनी नाक कटवाने के बाद कभी आईना देखा है ?''

उन्होंने कहा, ''खूब देखा है। यह सही है कि अब अपना ही अक्स खुद को अच्छा नहीं लगता। फिर भी संतोष होता है कि हमने अपनी नाक कटवाई तो है मगर इतनी खूबसूरती से कटवाई है कि अब यह उतनी भद्दी नहीं लगती, जितनी कि वे काटते तो लगती। आप ही देखो, कितनी खूबसूरती से कटी है हमारी नाक। किसी की इतनी खूबसूरत कटी हुई नाक देखी आपने ?''

हमारा सौंदर्य-बोध अभी इतना विकसित नहीं हुआ था कि कटी हुई नाक की खूबसूरती भी देख लेते।

''देखिए तो भाईसाहब, इससे लहू थोड़े ही बह रहा है।''

हमने नहीं देखा।

''आप तो तब देखेंगे, जब आपकी खुद की नाक कट जाएगी। तब आप पछताएँगे कि सीताराम ठीक कहता था।''

मैं चौंका, ''कहीं आप सीताराम केसरी तो नहीं ?''

''नहीं–'' वे चीखे, ''नेताओं की तो नाक होती ही नहीं। उन्हें कटने का डर ही नहीं। वे तो वी. वी. आई. पी. होते हैं। हम जैसे सीताराम नहीं।''

भले लोगों के नाम गृहमंत्री का संदेश

नई दिल्ली। अनुत्तर प्रदेश के गृहमंत्री सी. एन. बदलू ने आज भले और ईमानदार लोगों से अपील की है कि वे राजनीति का मैदान पूरी तरह छोड़कर समाज-सेवा का मार्ग अपना लें।

एक भव्य समारोह में उन्होंने बड़े विनम्र शब्दों में कहा कि गुंडे-बदमाश और बलात्कारी कहे जानेवाले तत्त्व अब राजनीति के माध्यम से समाज की सेवा करना चाहते हैं तो उन्हें इसका पूरा अवसर देना चाहिए, वरना ये तत्त्व हतोत्साहित हो जाएँगे और पुनः पुराने पेशे में लौट जाएँगे। ऐसी विकट स्थिति में भले और ईमानदार लोगों का यह प्राथमिक, सामाजिक और मानवीय कर्त्तव्य बनता है कि वे समाज के इस वर्ग को आगे आने का पूरा अवसर दें और राजनीति में अपनी रही-सही पुरानी दखलंदाजी बंद करें। समाज-सेवा का क्षेत्र अत्यंत व्यापक है और वह राजनीति से पूरी तरह परे भी है। उसके जरिए वे चाहें तो सामाजिक क्रांति ला सकते हैं। उन्हें इस अमूल्य अवसर को गँवाना नहीं चाहिए, वरना गुंडा-बदमाश कहे जानेवाले तत्त्वों को विवश होकर अपने कार्य-क्षेत्र का विस्तार करके इन क्षेत्रों में भी आगे आना पड़ेगा। इससे भले और ईमानदार लोगों के काम से भविष्य में कभी भी समाज लाभान्वित नहीं हो पाएगा। लोग भूल जाएँगे कि समाज में कभी भले-ईमानदार लोग भी हुआ करते थे। इतिहास के गर्त में समाने से अच्छा है भले लोगों कि आपका नाम इतिहास के स्वर्णिम पृष्ठों में लिखा जाए।

श्री बदलू आज यहाँ, 'उर्वरक और सब्सिडी' के सवाल पर एक संगोष्ठी को संबोधित कर रहे थे।

उन्होंने कहा कि वह जान-बूझकर मूल विषय पर नहीं बोल रहे हैं क्योंकि विद्वान लोग तो इस पर बोलेंगे ही। वह तो विद्वानों का ध्यान अधिक बुनियादी विषयों की ओर आकर्षित करना चाहते हैं, जिन पर वह राज्य के गृह मंत्री के रूप में लगातार चिंतन-मनन करते रहे हैं। श्री बदलू ने कहा कि भले-ईमानदार लोगों की कठिनाई यह होती है कि वे समय की नब्ज को ठीक से पहचान नहीं पाते। इस समय समाज पुकार-पुकारकर गुंडा-बदमाश कहे जानेवाले तत्त्वों से यह कह रहा है कि 'आओ और राजनीति को अपना माध्यम बनाकर हमारी सेवा करो।' मगर भले-ईमानदार लोग कहते हैं कि हम राजनीति का क्षेत्र पूरी तरह नहीं छोड़ेंगे। वे भी स्वार्थी हो गए हैं। वे अब

भी परंपरावादी सोच से बँधे हुए हैं। राजनीति पर वे अपना दावा छोड़ना नहीं चाहते। मंत्रीजी ने भावुक होते हुए कहा, इसके परिणाम अच्छे नहीं होंगे। आज समाज को संघर्ष से बचाने की जरूरत है, संघर्ष करने की नहीं। फिर भी भले और ईमानदार लोग नहीं मानते हैं तो वह इससे ज्यादा कुछ नहीं कहेंगे कि आनेवाला समय उन्हें अपनी असली औकात बता देगा।

गृह मंत्री ने कहा कि वह इस बात को खुले मन से स्वीकार करते हैं कि भले और ईमानदार लोगों ने राजनीति को बहुत कुछ दिया है। देश को आजाद कराने में महात्मा गाँधी, जवाहरलाल नेहरू, शहीद भगत सिंह, मौलाना अबुल कलाम आजाद आदि-इत्यादि के योगदान को आखिर कौन भूल सकता है ? आज भी बच्चे-बच्चे की जुबान पर उनका नाम है। लेकिन समय बदला है, परिस्थितियाँ बदली हैं। जिस आजादी के लिए हमारे ये पूज्य संघर्ष कर रहे थे, उस आजादी को मिले आज पचास वर्ष हो गए हैं। भले और ईमानदार लोगों को बदली हुई इस सच्चाई को समझना चाहिए। उन्होंने कहा कि इसीलिए मैं कहता हूँ कि भाइयो, आप समाज-सेवा में पूरी तरह से समर्पण की भावना के साथ जाओ, वरना राजनीति के क्षेत्र में दो-चार भले लोगों के नाम बचे हैं, उन्हें भी भावी पीढ़ी मिटा देगी।

उन्होंने कहा कि जब से गुंडा-बदमाश कहे जानेवाले तत्त्वों के हाथ में राजनीति की बागडोर आ गई है, तब से गृह मंत्री की समस्त चिंताएँ समाप्त हो गई हैं। मैं आजकल खूब आराम करता हूँ और कृषि, संस्कृति, वैज्ञानिक विकास, परमाणु ऊर्जा आदि सभी विषयों पर संगोष्ठियों को संबोधित करने के लिए अपना अमूल्य समय देता रहता हूँ। कुछ लोग मुझे भी माफिया सरदार कहते हैं, लेकिन मैं आलोचनाओं से घबरानेवाला आदमी नहीं हूँ। वैसे भी राज्य का गृह मंत्री हूँ। घबराने की मुझे क्या जरूरत ! लेकिन ऐसा है भाइयो कि कभी भी सत्ता एक ही वर्ग के हाथों में नहीं रहनी चाहिए। इससे समाज का विकास रुक जाता है और देश पिछड़ जाता है। जिन्हें सत्ता में आने का अवसर नहीं मिलता, उनमें असंतोष उत्पन्न होता है। संघर्ष बढ़ता है, खून-खराबा होता है, देश की इमेज विदेशों में खराब होती है। समय की पुकार है कि हमें गुंडा-बदमाश तत्त्वों की क्षमता पर भरोसा करना चाहिए। उनके भीतर देश-सेवा और समाज-सेवा का जो जज्बा पैदा हुआ है, उसका सम्मान करना चाहिए। मैं तो दलित और सवर्ण की थ्योरी में भी विश्वास नहीं करता। ये जो लोग दलितों को आगे लाने की बात कर रहे हैं, वे बकवास हैं, झूठ हैं। जो दलित है, वह बेचारा क्या कर पाएगा ! खुद दलित है, वह देश को भी दलित ही बनाएगा। इस समय समाज का उभरता हुआ वर्ग है गुंडा-बदमाश कहे जानेवाले तत्त्वों का। इनका साथ देना हरेक भारतीय नागरिक का पुनीत कर्त्तव्य है। मेरा तो मानना है कि ये समाज को बदल डालेंगे। जय भारत। जय हिंद। नमस्कार।

बेईमानी की पुरानी दुकान

ओ मिस्टर,
किधर जाते हो, किधर ध्यान है
ईमानदारों को बेईमानी सिखाने
की यही मशहूर दुकान है।

पहले तो हमें यह बोर्ड पढ़कर ही आनंद आया। वाह ! क्या भाषा है, क्या शैली है, क्या सादगी है, कितनी साफगोई है। कोई दुराव नहीं, कोई छुपाव नहीं। फिर हमें याद आया कि हम भी तो 'ईमानदार' हैं और ईमानदार रहते हुए ही हम भी कुछ छोटी और कुछ बड़ी बेईमानियाँ करना चाहते हैं, तो यह दुकान हमारे मतलब की भी है। क्यों न इसमें चला जाए !

वैसे नई दुकान पर हम जाते नहीं। हमारी मान्यता है कि पुरानी शराब की तरह पुरानी दुकान ही अच्छी होती है। तेज असर करती है। लेकिन यह आर्थिक उदारीकरण का युग है। कोई कब तक नई दुकानों से डरे ! क्योंकि पुरानी दुकानवाले भी अपनी दुकानों को नया कर रहे हैं और नए-नए तरीके अपना रहे हैं। सो बजरंग बली का नाम लेकर हम भी वहाँ पहुँच ही गए।

हमारा पहुँचना था कि दुकानदार की बाँछें खिल उठीं। उसे देखकर लगा कि उसे अपनी बाँछें खिलाने-मुरझाने की कला बखूबी आती है। इसलिए हमारा यह विश्वास पक्का हो गया कि उसकी दुकान अवश्य चल जाएगी।

हमने फिर देखा कि उसकी बाँछें तो खिली कि खिली हैं, मुरझा ही नहीं रही हैं। तो हमने सोचा कि पहले उसकी बाँछें खिलनी बंद हों, तभी इससे बात हो। वह शायद हमारा इरादा भाँप गया। बाँछें खिलाना बंद करके उसने बाँहें फैलाना शुरू कर दिया, "अरे आइए, आइए। आपका तो बहुत नाम सुना है। आपकी गिनती अपने मुहल्ले के ईमानदार लोगों में होती है। हमें आशा ही नहीं, अटूट विश्वास था कि आप यहाँ सबसे पहले आएँगे। स्वागत है। स्वागत है। अरे रामू, साहब के लिए ठंडा पानी लाना।"

उसने यह नहीं कहा था कि ठंडा पानी गिलास में लाओ, इसलिए हमें लगा कि रामू ठंडा पानी घड़े में ही ले आएगा और अभी तो इस दुकानदार ने शब्दों से ही हमारे सिर पर ठंडा पानी डाला है, अब यह वाकई भी ठंडा पानी हमारे सिर पर डाल देगा।

मगर अब हम भी उन लोगों में शामिल हो गए हैं, जो पीछे मुड़कर देखते नहीं। हमने अपने-आपसे कहा कि बेटा, आज तुम अभिमन्यु की तरह चक्रव्यूह में फँस गए हो। बजरंग बली का नाम लेकर इस चक्रव्यूह में घुस तो गए, मगर दुश्मन की नली तोड़नेवाले भी शायद तुम्हें बचा न पाएँगे। ईमानदार के रूप में अपने मोहल्ले के लोगों से इतनी प्रतिस्पर्धा अच्छी नहीं कि उसकी महक बेईमानी सिखानेवाले ईमानदार तक भी पहुँच जाए। पहली बार अपनी 'ईमानदारी' पर मुझे सच्चा दुख हुआ।

मैंने पैंतरा बदला और कहा, ''हम तो ऐसे ही चले आए थे, बल्कि सच कहें तो आपसे यह पूछने आए हैं कि आप खुलेआम ऐसा बोर्ड दुकान पर लगा कैसे सकते हैं ? आपको कुछ शरम लिहाज है या नहीं ? अब बेईमानी सिखाने के लिए भी दुकानें खुलेंगी ? आप फौरन इस बोर्ड को हटवाइए, वरना पुलिस बुला लाऊँगा।''

मगर वह घाघपन में मेरा बाप था। उसने मेरी बात का सिर्फ इतना जवाब दिया कि 'आप ठंडा लेंगे या गरम'। मैंने गुस्से को बरकरार रखते हुए कहा : ''मैं बेईमानी सिखानेवालों के यहाँ पानी भी नहीं पीता।''

उसने कहा, ''मुझे मालूम है, इसलिए मैंने आपको पानी पिलाने की योजना स्थगित कर दी है। आप पानी तो मेरे यहाँ का पिएँगे नहीं मगर चाय या ठंडा तो पास की दुकान से आएगा, वह आप जरूर ले लेंगे। मुझे मालूम है, आप ईमानदार हैं और साथ ही सिद्धांतवादी भी हैं।''

मैंने लगभग चीखने का नाटक करते हुए कहा, ''मैंने कहा न, मैं कुछ नहीं लूँगा। चाय-पानी, ठंडा—कुछ भी नहीं। आपने मुझे समझ क्या रखा है ?''

वह फिर भी उत्तेजित नहीं हुआ। उसने अपने नौकर से कहा : ''साहब कोल्ड ड्रिंक्स तो लेंगे नहीं, ये लेंगे ताजा मिक्स जूस। बढ़िया साफ-सुथरा बनवाकर लाना और ध्यान रखना कि वह बर्फ-ही-बर्फ न डाल दे।'' मैं कुछ बोलूँ, इसके पहले ही उसने कहा, ''तो ऐसा है गुरुजी, हम हर ईमानदार आदमी की तकलीफ जानते हैं कि वह बेईमानी करना भी चाहता है मगर करने से डरता भी है। ऐसे-ऐसे लोग हमारे समाज में हैं जो 500-500 रुपए का झूठा बिल नहीं बना पाते क्योंकि बेईमान क्लर्क उनकी बेईमानी तुरंत पकड़ लेगा और घूस माँगेगा। उसे घूस भी दो, अपनी इज्जत भी गँवाओ और हालत वही की वही। हम ऐसे लोगों की मदद करना अपना परम धर्म समझते हैं और हम अपना धर्म निबाह कर ही रहेंगे। धर्म निबाहने के मार्ग में पुलिस आए या सेना आए, हम डरते नहीं। और हम आपसे तो बिलकुल ही नहीं डरते। लीजिए, आपका जूस आ गया। ग्रहण कीजिए। रामू खड़ा-खड़ा मुँह क्या देख रहा है, साहब को दे।''

लिबरल बनिए, सुखी रहिए

कहावत है, गुड़ खाना और गुलगुले से परहेज करना। इस कहावत को जरूर किसी गुड़ और गुलगुले—दोनों के प्रेमी ने बनाया होगा। तभी उसे गुड़ खाने और गुलगुले न खाने में अंतर्विरोध दिखाई दिया, वरना मेरे जैसा कोई आदमी इस बात पर एतराज नहीं करता। उसे इसमें कोई अंतर्विरोध नहीं दीखता।

अगर कहावतकार खुद गुड़-प्रेमी नहीं होता तो वह अपनी बात को इन तरीकों से भी कह सकता था : दूध पीना मगर खीर से परहेज रखना; चावल खाना मगर पुलाव से परहेज रखना; रिश्वत लेना मगर कमीशन से परहेज रखना; जूते पहनना मगर जूते खाने से परहेज रखना।

जब यह कहावत बनी होगी, तब गुड़ और गुलगुले का काफी प्रचलन रहा होगा। अब तो सभ्य लोग न गुड़ खाते हैं, न गुलगुला। फिर भी कहावत बरकरार है और गनीमत है कि लोग इसका अर्थ भी समझ लेते हैं क्योंकि अभी गुड़ बाजार में मिलता है और गुलगुले बनाने की कला प्रायः समाप्त नहीं हुई है, इसलिए सभ्य लोगों ने कम-से-कम एक बार गुड़ और गुलगुले चखे नहीं तो देखे जरूर हैं।

इसलिए कहावत भी चल रही है। लेकिन एक दिन ऐसा आएगा कि जब न गुड़ रहेगा, न गुलगुला, तब मुश्किल होगी। अतः दूरंदेश लोगों को अभी से नई कहावत ढूँढ़ने का प्रयास आरंभ कर देना चाहिए ताकि आनेवाले युग के अंतर्विरोध को व्यक्त किया जा सके।

ऐसा क्यों होता है कि आदमी गुड़ खाता है मगर गुलगुले से परहेज रखता है ? कारण अनेक हो सकते हैं। जैसे खुद मुझे लौकी की सब्जी पसंद नहीं मगर लौकी के कोफ्ते पसंद हैं। मूली की सब्जी पसंद नहीं मगर मूली के पराँठे पसंद हैं। इसमें अंतर्विरोध है, तो हुआ करे। जबान का काम अंतर्विरोधों की परवाह करना नहीं है। उसका काम यह बताना है कि क्या स्वादिष्ट है और क्या नहीं है। स्वादिष्ट में भी सबसे ज्यादा और सबसे पहले खाने योग्य क्या है। जबान, जबान है, आँख नहीं। जबान, जबान है, दिमाग नहीं।

गुड़ खाने और गुलगुले से परहेज करने का एक कारण यह हो सकता है कि आदमी परहेजी हो। हो सकता है, आदमी तली-गली चीजें खाना पसंद न करता हो या डॉक्टर ने उससे ऐसी चीजें खाने से मना कर दिया हो। एक कारण हमारे सार्वजनिक जीवन

में व्याप्त ढोंग हो सकता है। पसंद हो गुलगुला मगर सार्वजनिक रूप से खाना होगा तो गुड़ ही खाएँगे और प्राइवेट में खाना होगा तो गुलगुला ही खाएँगे। जैसे हमारे नेता सार्वजनिक रूप से तो 'कोल्ड ड्रिंक' ही पीते हैं और निजी रूप से सिवाए 'हार्ड ड्रिंक' के कुछ नहीं पीते।

लेकिन एक बात समझ में नहीं आती। गुड़ खानेवाले को गुलगुला खिलाने की जबरदस्ती क्यों ? गुलगुला इतनी बुरी चीज भी नहीं कि जिसे गुड़ खाना पसंद है, उसे गुलगुला भी खाना ही होगा। न खाए अपनी बला से। ऐसे भी इनसान बहुत होंगे, जिन्हें गुड़ पसंद नहीं मगर गुलगुला पसंद है। ऐसा नहीं है कि इस दुनिया में गुड़ की तो बड़ी पूछ है मगर गुलगुले की नहीं है। जब ऐसा नहीं है तो गुड़ खानेवाले को गुलगुला भी खिलाने की ऐसी बेताबी आखिर क्यों ? हो सकता है कि कोई गुलगुला इसलिए न खाता हो कि तेल खाना उसे सधता न हो। कोई इसलिए नहीं खाता हो कि तेल भी मिलावटी आने लगा है। आटे के घटिया होने की संभावना भी पूरी है। आटे में कूड़ा-कर्कट हो सकता है। हो सकता है कि गुलगुला ठीक से पका न हो और इससे खानेवाले के पेट में दर्द होने लगे। हो सकता है कि गुलगुला बासी हो। इस तरह हम भली प्रकार देख सकते हैं कि गुलगुले से परहेज रखने में ऐसा कोई अंतर्विरोध भी नहीं है।

अगर किसी को गुलगुले पसंद हों और गुड़ नहीं तो इसमें भी अंतर्विरोध नहीं। क्योंकि गुलगुला आखिर गुलगुला है, उसमें सिर्फ गुड़ नहीं है, गेहूँ का आटा भी है। वह तेल में पका हुआ है और फूला हुआ है। गरम-गरम है। उसके अंदर से भाप उठ रही है। उसका अपना मजा है। उसका अपना स्वाद है। उसका अपना आनंद है। वह गुड़ नहीं है जनाब, गुलगुला है। जैसे खोया ज्यादा नहीं खाया जा सकता है मगर उसके बने गुलाब जामुन गटागट निगले जा सकते हैं। जैसे पनीर आप ज्यादा नहीं खा सकते, उसके पकौड़े डटकर खा सकते हैं, उससे बने रसगुल्ले खूब मजे से खा सकते हैं। इस तरह गुलगुले भी आप खूब खा सकते हैं। इसलिए गुड़ खाने में गुलगुला न खाने या गुलगुला खाने और गुड़ न खाने में कोई वास्तविक अंतर्विरोध नहीं है। है तो ऊपरी है, सतही है। अंतर्विरोध को प्रकट करने के लिए गढ़ा गया एक अंतर्विरोध है।

वैसे भी अंतर्विरोधों को बताने का जमाना अब लद गया। यह लिबरलाइजेशन का जमाना है। लिबरल होइए। जितने ही आप लिबरल होंगे, उतने ही आपको कम अंतर्विरोध दिखेंगे। और भी ज्यादा लिबरल हो जाएँगे तो अंतर्विरोध दिखने बिलकुल बंद हो जाएँगे। दुखी वह रहता है, जिसे अंतर्विरोध दिखते हैं। आप लिबरल बनिए और सुखी रहिए। खामखाँ कम्युनिस्ट बनने से क्या फायदा !

जय वर्ल्ड बैंक, जय आई. एम. एफ.

हलो, हाँ मैं देवगौड़ा बोल रहा हूँ।

—हूँऽऽ।

—हूँऽऽ, आप कौन ?

—हूँऽऽऽ—हूँऽऽऽ—हूँऽऽऽऽ। तुम हमसे पूछ रहे हो कि हम कौन बोल रहे हैं ?

—अच्छा-अच्छा ! आपकी भाषा से ही समझ गया सर। भूल गया था सर कि आप वर्ल्ड बैंक के प्रेसिडेंट बोल रहे हैं। क्यों क्या गड़बड़ी हो गई सर ! आपको क्यों फोन करने का कष्ट करना पड़ा सर !

—पूछते हो, क्या गड़बड़ी हो गई। चोरी और ऊपर से सीनाजोरी ! छह घंटे हो गए, मिस्टर !

—सचमुच सर ! अच्छा-अच्छा सर, वो क्या था सर, मेरे घर में पिछले छह घंटे से यज्ञ चल रहा है। आप तो जानते ही हैं सर, प्रधानमंत्री बने रहने के लिए यज्ञ करवाते रहना आवश्यक होता है। उसी में 'बिजी' था सर, इसीलिए पिछले छह घंटे से मैं यह नहीं कह पाया कि मैं नई आर्थिक नीति से पीछे नहीं हटूँगा। गलती हो गई सर। अगले छह घंटे में मैं दो बार कह दूँगा सर।

—तुम छह घंटे में दो बार खाना खा सकते हो ?

—नहीं खा सकता सर।

—तो फिर हर तीन घंटे में यह बात जनता को हजम होगी ? कुछ सोचा है तुमने ?

—होगी सर। यह भारत देश की जनता है। लक्कड़ हजम, पत्थर हजम जनता है। हालाँकि बेचारी को खाने के लिए लक्कड़ और पत्थर भी नहीं मिलते सर !

—हमें भावुक बनाने की कोशिश मत करो। हम जनता नहीं हैं। हम विश्व बैंक के अध्यक्ष हैं। समझे कुछ। यज्ञ में आहूति देते समय कहो कि नई आर्थिक नीति से पीछे नहीं हटूँगा।

—आप समझते क्यों नहीं सर। यज्ञ पूर्णतः धार्मिक कृत्य है।

—तो 'मैं नई आर्थिक नीति से पीछे नहीं हटूँगा' यह भी माला जपना ही है। यह कार्य भी धार्मिक है। वरना समझ गए न—हूँऽऽऽ।

—वो तो समझता हूँ सर, आप मेरा पत्ता कटवा देंगे। मगर आप खुद ही सोचिए सर, अगर आप मेरी जगह होते तो क्या करते ?

—हमसे मुकाबला करने की गंदी आदत तुम्हारी अभी तक गई नहीं ? कितनी बार समझाया है तुम्हें !

—सॉरी सर।

—चौबीस घंटे का हिसाब दो।

—कल सुबह छह बजे नेताजी सुभाष बोस पर मेरा भाषण था। मैंने वहाँ कहा कि आज नेताजी होते तो वे भी कहते—'मैं नई आर्थिक नीति से पीछे नहीं हटूँगा'।

—गुड, वेरी ब्रिलियंट।

—फिर मैंने विकलांगों के सामने कहा कि नरसिंह राव से पहले किसी प्रधानमंत्री ने बार-बार नहीं कहा कि 'हम नई आर्थिक नीति से कभी पीछे नहीं हटेंगे', वरना आज यह पूरा देश विकलांग न होता, अपने पैरों पर खड़ा होता।

—ऐसा कहा ? शाबाश !

—फिर एक इफ्तार पार्टी में मैंने कहा कि मैं भाषण दूँगा। मेजबान ने कहा, 'आप यहाँ भाषण नहीं दे सकते। आप धार्मिक अवसर की पवित्रता को भंग नहीं कर सकते।' मैने कहा, 'मैं प्रधानमंत्री हूँ। मेरे भाषण देने से कोई अवसर अपवित्र नहीं होता।' उसने कहा, 'होता है।' मैंने कहा, 'नहीं होता है।' अंत में यह तय हुआ कि मैं भाषण नहीं दूँगा, दूरदर्शन के कैमरे के सामने इस अवसर पर दो शब्द कहूँगा। तब मैंने कहा, 'इफ्तार पार्टी के इस पवित्र अवसर पर मैं अपने देशवासियों को सिर्फ एक ही बात कहूँगा कि मैं पीछे नहीं हटूँगा।' हमारी जनता 'मेच्योर' है सर। वह मेरी बात का अर्थ समझ जाएगी। हालाँकि वह खुद नहीं जानती कि वह कितनी बार वोट डाल चुकी है और कितनी ज्यादा 'मेच्योर' हो चुकी है।

—वैसे तुम अपनी जनता की समझदारी पर ज्यादा भरोसा मत किया करो। तुम्हारी जनता समझदार होती तो तुम्हारे देश की सारी पोलिटिकल पार्टियाँ भी समझदार होतीं। वे नहीं हैं। कितनी ही नासमझ पार्टियाँ तुम्हारे संयुक्त मोर्चे तक में घुसी हुई हैं। मालूम है न तुम्हें !

—वो तो है सर।

—फिर तुमने जनता पर कैसे भरोसा कर लिया ?

—मगर 'दूरदर्शन' के कैमरामैन तो समझदार हैं सर। वे जनता तक सही संदेश पहुँचा देंगे।

—चलो ठीक है। लेकिन पिछले छह घंटे में तुमने माला नहीं जपी। इस पाप का प्रक्षालन कैसे होगा !

—सर बाथरूम में जाकर कह दूँ, 'मैं नई आर्थिक नीति से पीछे नहीं हटूँगा।'

—वहाँ इसे कौन सुनेगा ?

—मैं खुद।

—इससे फायदा क्या होगा ?

—सर फायदा होगा। जब मैं दूसरों से कहता हूँ तो खुद सुन नहीं पाता। खुद से

कहूँगा तो खुद सुन पाऊँगा।

—खुद के कहे को खुद सुनने से क्या फायदा ?

—यह फायदा कि मैं ठीक से आपकी बात जनता से कह रहा हूँ या नहीं, यह जान पाऊँगा।

—ये सब छोड़ो। तुम पश्चात्ताप-स्वरूप यह बात अपनी नौकरानी से बुलाकर कह दो।

—उससे कहने से क्या फायदा ? वह तो सिर्फ आदेश लेना जानती है। उससे कहूँगा कि मैं पीछे नहीं हटूँगा तो वह कहीं कुछ गलत न समझ बैठे।

—उससे साफ-साफ कहो, 'मैं नई आर्थिक नीति से पीछे नहीं हटूँगा।'

—यह सुनकर वह हँस देगी। वह तो मेरे इस वाक्य पर हमेशा हँसती रहती है।

—इतनी हँसनेवाली है, फिर भी तुम्हारी नौकरानी है ?

—क्या करें सर। अच्छी नौकरानियाँ आजकल मिलती कहाँ हैं सर।

—लेकिन, अच्छे प्रधानमंत्री हमें मिलते हैं। मसलन...

—किसी का नाम मत लो सर। मैं अपनी नौकरानी से कह दूँगा सर। उसे सख्त हिदायत भी दे दूँगा सर कि वह न हँसे। जय हिंद सर।

—जय वर्ल्ड बैंक, जय आई. एम. एफ. बोलो। भूल गए। तुम हमसे बात कर रहे हो, जनता को भाषण नहीं दे रहे।

—हाँ, सर। जय वर्ल्ड बैंक, जय आई. एम. एफ. सर।

—यज्ञ कर रहे हो न !

—हाँ, सर।

—करो-करो। पी. वी. नरसिंह राव भी यही सब कुछ किया करता था। तुम भी करो।

राष्ट्रीय नाक

इस देश के एक प्रधानमंत्री एक पत्रकार के साथ बैठे थे। पत्रकार बहुत देर से देख रहा था कि प्रधानमंत्रीजी की नाक बहना चाहती है मगर वे सुड़-सुड़ कर उसे अंदर कर रहे हैं।

पत्रकार चकित था। वह पूछने कुछ और आया था मगर नाक के बारे में पूछ बैठा, *श्रीमान् मैं देख रहा हूँ कि आपकी नाक बहना चाहती है और आप सुड़-सुड़ कर बड़ी मुश्किल से उसे बहने से रोके हुए हैं। इसका कारण ?*

—यह अब मेरी नहीं रही, देश की नाक है। देश की नाक के साथ मैं मनमाना बर्ताव नहीं कर सकता।

—मगर श्रीमन् जब नाक बह रही हो तो उसे छिनकना या रूमाल से पोंछना ही श्रेयस्कर होता है। इसे नाक के साथ मनमाना बर्ताव करने की संज्ञा नहीं दी जा सकती।

—लेकिन इस नाक के साथ क्या सलूक किया जाना है, इसका निर्णय प्रधानमंत्री होकर भी मैं स्वयं तो नहीं ले सकता। यह सामूहिक दायित्व का मामला है। मंत्रिमंडल इसका फैसला लेगा। आज शाम यानी अब से आठ घंटे बाद मंत्रिमंडल की बैठक होगी।

—मगर तब तक तो श्रीमन् नाक को बहने से आप रोक नहीं सकेंगे। खतरा है कि वह बहते-बहते आपके मुँह में चली आए। तब फैसला करने के लिए बचेगा क्या ?

—सवाल यह नहीं है कि मंत्रिमंडल की बैठक से पहले बहती नाक का क्या होगा ? उससे भी जरूरी यह निर्णय करना है कि प्रधानमंत्री की नाक, जोकि निश्चय ही देश की नाक है, वह आ जाए तो उस स्थिति में क्या किया जाना चाहिए ? उसे छिनकना चाहिए या रूमाल से पोंछना चाहिए या उसे सुड़-सुड़ कर जब तक संभव हो ऊपर खींचते रहना चाहिए या उसे स्वाभाविक रूप से बहने देना चाहिए।

—लेकिन यह नाक बहकर मुँह में चली आई तो आपको घिन महसूस नहीं होगी ? क्या आपको अपने मंत्रिमंडल पर इतना भी भरोसा नहीं है कि वह आपको नाक छिनकने या पोंछने या समय के अनुसार छिनकने एवं पोंछने—दोनों की अनुमति दे देगा ?

—मुझे पूरा विश्वास है कि मंत्रिमंडल मुझे नाक छिनकने और पोंछने—दोनों की अनुमति दे देगा, लेकिन मैं उससे पहले ही छिनक या पोंछकर विवादास्पद बनना नहीं चाहता।

—मगर प्रधानमंत्रीजी, नाक छिनकने या पोंछने का निर्णय मंत्रिमंडल क्यों लेगा ?

नाक आपकी है तो निर्णय भी आपका ही होगा। यह नाक तब भी थी, जब आप प्रधानमंत्री नहीं थे। तब नाक के बारे में सारे निर्णय स्वयं आप ही लेते होंगे ?

—देखिए, यह सही है कि यह नाक तब भी मेरी थी, जब मैं प्रधानमंत्री नहीं था और यह नाक तब भी मेरी रहेगी, जबकि मैं प्रधानमंत्री नहीं रहूँगा। लेकिन जब तक मैं प्रधानमंत्री हूँ, मेरी यह नाक व्यक्तिगत होकर भी राष्ट्र की संपत्ति है। यह राष्ट्रीय नाक है इस समय।

—मगर श्रीमन्, आपकी नाक अब रुक नहीं रही, वह बहना शुरू हो चुकी है। आपको मालूम होना चाहिए कि वह अब होंठों तक पहुँचने वाली है।

—मुझे क्या मालूम है और क्या मालूम नहीं है, यह मैं आपको नहीं बता सकता। मैं गोपनीयता की शपथ से बँधा हूँ।

(नाक मुँह में चली जाने के बाद) अब आपको कैसा लग रहा है ?

—वैसा नहीं, जैसाकि आप महसूस कर रहे होंगे कि मुझे लग रहा होगा। यह साधारण व्यक्ति की नहीं, प्रधानमंत्री की नाक से निकला द्रव्य है। इसे मैंने जिम्मेदारी के साथ स्वीकार किया है।

—लेकिन क्या इसे चखकर आपको अपने बचपन की हरकतों की याद नहीं आई ?

—नो कमेंट्स। मैं इस बारे में अपना मत मंत्रिमंडल की बैठक में व्यक्त करूँगा।

—लेकिन नाक से निकले द्रव का सेवन तो आपने गोपनीयता भंग करते हुए मेरे सामने किया है ?

—वह मेरी मजबूरी थी। मैं और क्या करता ! मैं होंठ भींचकर उसे ठोड़ी से गले, गले से अपने कपड़ों तक बहने देता ? जब बच्चा तक इतना समझदार होता है कि उसे होंठों से आगे नहीं बढ़ने देता तो एक देश के प्रधानमंत्री से आप इतनी उम्मीद भी नहीं करते ?

—मगर...

—मगर क्या, आप एकदम मेरे पीछे पड़े हुए हैं। आप जानते नहीं कि मैं...अंततः मैं... देश का प्रधानमंत्री हूँ और आपको यह शोभा नहीं देता कि आप एक मसले को लेकर मेरे पीछे पड़ जाएँ और इस पद की गरिमा का खयाल न रखें। अब आप जा सकते हैं। अलविदा।

सही दिशा

देश सही दिशा में आगे बढ़ रहा था और बढ़ता ही चला जा रहा था चूँकि हमेशा से देश के बढ़ने की दिशा यही थी। इसलिए किसी को कोई शक और शुबहा नहीं था कि यही दिशा सही दिशा है। इसके बारे में कोई विरोध और विद्रोह नहीं था। सब कुछ सामान्य था। मगर अचानक न जाने क्या हुआ, कैसे हुआ, क्यों हुआ कि देश उलटी दिशा में आगे बढ़ने लगा।

चूँकि देश कभी उलटी दिशा में बढ़ा ही नहीं था, इसलिए उस दिशा में पर्वत थे, नाले थे, कंकड़ थे, पत्थर थे, झाड़ियाँ थीं, चट्टानें थीं। उस दिशा में जाने के लिए स्वाभाविक रूप से कोई राष्ट्रीय राजमार्ग नहीं था। इसलिए देश को उस दिशा में जाने के लिए खुद अपना रास्ता बनाना पड़ रहा था। रास्ता जितना बनने लगा, उतना ही देश उलटी दिशा में आगे बढ़ने लगा।

देश को चलानेवालों को देश का विपरीत दिशा में जाना पसंद नहीं था। वे इस घटनाचक्र से निराश थे, परेशान थे, उदास थे, हताश थे। वे चिंघाड़ रहे थे और फुफकार रहे थे। लेकिन जब देश ने वही दिशा पकड़ ली, देश को उस दिशा में जाने से रोकनेवाला जब कोई समर्थ नहीं बचा तो जिन्हें देश का उलटी दिशा में, विपरीत दिशा में जाना पसंद नहीं था और जो चिंघाड़ और फुफकार रहे थे, उन्होंने भी कहना शुरू कर दिया कि अब देश वास्तव में सही दिशा में जा रहा है। पहली वाली दिशा ही दरअसल उलटी दिशा थी, वही गलत दिशा थी। सही दिशा तो यह है। मगर हम क्या करते ! सब उस दिशा में जा रहे थे तो हम भी उसी दिशा में जाने लगे। सब कह रहे थे कि वही सही दिशा है तो हम भी कहने लगे कि वही सही दिशा है। फिर भी, हम मन-ही-मन तो यही मानते थे कि आज की यह दिशा ही सही दिशा है, भले ही लोग इसे तब गलत दिशा बता रहे थे। हम गोपनीय ढंग से इसी दिशा में देश को ले जाने के प्रयासों का समर्थन भी कर रहे थे। आज भले ही लोग हमारी इन बातों पर विश्वास न करें, हमें अवसरवादी कहें झूठा कहें लेकिन यह तो समय ही बताएगा कि कौन सच्चा था और कौन झूठा। कौन ईमानदार था और कौन बेईमान। लोगों को इस बात को याद रखना चाहिए कि जो दिखाई देता है, वही हमेशा सच नहीं होता है और जो सच होता है, वह हमेशा दिखाई नहीं देता। हमारे बारे में लोगों को ऐसा लगता जरूर था कि पहले हम उस दिशा का समर्थन कर रहे थे, जिसकी ओर देश जा रहा था, हम उसे ही सही

दिशा बता रहे थे मगर ऐसा था नहीं। सच्चाई इसके विपरीत थी। तथ्य इसके खिलाफ थे। लेकिन फिर भी कुछ लोग हम पर यह आरोप लगाना चाहें कि हम पहलेवाली दिशा को हमेशा सही दिशा बता रहे थे तो वे आरोप लगाएँ। आरोपों से हम डरते नहीं। लेकिन अब आप देखेंगे कि हम इस दिशा के साथ हैं। इसी दिशा को हम सही दिशा मानते हैं। चाहे दुनिया इधर से उधर हो जाए, चाहे दिशाएँ बदल जाएँ, धरती उलट-पुलट हो जाए, हम इसी दिशा में रहेंगे क्योंकि यही तो सही दिशा है और यही हमेशा सही दिशा बनी रहेगी। इतिहास आज नहीं तो कल इस बात को साबित करेगा।

लेकिन हुआ यह कि देश विपरीत दिशा में, जोकि अब सही दिशा कहलाने लगी थी, ज्यादा आगे नहीं बढ़ पाया। इस दिशा में कदम-कदम पर काँटे थे, पत्थर थे, गड्ढे थे, पहाड़ थे, झाड़ियाँ थीं, साँप थे, बिच्छू थे, भालू थे। कब तक और कहाँ तक राजमार्ग बनाते जबकि राजमार्ग पहलेवाली दिशा में पहले से मौजूद था। कब तक समय और पैसा इस पर खर्च करते जबकि इसकी भयंकर कमी थी। इसलिए देश उसी दिशा में फिर से बढ़ने लगा, जिस दिशा में वह पहले बढ़ रहा था। वहाँ राजमार्ग था। उपेक्षा के कारण राजमार्ग कहीं टूट-फूट जरूर गया था, लेकिन फिर भी उसे दुरुस्त किया जा सकता था। उस पर झुग्गी-झोपड़ियाँ बन गई थीं, लेकिन उन्हें उजाड़ा जा सकता था। इसलिए दिशाएँ फिर से बदल गईं। जो पहले सही दिशा थी, मगर जिसे पिछले कुछ समय से गलत दिशा कहा जा रहा था, वह फिर से सही दिशा और जिसे अर्से से गलत दिशा कहा जा रहा था और जो पिछले कुछ समय से सही दिशा कहलाने लगी थी, उसे अब फिर से गलत दिशा कहा जाने लगा। देश ने फिर से पलटा खाया। देश उत्तरोत्तर सही दिशा में फिर से आगे बढ़ने को आतुर होने लगा और यह तय हो गया कि देश ने अपनी पुरानी गलती से नई सीख ले ली है और वह फिर कभी गलत दिशा में नहीं जाएगा और कभी गलत दिशा को सही दिशा नहीं कहा जाएगा। सदा-सर्वदा यही दिशा, सही दिशा रहेगी।

और जो कल तक कह रहे थे कि चाहे दिशाएँ बदल जाएँ, धरती उलट-पुलट हो जाए मगर वे उसी दिशा में रहेंगे, जिस दिशा में कुछ समय पहले तक देश जा रहा था, उन्हें दिशा बदलने में जरा भी समय नहीं लगा और दुविधा नहीं हुई। उन्होंने तुरंत अपनी दिशा बदल दी। वे अब राहत की साँस ले रहे थे और कह रहे थे कि देश फिर से सही दिशा में चलने लगा है। सही दिशा, हमेशा वही दिशा होती है, जिसकी तरफ देश चलता है और देश उसी दिशा में चलता है, जिस दिशा को वे सही समझते हैं। इसलिए वे हमेशा सही हैं। वे कभी गलत नहीं थे और न होंगे क्योंकि उनके लिए देश-हित सर्वोपरि है।

समाजवाद से एक मुलाकात

जिस तरह दुनिया में कुछ लोग जिद्दी होते हैं, उसी तरह कुछ वाद भी जिद्दी होते हैं। समाजवाद उनमें से एक है। इसे भारत में लाने की कोशिश भगत सिंह ने की, डांगे ने की, नेहरू ने की, इंदिरा गाँधी ने की, आचार्य नरेंद्र देव ने की, राममनोहर लोहिया ने की, जयप्रकाश नारायण ने की और न जाने किस-किस ने की। भाषण दे-देकर की, नारे लगा-लगाकर की, आंदोलन चला-चलाकर की, सशस्त्र क्रांति कर-करके की, कानून की धज्जियाँ उड़ा-उड़ाकर की, आराम से की, दौड़ लगाकर की। लेकिन ससुरा समाजवाद नहीं आया। अब उसकी हालत यह हो गई है कि उसे कोई पूछता नहीं। कोई उसे लाने की बात नहीं करता।

एक दिन समाजवाद मुझे एक कोने में लुटा-पिटा-सा दिखा। मैं उसे देखते ही पहचान गया। मैंने कहा, ''क्यों भई समाजवाद, तुम कैसे हो ?''

''हुज़ूर, आपने मुझे पहचान लिया ! शुक्रिया आपका। आजकल तो पुराने परिचित तक मुझे नहीं पहचानते हुजूर।''

मैंने कहा, ''समाजवाद होकर भी तुम मुझे 'हुजूर' कहते हो। शरम नहीं आती। मैं तो साधारण लेखक हूँ। दो कौड़ी का इनसान। मैं तो प्रतीक्षा कर रहा था कि तुम आओगे तो भूतपूर्व सोवियत संघ की तरह हमारा भी कुछ उद्धार करोगे। लेकिन तुम तो आए ही नहीं। इंतजार की घड़ियाँ कभी खत्म ही नहीं हुई। आखिर बात क्या है ? क्या 'मेरा भारत महान' तुम्हें पसंद नहीं ?''

समाजवाद ने जवाब दिया, ''क्या आप मुझे लेने आए हैं। तो चलिए, चला चलता हूँ। आजकल खाली हूँ। मगर जनाब, ऐसी लुटी-पिटी हालत में आपके साथ चलूँगा तो कोई मानेगा कि मैं समाजवाद हूँ ? आप मुझे ले जाने से पहले साबुन की एक बट्टी और एक धुला हुआ सफेद कुरता-पायजामा तो लाकर दे दीजिए। रेजर, ब्लेड ला देंगे तो दाढ़ी भी बना लूँगा।''

मैंने कहा, ''भई समाजवाद, तुम्हें भारत में बाकायदा ले जानेवाला मैं कौन ? मेरी क्या हैसियत ? मैं तो सिर्फ इतना जानना चाहता हूँ कि जब तमाम पार्टियाँ और तमाम नेता तुम्हें भारत में लाने के लिए तैयार थे, तब तुम क्यों नहीं आए ? तुम्हें लाने के लिए दर्जनों समाजवादी पार्टियाँ बनीं। कम-से-कम दो दर्जन कम्युनिस्ट पार्टियाँ बनीं, कितनी ही कांग्रेस पार्टियाँ बनीं, कितनी ही और तमाम अनगिनत पार्टियाँ बनीं, लेकिन

तुम नहीं आए तो नहीं आए। अरे, एक जमाने में तो भाजपाई तक तुम्हें लाना चाहते थे, फिर भी तुम नहीं आए। न तुम क्रांतिकारी समाजवाद बनकर आए, न समाजवादी समाजवाद बनकर आए, न नेहरूवादी समाजवाद बनकर आए, न गाँधीवादी समाजवाद बनकर आए, न इंदिरावादी समाजवाद के रूप में। न तुम्हें लोहियावादी समाजवाद बनकर आना मंजूर हुआ, न तुम जातिवादी समाजवाद के रूप में आए, न संप्रदायवादी समाजवाद के रूप में। तुम जरूरत से ज्यादा ही अकड़ गए थे। अब देखा अपना हाल। अब तो समाजवादी पार्टी बनानेवाले मुलायम सिंह यादव तक तुम्हारा नाम गलती से भी नहीं लेते। अब रोओ अपनी किस्मत को, पड़े रहो। तुमने भारत को अपने लायक नहीं समझा, अब भारत तुम्हें अपने लायक नहीं समझता। अब मेरे जैसा ऐरा-गैरा तुमसे हाल भी पूछ लेता है तो उसके पीछे लगने को तैयार हो। पहले बड़ी-बड़ी पार्टियों के बड़े-बड़े लोग हर गली-मुहल्ले में तुम्हें पुकारते कि समाजवाद आ जा, लेकिन तुम आते ही नहीं थे।''

''ऐसी बात नहीं है बाबूजी।'' समाजवाद ने मुझसे कहा।

''फिर बाबूजी ! अरे तुम समाजवाद हो कि भिखारी हो । कभी मुझे हुजूर कहते हो, कभी बाबूजी।'' मैंने डपटकर कहा।

''आप तो खामखाँ नाराज होते हैं। आज हमारा जो हाल हो चुका है सो तो आप खूब जानते हैं। ऐसी हालत में कोई पहचान ले हमें तो उम्मीद बँधती है कि जब घूरे के दिन बारह साल में फिरते हैं, तो मेरे भी फिर जाएँगे। पता नहीं वह कौन हो जो मेरे दिन फेर दे। उसकी चमचागिरी करते हुए, उसे 'हुजूर' या 'बाबूजी' कह भी दिया तो क्या अपराध किया ? आदमी विनम्र होता ही तब है, जब सड़क पर होता है।''

''अच्छा चलो, छोड़ो इन बातों को। यह बताओ कि तब तुम आए क्यों नहीं ? अकड़ के भुट्टा क्यों बने रहे ? सोवियत संघ का सिर पे साया था, इसलिए न।'' मैंने कुछ नरम होते हुए पूछा।

समाजवाद ने कहा, ''मैं कब बना रहा अकड़ के भुट्टा। मुझे कोई लाता तो आता। इतनी मेरी कद्र जरूर थी कि बुलाने पर ही आता। लेकिन सब भाषणों और चुनाव घोषणा-पत्रों में मुझे लाते रहे, वास्तव में लाने के वायदे करते रहे, वायदे कर-करके मुकरते रहे। मगर कोई मुझे लाया नहीं।''

मैंने कहा, ''मियाँ, तुम भी पूरे सामंती दिमाग के हो। अरे, वे इतनी बार कह रहे थे कि समाजवाद लाएँगे-लाएँगे और नहीं ला रहे थे तो तुम खुद चले आते और कहते कि आप बहुत कहते थे कि तुम्हें लाएँगे-लाएँगे तो लो मैं खुद ही आ गया। तुम उनसे कहते कि मैं इंतजार करते-करते, परदे के पीछे रहते-रहते, आश्वासन सुनते-सुनते, कागजों पर छपते-छपते, भारत की सीमा के बाहर आवारा कुत्ते की तरह भटकते-भटकते तंग आ गया हूँ। अरे, तुम आ जाते तो क्या वे तुम्हें भगा देते ?''

समाजवाद ने तमतमाकर जवाब दिया, ''तुम कह रहे हो कि क्या वे मुझे भगा देते ? अरे, उन्होंने सचमुच मुझे भगा दिया। कई ने तो कुत्ते की तरह मुझे दुत्कार दिया।

कांग्रेस के दफ्तर में गया तो चपरासी ने अध्यक्ष ने कमरे में जाने ही नहीं दिया। बड़ी मुश्किल से वह मेरी पर्ची अंदर भेजने को राजी हुआ। अध्यक्षजी ने कहा—कौन है समाजवाद, भगाओ साले को। आर्थिक उदारवाद के रास्ते का विघ्नकारी तत्त्व है यह। कहना कि इस रास्ते फिर कभी न आए वरना ठुकवा देंगे। समाजवादी पार्टी के दफ्तर में गया तो पता चला कि अध्यक्षजी की दिलचस्पी धर्मनिरपेक्षता में है, समाजवाद में नहीं। भाजपा के दफ्तर में तो मेन गेट पर ही कुछ कार्यकर्ता मिल गए। कहने लगे, ऐ किधर जाता है ? न तेरे सिर पर काली टोपी, न केसरिया टोपी। नंगे सिर जा रहा है, जरूर तू कोई बाहरी तत्त्व है ? परिचय देने पर कहा, तू कौन और हम कौन। मैंने याद दिलाया कि कभी भाजपाई गाँधीवाद, समाजवाद की बात करते थे। उन्होंने कहा कि कभी करते होंगे, हमें नहीं मालूम। तू यहाँ से फूट। जनता दल के दफ्तर में गया तो वहाँ भी कोई नहीं था। एक संयुक्त सचिव किस्म का प्राणी मिला। उसने कहा, देख भाई, हम हैं स्पष्टवादी। बिना समाजवाद के हमारी सरकार बन जाती है तो समाजवाद का क्या काम ? वैसे भी हम सब भूतपूर्व समाजवादी हैं। समाजवादी होने के नुकसान हम बहुत भुगत चुके हैं। अब हम आर्थिक उदारवादी हैं। तुम आगे बढ़ो। हमारे भाई, कम्युनिस्टों के पास जाओ। शायद वहीं तुम्हें कुछ इज्जत मिले। कम्युनिस्टों ने कहा, हाँ हमारी आस्था समाजवाद में थी, है और रहेगी। मगर आज की तारीख में समाजवाद की बात कोई बेवकूफ ही करेगा। देश की हालत देख रहे हो। उस पर साम्राज्यवाद और संप्रदायवाद का साया मंडरा रहा है। पहले हमें इसमें निर्णायक संघर्ष करना होगा। फिर हम तुम्हें लाएँगे। ढोल-ढमाके के साथ लाएँगे। लेकिन अभी तुम जाओ। रहना हो तो हमारे सैद्धांतिक दस्तावेजों में रहो। मगर उनसे बाहर मत आओ। हमारे फौरी संघर्षों में बाधक मत बनो। इस तरह सबने मुझे निकाल बाहर कर दिया।''

अपनी यह करुण गाथा सुनाते-सुनाते उसकी आँखों में आँसू आ गए और मेरी आँखों में आँसू आते-आते न जाने कैसे रुक गए। इस गरीब, लाचार समाजवाद पर मुझे बेहद दया आई। मुझे आत्मग्लानि हुई कि मुझे इस तरह इसे डाँटना-फटकारना नहीं चाहिए था।

तब मैंने रुँधे गले से कहा, ''भाई समाजवाद, तुम्हें कोई भी अगर नहीं लाया तो कम-से-कम हम लेखक अपनी रचनाओं में तुम्हें अवश्य लाएँगे।''

क्रांतियाँ ही क्रांतियाँ

उन्नीस सौ सत्रह की बोल्शेविक क्रांति ने दुनिया का कोई और भला किया हो या न किया हो मगर उसने 'क्रांति' को लेकर बेहद 'भ्रांति' फैला दी है। बोल्शेविकों ने जो क्रांति की, उसकी बात करते हुए तो आजकल यहाँ क्रांतिकारी भी नहीं पाए जाते। मगर दुनिया-भर में हर साल कम-से-कम चालीस-पचास क्रांतियाँ तो होती ही हैं। हर साल दुनिया में एकाध दर्जन देशों में सैनिक तख्तापलट हो जाता है और उसे 'सैन्य क्रांति' कहा जाता है। गाँधीजी 'अहिंसक क्रांति' कर गए थे मगर लोहियाजी चाहते थे कि 'सप्त क्रांति' हो जाए। वह न हुई तो जयप्रकाशजी ने सोचा कि चलो हम 'संपूर्ण क्रांति' ही कर डालें। वह भी न हुई, मगर इस बीच देश में अमरीका की मदद से 'हरित क्रांति' अवश्य हो गई थी। गाँव से खींच-खींचकर शहर में दूध लाया जाने लगा तो 'श्वेत क्रांति' हो गई। खेतों-गाँवों में फिल्मी गीत बजने लगे तो बताया गया कि भारत देश में 'ट्रांजिस्टर क्रांति' हो चुकी है। उसके बाद से तो देश में कई-कई क्रांतियाँ हो चुकी हैं। 'मारुति क्रांति', 'भगवा क्रांति', 'खालिस्तान क्रांति'। कश्मीर में 'पाकिस्तान क्रांति'। हरियाणा में 'चौटाला क्रांति', 'भजनलाल क्रांति' और 'बंसीलाल क्रांति' है। 'कंप्यूटर क्रांति' जारी है ही। 'कमीशन क्रांति' के नायकों के नाम भी हर बार सुनते हैं, सामने आने वाले हैं।

क्रांतियों के इस जमाने में याद भी नहीं रहता कि कौन-सी क्रांति हो चुकी है और कौन-सी क्रांति चल रही है और कौन-सी क्रांति बाकी है। 'ट्रांजिस्टर क्रांति' के उपरांत 'टू-इन-वन' और 'ऑडियो-कैसेट क्रांति' हो चुकी है, जिसकी अब किसी को याद भी नहीं। 'टेलीविजन तथा वीडियो क्रांति' को भी लोग भूल ही चुके-से हैं। आजकल 'विदेशी-चैनल क्रांति' हो रही है और पता नहीं यह भी कब हो चुकेगी। 'पेजर क्रांति' का काल अत्यंत संक्षिप्त ही रहा और अब इस क्रांति को मुफ्त में थोपा जा रहा है, लेकिन कोई खरीदने को तैयार नहीं। 'सेलुलर क्रांति' आजकल अवश्य अपने उरूज पर है और जैसे एक जमाने में गाँव के किसान साइकिल पर ट्रांजिस्टर लटकाए घूमते थे, उसी तरह 'सेलुलर क्रांति' को सेनाएँ आजकल महानगरों की भीड़-भरी बसों में भी 'सेलुलर फोन' लटकाकर घूम रही हैं।

कई क्रांतियाँ 'उपभोक्ता क्रांति' की सहायक क्रांतियाँ हैं मगर खेद की बात है कि आजकल उपभोक्ता क्रांति भी असफल हो चुकी है। डेढ़ हजार रुपए के जूते लो तो

दो जोड़ी जूते मुफ्त में मिल रहे हैं मगर इस 'जूता क्रांति' से भी लोग प्रभावित नहीं हैं। पत्रिका का साल-भर का चंदा भरो तो चंदे की रकम से ज्यादा कीमत की घड़ी मुफ्त मिल रही है मगर फिर भी इस क्रांति को हाथों-हाथ नहीं लिया जा रहा है। सिर्फ दो रुपए के कार्ड पर किसी अत्यंत मूर्खतापूर्ण प्रश्न का उत्तर लिखो तो हवाई जहाज के टिकट, पंचतारा होटल में ठहरने की सुविधा से लेकर कार तक मुफ्त में मिल रही है मगर क्रांति का लावा कहीं बिखर नहीं रहा है। आजकल तो टी. वी. पर समाचार देखकर भी कमाई की जा सकती है, लेकिन फिर भी लोगों की खबरों में दिलचस्पी नहीं। आखिर आदमी एक अदद आदमी है। उसकी सिर्फ दो आँखें, दो कान, दो हाथ और एक दिमाग पहले भी था, सो अब भी है। उसमें कोई वृद्धि नहीं हुई। वह आखिर कितनी क्रांतियों को झेले ! लेकिन लोग लगे हुए हैं और बाज नहीं आ रहे। यही हमारे देश की विशेषता है और इसीलिए मैं विदेश जाने की नहीं सोच रहा, वरना सुना है कि हिंदी विश्वभाषा हो रही है, इसलिए उसे कभी-न-कभी, कहीं-न-कहीं, किसी-न-किसी हिंदी-सेवक की जरूरत अवश्य पड़ेगी और इस दृष्टि से मैं ही क्या बुरा हूँ !

और अभी-अभी समाचार मिला है कि देश में हाल ही में 'क्रांतिकारी मनुवादी मोर्चा' बन चुका है। यानी अब जाकर यारों को पता चला कि मनुवादी होना भी क्रांतिकारी होना है। जब तक कांशीराम और मायावती ने मनुवाद को गाली नहीं दी, तब तक इन बेचारों को यह पता भी नहीं था कि मनुवादी भी क्रांतिकारी होते हैं। जब गाली देनेवाले भी उन्हें गाली दे-देकर थक गए और मनुवादियों के साथ सरकार बनाने के प्रयास तक में सफल हो गए, तब मनुवादियों को पता लगा कि औरत को सती बना देना भी एक क्रांतिकारी कदम है। लेकिन इससे एक बात साबित होती है कि क्रांतिकारी होना अब मनुवादियों की जरूरत भी बन गई है। यानी आज की तारीख में इस देश में हर कोई क्रांतिकारी है और हर कोई अपने-अपने दिमागी हालात के अनुसार, अपने-अपने रंग की क्रांति करने में भिड़ा हुआ है। किसी को आज क्रांति से परहेज नहीं है। क्रांति को क्रांतिकारियों से परहेज हो तो हो। जैसे मनुवादी क्या तो क्रांति करेंगे और कैसा मोर्चा बनाएँगे और वह कितने दिन चलेगा, यह हम सभी जानते हैं। एक दिन बेचारे अखबारों में प्रेस विज्ञप्ति देते-देते थक जाएँगे और उन्हें छपता हुआ न देखकर हताश हो जाएँगे। तब वे क्रांति छोड़कर पूरी तरह गृहस्थी चलाने लगेंगे और टेलीविजन के सामने बैठकर पिस्तौल से निकलती गोली तथा 'फैशन शो' देखने में अपना कीमती समय व्यतीत करने लगेंगे।

केसरी क्रांति

यह तब की बात है, जब सीताराम केसरी 'नरसिंह राव-नरसिंह राव...' भजते हुए कांग्रेस के कार्यकारी अध्यक्ष बन चुके थे और राव साहब को लतियाते हुए कांग्रेस संसदीय दल के नेता भी बन चुके थे। उसके उपरांत देवगौड़ा सरकार को गिराकर शरद पवार और राजेश पायलट को भी मैदान सुँघा चुके थे। भारत की जनता सोचने लगी थी कि केसरीजी का अगला कदम गुजराल की सरकार को गिराना होगा। तभी महात्मा बुद्ध की तरह मगर बोधि-वृक्ष के नीचे तप किए बगैर उन्हें ज्ञान की प्राप्ति हो गई। उन्होंने अचानक घोषणा कर दी कि यह समाज सरकारों के बदलने से बदलनेवाला नहीं, मेरे प्रधानमंत्री बनने से भी बदलनेवाला नहीं। अतः क्रांति जरूरी है और क्रांति के सिवा सब गैर-जरूरी है। कांग्रेस अब क्रांति करेगी और क्रांति के अलावा कुछ नहीं करेगी।

उनकी इस घोषणा से समस्त चराचर जगत सकते में आ गया। हवा ने बहना बंद कर दिया, पक्षियों ने चहचहाना, गायों ने घास खाना और कांग्रेसियों ने भ्रष्टाचार करना। किसी को उम्मीद नहीं थी कि केसरीजी इतनी जल्दी इतने निम्न स्तर पर उतर आएँगे ! एक मनुष्य दूसरे मनुष्य का मुँह ताकने लगा। चारों ओर चिंता व्याप्त हो गई। शेयरों के दाम लुढ़के ही नहीं, भूमिसात हो गए। मल्टीनेशनल अपनी बरबादी के दुःस्वप्न देखने लगे। गंगा उलटी बहने लगी, जमुना सूख गई, ताजमहल काला पड़ने लगा और कुतुबमीनार, पीसा की मीनार बनने की ओर उद्यत होने लगी।

देश की अवस्था जब इतनी गिर गई तो शरद पवार ने तुरंत कार बुलवाई और कहा कि 180 की स्पीड से केसरीजी के आवास पर चलो। वे स्वयं भी कार के अंदर दौड़ने का असंभव प्रयास करने लगे। उधर केसरीजी क्रांति की घोषणा करके सो चुके थे। शरद पवार ने ननकू से कहा कि भई, उन्हें जगाओ। समस्त चराचर जगत में उनकी घोषणा से संकट आ चुका है और वे हैं कि सो रहे हैं। ननकू ने कहा कि मैं नहीं जगाऊँगा। साहब ने कहा है कि मुझे खूब सो लेने दो, क्रांति के दौरान शायद ही फिर कभी सोने को मिले। शरद पवार ने 'केसरीजी नींद से जागो' के नारे भी लगाए, मगर इसका कोई असर होना न देख, वे यह धमकी देकर चले आए कि वे जागें तब कहना कि कांग्रेस के सिद्धांतों से खिलवाड़ कर उन्होंने क्रांति करने की कोशिश की तो मैं 'क्रांतिकारी कांग्रेस' बनाकर इसका न केवल मुँहतोड़ बल्कि टाँगतोड़ जवाब दूँगा।

जितेंद्र प्रसाद ने भी केसरीजी को जगाने के भरपूर प्रयत्न किए, जिनमें 'केसरीजी संघर्ष करो, हम तुम्हारे साथ हैं' का लुभावना नारा लगाना भी शामिल था, लेकिन केसरीजी पर इसका कोई असर नहीं पड़ा। तब जितेंद्र प्रसाद धमकी देकर गए कि उनसे कहना क्रांति बुढ़ापे में करने की चीज नहीं है। बुढ़ापे में जवानी के काम करने की उनकी यह आदत अच्छी नहीं।

राजेश पायलट ने भी केसरीजी को जगाने के तमाम साम-दाम-दंड-भेदपूर्ण उपाय करने के बाद यह धमकी देकर वापस जाना ही उचित समझा कि केसरीजी क्रांति करेंगे तो उन पर अदालत में चल रहे केसों का हम क्या जवाब देंगे ? वह क्रांति करेंगे तो गुजराल की सरकार को क्या हम गिराएँगे और हम क्यों गिराएँगे भई, वे तो राजेश पायलट जैसे क्रांतिकारी को भी इस देश का प्रधानमंत्री नहीं बनने देंगे। उनसे कहना कि विद्रोह हो जाएगा, विद्रोह। टोपियाँ उछल जाएँगी, कुरते फट जाएँगे, धोतियाँ खिसक जाएँगी। राजेश पायलट के कांग्रेस में रहते केसरीजी क्रांति नहीं कर सकते।

उधर बिल क्लिंटन ने केसरीजी की घोषणा का समाचार सुनते ही अमरीका के सबसे महँगे मनोवैज्ञानिक के नेतृत्व में डॉक्टरों का एक दल केसरीजी के स्वास्थ्य की जाँच के लिए भिजवा दिया। जर्मनी के चांसलर हेलमुट कोल ने घोषणा की कि वे केसरीजी से मिलने अविलंब भारत जा रहे हैं और उन्हें जर्मनी के अनुभवों का लाभ देते हुए क्रांति के दुष्परिणामों से अवगत कराएँगे। विश्व स्वास्थ्य संगठन ने केसरीजी की घोषणा को केंद्र में रखते हुए नई दिल्ली में एक अंतर्राष्ट्रीय सम्मेलन करने का निर्णय लिया, जिसका विषय था, क्रांति की घोषणा का बुजुर्गों के बिगड़ते मानसिक स्वास्थ्य से संबंध। संयुक्त राष्ट्र सुरक्षा परिषद् ने बहुमत से एक प्रस्ताव पारित करके कहा कि अगर केसरीजी ने क्रांति करने की अपनी घोषणा वापस नहीं ली तो भारत के मित्र देश उस पर हमला करने को स्वतंत्र हैं।

युवा कांग्रेसी जब केसरीजी के घर के आगे देसी बम के विस्फोट करने लगे, छात्र कांग्रेस के सदस्यों एवं सदस्याओं ने 'केसरीजी हाय-हाय' के नारों से जब आकाश गुँजा दिया, जब महिला कांग्रेस की सदस्याओं के साथ साध्वी ऋतंभरा एवं उमा भारती ने भी उनके घर के आगे रोने-कलपने का अभिनव अभियान आरंभ कर दिया, तब केसरीजी जागे। जागते ही वे बाहर आए और उन्होंने सबको डाँटा, "यह सब तुमने क्या तमाशा लगा रखा है। भागो यहाँ से ! राजनीति का क ख ग भी समझते हो ? नौ दो ग्यारह हो जाओ और दुनिया से जाकर कह दो कि केसरी सब कुछ कर सकता है, हाँ, सब कुछ मगर कांग्रेस के सिद्धांतों के साथ समझौता नहीं कर सकता। कांग्रेस का सिद्धांत है क्रांति करो। हरित क्रांति करो। दुग्ध क्रांति करो। टेलीविजन क्रांति करो। उदारीकरण की क्रांति करो। सूटकेस लेने-देने की क्रांति करो। जिन सरकारों का बाहर से समर्थन करते हो, उनको गिराने की क्रांति करो। विदेश में देश का धन जमा करने की क्रांति करो। हाँ, मैं क्रांति का पक्षधर हूँ। मैं रोज-रोज क्रांति करूँगा और करवाऊँगा

और कांग्रेस को मजबूत बनाऊँगा। समाज को बदल डालूँगा। जाओ मेरे बच्चो, मौज करो। खुशियाँ मनाओ।''

इसके उपरांत सब 'केसरीजी की जय', 'केसरीजी क्रांति करो, हम तुम्हारे साथ हैं' का नारा लगाते हुए, ढोल और शंख बजाते हुए वहाँ से विदा हो गए।

जयललिता के लिए मर मिटनेवालो

मियां गालिब के जमाने में 'मौत का एक दिन मुअय्यन' हुआ करता था। तब की बात और थी। अब कुछ मुअय्यन-वुअय्यन नहीं होता। मौत की मर्जी, जब, जिसके पास, जहाँ चाहे, पहुँच जाती है। करते रहिए स्वस्थ रहने के लिए कसरतें। पता लगा, कसरत करने से ही मर गए। बेरोजगार हैं। घर में बैठे-बैठे मक्खी मार रहे हैं। पता चला, मक्खी तो मरी नहीं, बेरोजगार को ही मार गई। थाली सजाकर बहुरानी पूजा करने को मंदिर चलीं, पता चला, ट्रक ने उन्हें कुचल दिया है। कार में आप सफर कर रहे हैं, दरवाजा खुल गया और पता चला कि जनाब लंबे सफर पर चले गए हैं। बाथरूम गए हैं और दिल का दौरा पड़ गया है। खदान में काम कर रहे हैं और बाढ़ का पानी घुस गया है। 'आदित्य बिड़ला' 'स्लिप डिस्क' का इलाज अमरीका में कराने गए थे। पता चला, 'स्लिप डिस्क' तो ठीक हो गई मगर मलेरिया से और वह भी अमरीका में मर गए।

इसीलिए हम कहते हैं, अब मौत का दिन मुअय्यन नहीं रहा, गालिब साहब। अब वे दिन गए, जब मौत के डर से रात-भर नींद नहीं आया करती थी। अब तो नींद भी खूब आती है और मौत भी खूब।

और विशेषकर हमारे तमिलनाडु के भाइयों को तो मर-मिटने का कुछ ज्यादा ही शौक है। नेता ने बताया कि तुम पर हिंदी लद गई। माचिस ली और जल गए। सुना कि नेता बीमार है। नेता तो ठीक हो गया मगर खुद मर गए। नेता मर गया, सुना और सुनकर, खुद भी मर गए। तभी तमिलनाडु की 'महारानी' सुश्री जयललिता से आयकर और प्रवर्तन निदेशालय के अधिकारी पूछने आए कि महारानी साहिबा, आप जरा इतना बता दीजिए कि दत्तक पुत्र की शादी के लिए आप सौ करोड़ रुपए कहाँ से लाईं ? जयललिता पर इसका कोई असर नहीं हुआ मगर एक फ्रांसिस साहब केवल यह खबर पढ़ने के बाद जलकर मर गए। एक अरुमुगम साहब ने जहर खा लिया, इस बात पर। मगर खुदा का लाख-लाख शुक्र कि बच गए। शायद उनके मामले में यह मजाक सही साबित हुआ कि जहर में भी अब मिलावट होने लगी है। फ्रांसिस साहव न मरते तो भी जयललिता साहिबा का कोई क्या बिगाड़ सकता था ! सुब्रमण्यम-स्वामी साहब और चेन्ना रेड्डी नाक रगड़कर रह गए, उनका कुछ न बिगड़ा ! जयललिता साहिबा के दत्तक पुत्र की शादी से पहले उनके खिलाफ कितनों ने कितने मुकदमे दर्ज किए। हुआ क्या ! फर्क पड़ा कोई ! प्रेस ने खूब निंदा की, क्या हुआ ! लेकिन स्वर्गीय फ्रांसिस साहब को

शायद आयकर और प्रवर्तन निदेशालय के अफसरान की यह गुस्ताखी पसंद नहीं आई कि वे जाएँ और जाकर जयललिता साहिबा से पूछें कि शादी में खर्च करने के लिए आप सौ करोड़ रुपए कहाँ से लाईं ? लाईं जहाँ से लाईं, क्या आईंदा भी तुमसे पूछकर लाएँगी ? और हमारी नेता, हमारी महारानी पर ही यह कहर क्यों ? यह पूछताछ क्यों ? क्या बाकी भूतपूर्व और अभूतपूर्व मुख्यमंत्री मर गए हैं ? क्या उनकी हैसियत अपने बेटे-बेटी की शादी पर सौ करोड़ रुपए खर्च करने की नहीं है ? वे गरीब हैं और सिर्फ हमारी महारानी ही अमीर हैं ? वे अमीर हैं तो अमीर हैं। अमीर होना क्या पाप है ? सब जानते हैं, उन्होंने करोड़ों खर्च किए। दिन के उजाले में खर्च किए और रात के अँधेरे में भी उजाला करके ही खर्च किए !

तो स्वर्गीय फ्रांसिस साहब का गुस्सा इस बात पर था। वे भी शायद जानते होंगे कि अफसरों ने मुस्कुरा-मुस्कुराकर, गिड़गिड़ा-गिड़गिड़ाकर जयललिता से पूछा होगा। डरते-डरते, झुकते-झुकते पूछा होगा। मगर सवाल यह है, पूछा ही क्यों ?

और जब जयललिता की पार्टी के एक कार्यकर्ता फ्रांसिस साहब को इस पूछताछ पर इतना गुस्सा आया तो कल्पना कीजिए, स्वयं उन्हें कितना आया होगा ? शुरुआत भले ही मुस्कुराहटों के आदान-प्रदान से हुई होगी मगर मध्य तक पहुँचते-पहुँचते उन अधिकारियों को जयललिता की ऐसी झाड़ पड़ी होगी कि उनकी घिग्गी बँध गई होगी। वे सामने पड़ी काजू खाना और चाय पीना भूल गए होंगे। अंत में स्थिति यह आई होगी कि जयललिताजी कह रही होंगी, 'पूछिए, और पूछिए।' और वे पूछ नहीं पा रहे होंगे। वे कह रही होंगी 'काजू खाइए।' वे खा नहीं पा रहे होंगे। वे कह रही होंगी, 'आराम से चाय खत्म कीजिए।' वे चाय पी नहीं पा रहे होंगे। और अंत में बाहर निकलकर प्रसन्न हो रहे होंगे कि पता नहीं पिछले जन्मों के किन पुण्यों के कारण, आज उन्हें महारानी जयललिता से डाँट खाने का सौभाग्य प्राप्त हुआ ! जिनके दर्शन भी दुर्लभ हैं, उनसे स्वयं डाँट खाई ! ऐसा भाग्य ! ये कान पवित्र हो गए, ये आँखें धन्य हो गईं !

तमिलों और हम हिंदीवालों में फर्क यही है कि उनके नेता से पूछताछ कर लो तो वे मरने को तैयार हो जाते हैं बल्कि मर ही जाते हैं। और हम हिंदीवाले, अपने किसी नेता की परवाह नहीं करते। मरता हो तो मरे, सड़ता हो तो सड़े। तुझे वोट देना हमारा काम था, हमने दे दिया। अब तू अपनी जिंदगी और मौत का उसी तरह जिम्मेदार खुद है, जिस तरह कि हम हैं। यहाँ तो तांत्रिकों तक से पूछताछ हो जाती है। न कोई आदमी मरता है, न गुस्सा होता है। उत्तर भारतीय को अपनी जान, अपने नेता से ज्यादा प्यारी होती है। यहाँ न नेता जनता के लिए मरता है, न जनता नेता के लिए मरती है। सब अपनी मौत खुद मरते हैं। तमिलनाडु के भाइयो, हिंदी न सीखो मगर भैया हमसे इतना जरूर सीख लो। फिर चैन की बंसी बजाओगे।

जनता के नए अधिकार

भारत की आजादी की स्वर्ण जयंती जोर-शोर से मनाई जा रही है। सरकार ने सोचा कि धूमधाम तो की ही जाए मगर साथ ही जनता के लिए कुछ 'ठोस' भी किया जाए।

अंततः गहन एवं विस्तृत विचार-विमर्श के बाद यह निष्कर्ष सामने आया कि जनता को संविधान में कुछ नए अधिकार प्रदान किए जाएँ। पुराने अधिकारों का कार्यान्वयन न होने से जनता ऊबने लगी है। अतः जनता को ऐसे अधिकार दिए जाएँ जो स्वाभाविक रूप से तो उसे प्राप्त हैं मगर जिन्हें संवैधानिक तथा कानूनी रूप अभी तक प्राप्त नहीं होने से अनेक व्यावहारिक कठिनाइयाँ पैदा हो रही हैं।

विधि मंत्रालय ने आजादी की स्वर्ण जयंती को यादगार बनाने के लिए जनता के नए अधिकारों के घोषणा-पत्र का जो मसौदा तैयार किया है, उसे हमारे संवाददाता ने अंग्रेजी अखबारों से क्षमा-प्रार्थना सहित स्वयं हथिया लिया है। हम आम जनता के हितार्थ उसे यहाँ प्रकाशित करने की गुस्ताखी कर रहे हैं।

मसौदा इस प्रकार है :

(1) भारतीय जनता को यह पूर्ण अधिकार है कि वह जिस स्थिति में है, उसी स्थिति में बनी रहे। यह जनता का बुनियादी संवैधानिक अधिकार है जिसकी रक्षा हर समय और हर कीमत पर पूरी निष्ठा एवं दृढ़ संकल्प के साथ सरकार द्वारा की जाएगी।

(2) भारत की जनता को अपने परंपरागत अधिकारों की रक्षा एवं संरक्षण का अधिकार है। उसे भूखी-नंगी रहकर जीवन जीने का अधिकार प्राचीन समय से प्राप्त रहा है। पश्चिम के बहकावे में आकर पुरानी सरकारों ने जनता के इस पारंपरिक अधिकार में हस्तक्षेप करने का संकल्प समय-असमय-कुसमय व्यक्त किया है। इस देश की सरकार संकल्प करती है कि वह ऐसा कोई संकल्प अथवा प्रयास अथवा वायदा अथवा वचन कभी नहीं देगी, ताकि जनता सुखपूर्वक परंपरागत जीवन-पद्धति से जीवित रह सके या चाहे तो मर भी सके।

(3) जनता को अभी तक सिर्फ बसों में सफर करते हुए अपनी जान-माल की रक्षा स्वयं करने का अधिकार प्राप्त है। जनता के इस अधिकार का विस्तार करके अब घर एवं घर से बाहर भी जनता को अपने जान-माल की रक्षा स्वयं करने का अधिकार होगा। अगर सरकार का कोई अधिकारी जनता के इस अधिकार में हस्तक्षेप करता हुआ पाया गया तो उस पर दस लाख रुपए का जुर्माना अथवा प्राणदंड अथवा दोनों

दिए जा सकेंगे।

(4) जिस प्रकार हर नेता को भ्रष्टाचार करने तथा पद से न हटने का जन्मसिद्ध अधिकार प्राप्त है, उसी प्रकार जनता को भी यह अधिकार दिया जाता है कि वह नेता के इस अधिकार का विरोध न करे। जनता के इस अधिकार को छीनने की किसी भी कुचेष्टा को अपना लोकतांत्रिक दायित्व मानते हुए कुचलने का अधिकार सरकार को है।

(5) लाठी-गोली चलाने का विशेष अधिकार अभी तक सिर्फ सरकार को प्राप्त था, जिससे जनता के शक्तिशाली वर्गों में व्यापक असंतोष व्याप्त था। जनता अगर इस अधिकार का उपयोग परस्पर करती थी तो उसे गैर-कानूनी कार्रवाई एवं शांति व्यवस्था भंग करने का प्रयास माना जाता था, जिसकी सजा मृत्यु-दंड तक थी। भविष्य में दो व्यक्तियों, गुटों, गिरोहों, दलों, जातियों, धार्मिक समूहों को यह अधिकार परस्पर उपयोग के लिए सरकार प्रदान करेगी। इस अधिकार में सिर्फ परस्पर लाठी-गोली चलाना ही नहीं, बम, छुरे-चाकू, भाले चलाना, आग लगाना इत्यादि भी शामिल हैं।

(6) सरकार जनता के 'निजता' के अधिकार की पूर्ण रूप से रक्षा करने के साथ इसका विकास और विस्तार भी करेगी। भविष्य में सभी सरकारी स्कूल, अस्पताल, परिवहन निगम इत्यादि बंद कर दिए जाएँगे, ताकि जनता मुक्त रूप से निजी स्कूलों, अस्पतालों, परिवहन निगमों आदि की सेवाओं का लाभ उठाकर अपनी निजता का विकास, संरक्षण एवं संवर्द्धन कर सके।

(7) अभी तक हिंसा तथा बलात्कार की हर बड़ी घटना पर सरकार एवं नेता चिंता व्यक्त किया करते थे। इससे सरकार एवं नेता तो चिंतामुक्त हो जाते थे मगर जनता व्यर्थ ही चिंतित हो जाया करती थी, जिससे आजादी के पचास वर्ष बाद भी वह चिंता एवं भयमुक्त जीवन के अधिकार से वंचित थी। जनता को उसका यह अधिकार दिया जा रहा है। भविष्य में ऐसी घटनाओं पर चिंता व्यक्त नहीं की जाएगी।

(8) बाढ़ में झोपड़े सहित बह जाना, ठंड तथा लू का भरपूर लाभ लेते हुए मर जाना अभी तक जनता के बुनियादी अधिकारों में शामिल नहीं था। अब यह बुनियादी अधिकार होगा। इस अधिकार के अभिवर्द्धन के लिए हर बजट में नए-नए कार्यक्रम सरकार तैयार करेगी और विश्व बैंक तथा अंतर्राष्ट्रीय मुद्रा कोष से ब्याज-मुक्त कर्ज प्राप्त करके ऐसे कार्यक्रमों का क्रियान्वयन सख्ती से करेगी।

अभी इस प्रारूप को मंत्रिमंडल की बैठक में पारित किया जाना है। बाद में इसे संसद के पटल पर रखा जाएगा।

सरकार इस पर भी विचार कर रही है कि क्यों न मौजूदा संविधान को ही कूड़े की टोकरी में फेंक दिया जाए, ताकि जनता को नए अधिकार देने की जरूरत ही न रहे।

शहीदों का देश भारत

कुछ देश के लिए मरते हैं और हम उन्हें शहीद कहते हैं। कुछ अपने लिए जीते हैं और वे खुद को शहीद कहते हैं।

वे ऐसे ही एक शहीद थे।

वे शहीद साहब, शहीद साहब की तरह ही जिंदा थे, बल्कि जिंदा हैं। अच्छे-खासे जिंदा हैं। चेहरे पर ललाई के साथ जिंदा हैं। मुर्गे की टाँग चबाते हुए जिंदा हैं। व्हिस्की पीते हुए जिंदा हैं। मारुति में बैठकर डकैती और बलात्कार करते हुए जिंदा हैं। देश-विदेश घूमते हुए जिंदा हैं। डॉलर खर्च करते हुए जिंदा हैं। लेकिन शहीद हैं। जब भी मिलते हैं, कहते हैं, 'मैं शहीद हूँ।' मैं अपना भ्रम दूर करने के लिए कई बार उनसे पूछ चुका हूँ कि क्या आप यह कह रहे हैं कि आप शाहिद हैं। वे गुस्से से तमतमाते हुए हर बार कहते हैं, 'शा हि द नहीं, श ही द हूँ। श ही द ! शहीद। समझे आप ? शाहिद और शहीद का फर्क नहीं समझते ! गधे कहीं के...।'

इसके बाद न समझने की गुंजाइश ही कहाँ थी। मैं समझ गया। अच्छी तरह समझ गया। पूरी तरह समझ गया।

क्योंकि वे शहीद हैं, वे मुझे मौका नहीं देते कि मैं उनसे एक जिंदा इनसान की तरह बात करूँ। उनकी हमेशा इच्छा रहती है कि मैं उनसे इस तरह बात करूँ, गोया, मैं एक शहीद से बात करने का सौभाग्य प्राप्त कर रहा हूँ।

वे अपने जीवन में कई-कई बार शहीद हुए हैं। एक बार उनके सहकर्मी को दो इंक्रीमेंट मिल गए, लेकिन उन्हें एक ही मिला। वे शहीद हो गए। उन्होंने एक संपादक को बीस कविताओं का पुलिंदा भेजा। संपादक ने एक भी नहीं छापी। और तो और उनके खत का जवाब तक नहीं दिया। उन्होंने प्यार से संपादक को पत्र लिखा, मनुहारें करते हुए लिखा, फिर डाँटकर लिखा, अंत में धमकाकर लिखा। संपादक अड़ियल था। उसने जवाब नहीं दिया। अब चूँकि वे कविताएँ 'व्यवस्था-विरोधी' थीं और वह संपादक व्यवस्था-समर्थक था, इसलिए वे कविताएँ नहीं छपीं। वे शहीद हो गए। एक बार जानते-बूझते हुए इन्होंने कुएँ या खाई में से एक में गिरना चाहा। पास में समतल जमीन थी। बगल में दोस्त था। फिर भी वे तो मूल रूप से शहीद हैं। उन्हें तो गिरना ही था। वे कुएँ में नहीं गिरे, खाई में गिर गए। खाई में गिर गए, इसलिए शहीद हो गए। इनका कहना है कि मैं कुएँ में गिरता, तो शहीद नहीं होता।

एक बार वे और इनका दोस्त फिल्म की शूटिंग देखने गए। भीड़ का शॉट था। फिल्म रिलीज हुई तो संयोग से इनके दोस्त का चेहरा क्लोज-अप में आ गया। इनका नहीं आया। ये शहीद हो गए।

ये जहाँ जाते हैं, शहीद हो जाते हैं। मसलन, इन्हें पटना जाना था। दस दिन बाद जाना था। मान लो, आप इनके दोस्त हैं। आपको भी जाना है। ये भी टिकट लेने गए। आप भी गए। आप पहले गए। फिर भी आपको टिकट नहीं मिला। ये बाद में गए। इनको भी टिकट नहीं मिला। आप शहीद नहीं हुए मगर ये हो गए। आप इनसे कहेंगे, 'शहीद तो मैं भी हो गया।' वे कहेंगे, 'तुम नहीं हुए, मैं हुआ।' क्योंकि वे जब भी रेलवे स्टेशन पर जाएँ, उन्हें टिकट मिलना ही चाहिए। नीचे की बर्थ का तो टिकट मिलना चाहिए। आपको नहीं मिला तो कोई बात नहीं। उनको नहीं मिला, तो वे शहीद हो गए। उनके घर की बिजली चली जाती है तो वे शहीद हो जाते हैं। उनके घर का टेलीफोन खराब हो जाता है तो वे शहीद हो जाते हैं। उनकी कार का पेट्रोल खत्म हो जाता है तो वे शहीद हो जाते हैं।

आप और वे मानो जंगल में जा रहे हैं। आप आगे हैं, वे पीछे हैं। आप आगे हैं, फिर भी आपको चींटे ने नहीं काटा। उनको काट लिया। वे शहीद हो गए। दोनों को काट लिया तो भी सिर्फ वे ही शहीद हुए। आप घटिया थे तो घटिया रहे। आप चालू थे तो चालू ही रहे। वे बलात्कारी थे मगर फिर भी शहीद हो गए। अपना-अपना भाग्य। उनका इतिहास में ऊँचा स्थान सुरक्षित, आपका काम है, इतिहास के स्वर्णाक्षरों में उनका नाम पढ़ना और पढ़ते रहना।

आप और वे बस में चढ़े। बस की लोहे की चादर उखड़ी हुई थी। आपने देख लिया। आपने अपनी कमीज बचा ली। उनसे भी कहा, भई सावधानी से चढ़ना, कमीज फट जाएगी। फिर भी उनकी कमीज फट गई, वे शहीद हो गए। आपकी नहीं फटी, आप बदमाश हो गए, चालू हो गए, स्वार्थी हो गए, महत्त्वाकांक्षी हो गए, दगाबाज हो गए। वे भी ये सब थे। कुछ ज्यादा ही थे। फिर भी वे शहीद हो गए। भगत सिंह की तरह शहीदे-आजम हो गए। मगर आप मन्मथनाथ गुप्त भी नहीं हुए, बटुकेश्वर दत्त भी नहीं हुए।

मुझे कहीं शहीद भगत सिंह की मूर्ति दीखती है। कहीं आजाद की। कहीं सुभाषचंद्र बोस की। उन पर धूल की परत चढ़ी होती है। कव्वे हग रहे होते हैं। उनके पास लोग मूत रहे होते हैं। सूअर घूम रहे होते हैं। जगह गंधा रही होती है। पहले मुझे लगता था कि देखो, ये लोग अपने शहीदों की कितनी उपेक्षा करते हैं, लेकिन अब पता चला, ये लोग नहीं हैं, ये तो खुद चलते-फिरते शहीद हैं। एक शहीद, दूसरे शहीद की परवाह क्यों करे ? कैसे करे ?

मैं समझता हूँ कि मैं शहीद हूँ, बाकी ये सब भीड़ है। वह समझता है कि वह शहीद है, बाकी सब भीड़ है, जनता है। लेकिन यह जनता नहीं है, यह तो शहीदों की टोली है। जहाँ शहीद-ही-शहीद हों, पूरा देश शहीद हो, वहाँ शहीद भगत सिंह की मूर्ति का

वही होगा, जोकि हो रहा है। कव्वे हगेंगे ही। कुत्ते मूतेंगे ही। सूअर कीचड़ में लोट-पोट करेंगे ही। उनकी कमीज, हमारी कमीज से सफेद कैसे हो सकती है ? क्योंकि नया, शानदार सर्फ तो सिर्फ हम लगाते हैं न !

हँसो, हँसो, जल्दी हँसो

हमारे एक मित्र हैं। कर्म से नेता हैं, पेशे से पत्रकार हैं, बहुत बड़े गपबाज हैं। पत्रकारिता में भी वे गपबाजी करते हैं। वे एक स्तंभ लिखते हैं, जिसके पहले वाक्य की पहली पंक्ति होती है, 'कहनेवाले कहते हैं'। तात्पर्य यह कि जब कहनेवाले कहते हैं तो जो पत्रकार हैं, वे सुनने से क्यों इनकार करें ? उनका काम ही है सुनना। कोई न बोले तो उससे कल्पना में बुलवाना है और फिर उसे सुन लेना और लिख देना है।

लेकिन जब पत्रकार इस धराधाम पर नहीं हुआ करते थे, तब भी कहनेवाले कहते ही थे तो सुननेवाले भी सुनते ही होंगे। सिर्फ फर्क यह था कि लिखनेवाले लिखते नहीं थे।

जैसे हमारे रामचंदरजी थे। धोबी किसी से कह रहा था कि रावण के यहाँ रहकर सीताजी अपवित्र हो गई हैं। उस जमाने के राजा धोबियों और मोचियों की बात क्या ही सुनते होंगे, लेकिन यह बात रामजी ने सुन ली। और भी गजब बात यह हुई कि धोबी की बात सुन ली मगर सीताजी सफाई देती रहीं, उनकी नहीं सुनी। सीताजी घर की मुर्गी थीं न, दाल बराबर थीं। रामजी ने सिर्फ धोबी की बात सुनी और इस बार सिर्फ सीताजी को वन में भेज दिया, उनके साथ स्वयं नहीं गए। उस जमाने में पत्रकारिता का विकास हो गया होता तो रामजी को स्वयं धोबी की बात सुननी नहीं पड़ती, हमारे मित्र का स्तंभ पढ़कर ही उनका काम चल जाता। और हमारे मित्र यह कभी नहीं लिखते कि यह बात उन्हें धोबी ने बताई है। वे लिखते, कहनेवाले कहते हैं। कहनेवाले कहते और रामजी पढ़ लेते। रामजी के साथ यह बात आम जनता भी पढ़ लेती। आज की तरह बात रफा-दफा हो जाती और इस तरह रामजी पर सीता-त्याग का कलंक नहीं लगता। रामराज चलता रहता।

लेकिन किसी बात को सुनने का फायदा यह है कि वही सुनो, जोकि सुनना है। जैसे रामचंदरजी ने यह तो सुन लिया कि रावण के यहाँ रहकर सीता अपवित्र हो गई हैं, लेकिन इस जमाने के धोबी यह भी तो कहते होंगे कि कपड़े धुलवाकर लोग मेहनताना नहीं देते हैं। दस बार चक्कर कटवाते हैं। दस तरह के बहाने बनाते हैं। लेकिन राजा होते हुए रामजी ने यह सब नहीं सुना, जैसेकि पत्रकार भी नहीं सुनते। धोबी की बातें सुनने से रामराज की छवि बिगड़ती थी, सीता को वनवास देने से रामराज की छवि उज्ज्वल होती थी। इसलिए छवि सुधारनेवाली बात ही रामचंदरजी ने सुनी।

जैसे उन्होंने दशरथ के माध्यम से कैकेयी का राम को वनवास भेजने का आदेश तो सुन लिया मगर पिता और माँ का करुणार्द्र निवेदन नहीं सुना। लक्ष्मण की चीख-पुकार नहीं सुनी। राज्य चलने दिया मगर सुनी तो सिर्फ कैकेयी की सुनी। मर्यादा पुरुषोत्तम के रूप में उन्हें अमर जो होना था।

आजकल भी उसी परंपरा का निर्वाह हो रहा है। कहनेवाले कह देते हैं। लिखनेवाले लिख देते हैं। लेकिन सुननेवाले वही सुनते हैं, जोकि सुनना उन्हें पसंद आता है। प्रधानमंत्री या मुख्यमंत्री से कितना ही कहो, इस्तीफा दो, वे नहीं देंगे क्योंकि कहनेवाले भी सिर्फ कहने के लिए कहते हैं, सुननेवाला सुने, इसलिए नहीं कहते। वे सिर्फ दूसरों को सुनाने के लिए कहते हैं। वरना बेचारे प्रधानमंत्री और मुख्यमंत्री हर घंटे त्यागपत्र देते और शपथ लेते रहें तो भी कहनेवाले तो कहते ही रहेंगे। कभी बोफोर्स है तो कभी प्रतिभूति घोटाला है; कभी भूख से मौतें हैं तो कभी बीमारी से हैं; कहीं गोली चली है तो कहीं बाढ़ आ गई है; कहीं बलात्कार है तो कहीं हत्या हुई है। इसलिए जिन्हें सुनाने के लिए कहनेवाले कहते हैं, वे सुनते ही नहीं। कोई सुना दे तो कहते हैं—यह दुष्प्रचार है। देश की छवि विदेशों में बिगाड़ने का उपक्रम है, विदेशी निवेशकों को निरुत्साहित करने का षड्यंत्र है, राष्ट्रद्रोह है, हम नहीं सुनेंगे।

हमारी वर्तमान समस्या यह है कि हर कोई कहना चाहता है मगर सुनना नहीं चाहता। पत्रकार स्वयं कहने-सुननेवालों की तरफ से तलवार भाँजते रहते हैं। जिन्हें न कहना है, न सुनना है, जो न धोबी हैं, न राम हैं, वे सिर्फ हँसा करते हैं, और करें भी क्या ? कहनेवाले वही कहेंगे जो सुननेवाले नहीं सुनेंगे, इसके बावजूद जब लिखनेवाले लिखते रहते हैं तो पढ़नेवाले क्यों नहीं पढ़ें, क्यों न हँसें।

उसका जज्बा

वह खूँटाखेड़ी से दिल्ली इसीलिए आया था कि दिल्ली देश की राजधानी है और यहाँ रहकर देश और समाज के लिए बहुत-कुछ किया जा सकता है। मगर बहुत-कुछ करने के लिए करनेवाले की भी कुछ हैसियत होनी चाहिए, इसलिए उसने दिल्ली में अपने आरंभिक वर्ष हैसियत बनाने में लगाने का निश्चय किया।

लेकिन दिल्ली तो दिल्ली है। यहाँ तो एक-से-एक बड़ी हैसियतवाले लोग रहते हैं। तो हैसियत बनाने में जब उसने अपनी अमूल्य जिंदगी के बीस-पच्चीस वर्ष सर्फ कर दिए और वह अधेड़ हो गया तो उसे याद आया कि अरे, यहाँ तो वह देश एवं समाज के लिए बहुत-कुछ करने आया था। तब बहुत चिंतन करने के बाद उसकी समझ में यह आ गया कि अब वह कुछ नहीं कर सकता। वह जो कर सकता था, सिर्फ आरंभ में ही कर सकता था। अब मध्य से अंत की ओर जाते हुए वह कुछ नहीं कर सकता।

जब उसे पता चल ही गया कि वह कुछ नहीं कर सकता तो इसका यह मतलब भी नहीं कि वह हाथ-पर-हाथ धरे बैठा रहे और दूसरे कमीशन खाएँ, दलाली लें, हेराफेरी करें, सरकारी जमीनों पर कब्जे करें, कागजी फर्मों के नाम बैंकों से बड़े-बड़े ऋण लें। वह कुछ नहीं कर सकता, इसलिए यह भी नहीं हो सकता कि दूसरे तो ब्लैक कैट कमांडो तैनात करवा लें, सरकारी बँगलों में मजे से रहें, कमेटियों और कमीशनों के सदस्य बनते जाएँ, गरमियों में मुफ्त विदेश यात्राएँ करें और वह टापता रहे। वह कुछ नहीं कर सका अपने जीवन में तो कम-से-कम इतना तो करे कि जो कुछ हो रहा है उसमें शामिल हो जाए।

वह कुछ कर नहीं सकता, इसका यह मतलब नहीं कि वह कुछ करना नहीं चाहता था। वह अपना सब कुछ देश के लिए न्यौछावर करना चाहता था, लेकिन इतना उसके पास था ही नहीं कि वह कुछ भी न्यौछावर कर सके। उसके पास एक अदद कोठी थी, एक देवू कार थी, एक एस्टीम थी, एक एंबेसेडर थी, चार एयरकंडीशनर थे, एक प्लॉट था, एक फैक्टरी थी, दो बैंक लॉकर थे, एक अदद बीवी थी, एक अदद प्रेमिका थी और एक अदद बेटी थी। इसमें क्या था जिसे वह न्यौछावर कर सकता था ? सिर्फ बीवी थी मगर वह उससे इतना डरता था कि उसे न्यौछावर करना मुश्किल था।

वह चाहता था कि दुनिया के सामने अपनी ईमानदारी का ऐसा उदाहरण प्रस्तुत करे कि पीढ़ियाँ याद करें, लेकिन आय-कर, संपत्ति-कर, विक्रय-कर, सीमा शुल्क आदि

की दरें इतनी ऊँची थीं कि उसे बेईमानी करनी ही पड़ी और एक बार पैर फिसला तो फिसलता ही चला गया।

वह चाहता था कि वह जीवन में बड़ा भारी विद्वान बने। लेकिन क्या करे कि उसे इस बीच हेडली चेईस, वेद प्रकाश कांबोज, कर्नल रंजीत वगैरह के उपन्यासों का ऐसा चस्का लगा, ब्लू फिल्में देखने का ऐसा शौक लगा कि वह सँभल ही नहीं पाया। सँभलने की एक बार कोशिश की तो वीडियो कैसेटों का जमाना आ गया। दूसरी बार फिर से प्रयास किया तो जी. टी. वी., आदि का जमाना आ चुका था।

यह जानते हुए भी कि वह अब कुछ नहीं कर सकता, फिर भी वह कुछ-न-कुछ करना तो चाहता ही है। बस, फुसरत मिलने की बात है। फुसरत मिलते ही वह बहुत कुछ करना चाहता है, बशर्ते कि कोई उसे इसकी याद दिला दे।

उसमें तो अभी भी इतना जज्बा बचा है कि वह कुछ न करने के दौरान भी कुछ-न-कुछ करने की कल्पना किया करता है, ताकि समाज और देश की हालत में कुछ तो बदलाव आए। वह चाहता है कि सीमेंट और रेत का अनुपात ठीक रखे, ताकि वह जो भवन बनाए, वह समय के थपेड़ों को सह सके। लेकिन मुश्किल यह है कि ऊपर से नीचे तक सबका कमीशन बँधा हुआ है। वह तो उन्हें देना ही पड़ेगा। नुक्सान होगा तो सिर्फ उसी का होगा और वह अभी इस स्थिति में है नहीं कि किसी तरह का नुक्सान सह सके। उसकी हैसियत इतनी बड़ी नहीं। जिस दिन होगी, वह जरूर सीमेंट और रेत का अनुपात दुरुस्त कर देगा। लेकिन आज की परिस्थितियों में तो लगता नहीं कि ऐसा वक्त जल्दी आएगा। मगर सब कुछ बंसीवाले पर निर्भर है। वह चाहेगा तो कल ही सब कुछ ठीक हो जाएगा। जय बंसीवाले की।

इतनी विपरीत परिस्थितियों के बावजूद वह रोज कुछ-न-कुछ तो कर ही देता है। मसलन वह एक दिन मेरठ से दिल्ली आ रहा था। रात का वक्त था। सुनसान जगह एक निम्न-मध्यवर्गीय लड़की खड़ी थी। उसे दिल्ली आना था। उसने गाड़ी रोकी और अपने पास बैठा लिया। मन में खलबली खूब मची मगर खलबली को उसने वश में रखा और बिना कुछ किए, उसे उसके घर के पास छोड़ दिया। ड्राइवर की बीवी का ऑपरेशन होना था तो एक महीने की तनख्वाह ड्राइवर को एडवांस दे दी। डॉक्टर को फोन भी कर दिया कि गरीब आदमी है, खयाल रखना। एक किलो सेब और एक किलो अंगूर भी अस्पताल भिजवा दिए। वह तो मानता है कि कुछ न करने के बावजूद आदमी में कुछ करने का जज्बा मौजूद रहे, यही क्या कम है ! हो सकता है, इससे भी कुछ हो ही जाए। जीवन में संयोगवश भी तो बहुत कुछ हो जाता है।

जिनका ज्योतिष में विश्वास नहीं

हाँ, उसका ज्योतिष में विश्वास नहीं है। फिर भी वह अपना हाथ और अपनी जन्मपत्री ज्योतिषियों को दिखाता रहता है। क्योंकि पता नहीं, उनमें से कौन 'पहुँचा' हुआ हो और वह भूत-भविष्य-वर्तमान—सब बता दे। क्या पता मूँगे की अँगूठी असर कर ही जाए। ब्राह्मण को दिया हुआ सोने का दान फल ही जाए। ज्योतिषी को दी गई 101 रुपए की दक्षिणा प्रभाव दिखा ही जाए। जीवन में कब, क्या, कौन-सी चीज असर कर जाए, क्या पता ! जीवन एक पहेली है ! इसे कौन समझ सका है ! अच्छे-अच्छे ऋषि-मुनि तक समझ नहीं पाए।

हाँ, वह जातिवाद में भरोसा नहीं रखता। वह इस मामले में लोहियाजी का पूर्ण समर्थक है। स्वयं माँ-बाप और दहेज के रुपयों की जरूरत आड़े न आती तो वह अपनी जाति से बाहर की किसी कन्या से ही विवाह करता। उसने अपने नाम के आगे जातिसूचक नाम भी बरसों नहीं जोड़ा था। लेकिन तब लोग उसकी जाति पूछते थे। वह नहीं बताता था तो उसे 'छोटी जात' का समझते थे। यह 'अपमान' उसे मंजूर नहीं था। इसलिए जातिवाद में विश्वास न होते हुए भी उसने अपने नाम में जातिसूचक नाम भी जोड़ लिया है। जाति में विश्वास न होते हुए भी वह अपनी जाति के सम्मेलन में जाता है क्योंकि अपनों से मेल-मुलाकात हो जाती है। नए-नए संबंध बनते हैं, जो कभी-न-कभी काम आते हैं। फिर लड़के-लड़की बड़े हो रहे हैं। उनकी शादी करनी पड़ेगी, तब जातिवाले ही काम आएँगे। तब उनसे संपर्क बढ़ाने में क्या बुराई है ! विचार अपनी जगह है, व्यावहारिकता अपनी जगह। जब विचार भी व्यावहारिक हो जाएँगे तो वह जाति से दूर चला जाएगा। लेकिन अभी तो जातिवादी न होते हुए भी वह जातिवाद का सहारा लेता है। क्या करे, बेचारे की मजबूरी है ! देखिए, शायद प्रमोशन में भी अंततः जाति-भाई ही काम आए।

वह पक्का हिंदुत्व-विरोधी है; आज से नहीं, नेहरू के जमाने से ही वह हिंदुत्व-विरोधी है। बाबरी मस्जिद गिरी तो उसे दुख हुआ था। दंगे हुए तो उसे तकलीफ हुई थी। लेकिन जिस तरह हिंदुत्ववादी उसके शहर में बढ़ रहे हैं, उससे उसे आशंका है कि पता नहीं किस दिन ये राज करने लगें। और अगर ये राज करने लगे तो धर्मनिरपेक्षतावादियों को बख्शेंगे नहीं। गेहूँ में घुन की तरह वह भी पिस जाएगा। इसलिए वह हिंदुत्ववादियों के सामने हिंदुत्व का समर्थक हो जाता है। भाजपा की हर सभा में वह आगे-आगे बैठता

है। विश्व हिंदू परिषद् के स्थानीय अध्यक्ष को उसने अपना 'मामा' बना लिया है। राष्ट्रीय स्वयंसेवक संघ के दद्दू भैया को वह 'बड़े भैया' कहता है। केसरिया रंग में रँगे हर व्यक्ति से वह 'जय श्रीराम' कहता है। लेकिन दिल से वह धर्मनिरपेक्षतावादी है। हालाँकि दिल की बात हरेक से कही भी तो नहीं जा सकती। दिल की कई बातें दिल में ही रखनी पड़ती हैं। दिल का दर्द सुनकर दुनिया में रोनेवाले तो कम, हँसनेवाले ज्यादा मिलते हैं।

उसका विश्वास कम्युनिज्म में तो कतई नहीं है। वह तो तब भी कम्युनिस्ट-विरोधी था, जब सोवियत संघ था और कम्युनिस्ट घोषणापत्र दुअन्नी-चवन्नी में बिका करता था। कई बार तो कॉमरेड उसे मुफ्त में भी दे दिया करते थे। जब सोवियत संघ टूटा और बिखरा, कम्युनिज्म का पतन हो गया तो वह स्वाभाविक रूप से घोर कम्युनिस्ट-विरोधी हो गया। लेकिन कम्युनिस्ट फिर भी पश्चिम बंगाल, केरल और त्रिपुरा में जमे हुए हैं और जमे रहेंगे। एक बार केंद्र की सरकार में भी कम्युनिस्ट अंदर से भी रहे और बाहर से भी। ज्योति बसु को प्रधानमंत्री बनाने की चर्चा चली ही थी। ज्योति बाबू की पार्टी मान जाती तो आज वे हमारे प्रधानमंत्री होते। इसलिए 'व्यावहारिकता' का तकाजा यह है कि वह कम्युनिज्म का विरोध वैसे न करे, जैसे वह कुछ साल पहले किया करता था। बल्कि उनका वह समर्थन कर रहा है, ऐसा भ्रम पैदा हो तो भी बुरा नहीं। इसलिए वह आजकल हर गैर-भाजपाई को 'कॉमरेड' कह देता है। कोई बुरा मान जाता है तो सफाई देता है कि इसका मतलब सिर्फ 'साथी' होता है। आप हमारे साथी हो। आप यह न समझना कि आप कम्युनिस्ट हो, हम कम्युनिस्ट हैं। हम भी वही हैं, जो आप हो। तो समझे न 'कॉमरेड' आप हमारी बात !

वह 'धन्यवाद' में विश्वास नहीं रखता। वह न 'धन्यवाद' देने के पक्ष में है, न धन्यवाद लेने के पक्ष में। किसी का काम कर दिया तो 'धन्यवाद' कैसा और किसी से काम ले लिया तो भी 'धन्यवाद' कैसा। हालाँकि वह काम कर देने से ज्यादा काम ले लेने में विश्वास रखता है, फिर भी वह विश्वासों से धन्यवाद-विराधी ही है। इसलिए कोई उसे 'धन्यवाद' देता है तो वह कहता है कि 'अरे-अरे, इसमें धन्यवाद्ग कैसा'। लेकिन जब किसी को धन्यवाद देना होता है तो वह धन्यवाद देना कतई नहीं भूलता। क्या पता कौन बुरा मान जाए ! सिर्फ 'धन्यवाद' न देने के कारण क्या पता बनता हुआ काम बिगड़ जाए। इसलिए वह हरेक को धन्यवाद देता है। एक बार एक ने उसे गिनकर सौ जूते मारे। अंत में पाया गया कि वह कह रहा था, 'धन्यवाद' आपने मुझे इस लायक तो समझा ! वरना आजकल तो सभी एक-दूसरे को नालायक बताने पर ही तुले हुए हैं। शुक्रिया !

क्योंकि चुनाव आ गए हैं

क्योंकि चुनाव आ गए हैं, वह धर्मनिरपेक्ष से सांप्रदायिक हो गया है। वह सफेद से भगवा हो गया है। वह खादी के पायजामे से खाकी निक्कर हो गया है और वह जो खाकी निक्कर था, वह खादी का पायजामा हो गया है, भगवा से सफेद, सांप्रदायिक से धर्मनिरपेक्ष हो गया है। क्योंकि चुनाव आ गए हैं, कल का अपराधी आज प्रदेश का मंत्री हो गया है, उसकी पिस्तौल आज सत्ताधारी दल को बाँसुरी-सी दिखाई देने लगी है, कल के उसके खून से सने हाथ आज होली के रंग से रँगे हाथ लगने लगे हैं।

क्योंकि चुनाव आ गए हैं, वह सांप्रदायिक से प्रगति करके जातिवादी हो गया है। वह हिंदू से प्रगति कर ब्राह्मण हो गया है। वह ब्राह्मण से प्रगति करके कान्यकुब्ज ब्राह्मण हो गया है। वह बनिया से अग्रवाल-बनिया हो गया है। वह कायस्थ से सक्सेना-कायस्थ हो गया है। क्योंकि चुनाव आ गए हैं, वह दिल्ली छोड़ खूँटाखेड़ी में रहने लगा है। बँगला छोड़ कच्चे मकान में रहने लगा है। हवाई जहाज छोड़ वह जीप से धूल उड़ाने लगा है। जो नाक पर मक्खी तक बैठने नहीं देता था, वह मक्खियों को बुला रहा है।

क्योंकि चुनाव आ गए हैं, उसकी बदजुबानी, बेजुबानी में तब्दील हो चुकी है। उसकी बददिमागी, बेदिमागी में परिवर्तित हो चुकी है। उसकी बदचलनी, उसके अच्छे चाल-चलन में बदल चुकी है। उसका सिर उठाकर चलना बंद हो चुका है, सिर झुकाकर चलना शुरू हो गया है। वह पहले हँसता भी अंग्रेजी में था, अब बोलता भी सिर्फ भोजपुरी में है। वह जो सिर्फ भाषण झाड़ा करता था, भाषण झड़वाना सीख चुका है। वह जिसकी शामें स्कॉच-व्हिस्की में डूबी होती थीं, अब गुड़ की चाय के साथ गुजरती हैं। वह जो भुनी हुई काजू खाता था, आजकल मूँगफली की माँग करने लगा है।

क्योंकि चुनाव आ गए हैं, उसके लिए कल का कल्लू, आज का कालू परसाद हो गया है, जो कल तक पैर की जूती समझा जाता था, आज मजबूत दीवार समझा जाने लगा है। जो कल तक शेर बना घूमता था, आज भीगी बिल्ली बना छुपता है। कल तक जो सिर्फ सिद्धांतों से प्रेम करता था, आज मनुष्यों से प्रेम करने लगा है। जिसके पैर जमीन पर नहीं पड़ते थे, वह आजकल डेढ़-डेढ़ फुट जमीन में धँसा रहता है। जो लोगों से मिलने सपने तक में नहीं आता था, आज अपने-पराए का भेद भूलकर उन्हीं के बीच चौबीसों घंटे रहता है।

क्योंकि चुनाव आ गए हैं, वह जनता का हो गया है। जो बँगले के लिए मरता

था, आज मतदाता के आशीर्वाद के लिए मरता है। जो सांसदों के अधिकारों के लिए चिंतित रहा करता था, आज जनता को उनके अधिकार दिलाने की बात करता है। जो विदेशी पूँजी-निवेश को निमंत्रण देने के लिए इंग्लैंड, अमरीका घूमता था, आजकल स्वदेशी की माला, जब कहो, जिस गाँव में कहो, जैसे कहो, जपता है। क्योंकि चुनाव आ गए हैं, जो कल तक मरा-मरा-सा था, आज संपूर्ण जिंदा हो गया है। जो बैठा था, खड़ा हो गया है। जो खड़ा था, चलने लगा है। जो चल रहा था, दौड़ रहा है। जो दौड़ रहा था, उड़ रहा है।

क्योंकि चुनाव आ गए हैं, उसे गाँधी याद आ गए हैं, उनकी अहिंसा याद आ गई है, उनका सत्य याद आ गया है, उनके संकल्प याद आ गए हैं, उनकी लँगोटी याद आ गई है, उनके तीन बंदर याद आ गए हैं। उनके बाद सोनिया गाँधी याद आ गई हैं, उसे सोनिया लाओ, देश बचाओ के नारे की याद आ गई है। वह दस जनपथ की ओर दौड़ गया है। क्योंकि चुनाव आ गए हैं, उसे बूढ़े जग्गू काका याद आ गए हैं, उसे राजो दादी याद आ गई हैं, देश की अशिक्षा याद आ गई है, गरीबों की हालत याद आ गई है, गरीबी हटाओ कार्यक्रम याद आ गया है, शहीदों के बलिदान याद आ गए हैं।

क्योंकि चुनाव आ गए हैं, आँखों के सामने लोकसभा की नरम-नरम, गरम-गरम, हरी-हरी, भरी-भरी सीट याद आ गई है। वे लंच और डिनर याद आ गए हैं, जो उसे करने को मिलेंगे। वे सैर-सपाटे याद आ गए हैं, जो करने को मिलेंगे। वे भ्रष्टाचार याद आ गए हैं, जिनके लिए अनुकूल अवसर अब मिलेंगे। वे कमीशन याद आ गए हैं, जो खाने को मिलेंगे। वे बँगले याद आ गए हैं, जो दिल्ली में रहने को मिलेंगे। वे गैस और टेलीफोन कनेक्शन याद आ गए हैं, जिनकी पर्चियाँ बेचने को मिलेंगी।

क्योंकि चुनाव आ गए हैं, गरीबों के बच्चे भूखे सोते हैं, यह याद आ गया है। औरतों से बलात्कार होता है, यह याद आ गया है। गाँवों में पीने का पानी नहीं मिलता है, यह याद आ गया है। वहाँ खुली नालियाँ होती हैं, यह याद आ गया है। सबकी अपनी-अपनी जाति होती है, यह याद आ गया है।

क्योंकि चुनाव आ गए हैं, गुंडे याद आ गए हैं, लठैत याद आ गए हैं, कट्टे याद आ गए हैं, बूथ-कब्जा याद आ गया है, भगवान याद आ गए हैं, उपवास और व्रत याद आ गए हैं, यज्ञ और हवन याद आ गए हैं, ज्योतिषी और पंडे याद आ गए हैं। क्योंकि चुनाव आ गए हैं, देश का लोकतंत्र याद आ गया है। लोकतंत्र में हार-जीत होती है, यह याद आ गया है। हार को जीत में कैसे बदलते हैं, यह याद आ गया है। वंदे मातरम याद आ गया है, मगर याद नहीं आया है–सिर शरम से झुकाना।

एक बार फिर से गरीबी हटाओ

नेता : गरीब, ऐ गरीब, मेरे प्यारे गरीब, अरे, कहाँ चला गया रे तू ? आ-आ, जल्दी आ, मेरे करीब आ।

गरीब : वो क्या था हुजूर, चुनाव चले गए थे तो मैं भी आपकी नजरों से दूर चला गया था। इसलिए आपकी आवाज सुनने में देर लग गई। खता माफ करना।

नेता : अबे, अब आया। इतनी देर कर दी। मैं यहाँ बाँहें पसारे खड़ा था। दुख गईं न मेरी बाँहें। चल मालिश कर। चुनाव आ गए हैं तो हरामखोर नखरे दिखा रहा है।...अरे, तुझे खुद याद रखना चाहिए था कि चुनाव आ गए हैं और तुझे हमारे पास खुद चले आना चाहिए था। मगर तू क्यों आता हमारे पास, अब मतलब तो हमारा आन पड़ा है न ! अच्छा छोड़ इन झगड़ों को। अब ऐसा है कि अपन को मिल-जुलकर गरीबी हटानी है।

गरीब : गरीबी का क्या है, हटा देंगे हुजूर। हर चुनावों में हटा देते हैं, अब भी हटा देंगे। आप तो हुक्म करो जी।

नेता : इस बार हुक्मवाली गरीबी नहीं हटानी है। इस बार तो सचमुच में हटानी है।

गरीब : हाँ-हाँ, हर चुनाव में आप-हम मिलकर सचमुच में ही तो गरीबी हटाते हैं। आप कभी कहते हो कि हम नकली ढंग से गरीबी हटा रहे हैं ? और क्या हम आपकी पोल खोलते हैं ?

नेता : नहीं, इस बार तो सचमुच में सचमुच की गरीबी ही हटानी है।

गरीब : यानी इस बार हम चुनाव के बाद गरीब नहीं रहेंगे ?

नेता : हाँ-हाँ, वही वाली गरीबी हटाएँगे हम।

गरीब : मगर हुजूर, हटकर जाएगी कहाँ गरीबी ?

नेता : कहीं भी जाए। यहाँ नहीं रहेगी। भारत-भूमि पर से उसका नामो-निशान मिट जाएगा।

गरीब : बेचारी !

नेता : तरस आ रहा है तुझे ! क्यों गरीबी पसंद है तुझे ?

गरीब : बहुत ज्यादा पसंद है हुजूर ! कितनी फायदेमंद है गरीबी। आपकी सेहत के लिए भी, लोकतंत्र के लिए भी। बिलकुल सही बात कह रहा हूँ। गरीब हूँ मगर अमीरों के फायदे के काम मैं ज्यादा किया करता हूँ। अब देखिए न हुजूर,

गरीबी हट गई तो आप चुनाव किस मुद्दे पर लड़ेंगे ?

नेता : गरीबी हटा दी है हमने, इस मुद्दे पर लड़ेंगे।

गरीब : यानी बी.जे.पी. वाली गलती आप भी करेंगे। बाबरी मस्जिद गिराकर फिर उस पर राम मंदिर बनाने के मुद्दे पर वोट माँगेंगे ? और आप सोचते हैं कि आप जीत भी जाएँगे ?

नेता : हूँ..., बात तो तेरी सही है। गरीबी हटा दी तो वोट कौन देगा हमें !

गरीब : अब देखिए न, गरीबी नहीं तो गरीब नहीं, और गरीब नहीं तो वोटर नहीं, और वोटर नहीं तो मुद्दा नहीं, और मुद्दा नहीं तो लोकतंत्र नहीं, और लोकतंत्र नहीं तो आप नहीं, और आप नहीं तो हम नहीं।

नेता : लेकिन गरीब, हम भी क्या करें, चुनाव आ गए हैं। वोट तो हमें चाहिए ही। और वोट के लिए हमें गरीबी तो हटानी ही पड़ेगी।

गरीब : गरीबी कोई कूड़ा है हुजूर कि आपने झाड़ू मारी और हट गई। वह शाश्वत है। वह अजर-अमर है। वह अजेय है। वह हटानेवालों को हटा देती है मगर खुद नहीं हटती। वह बड़ी बेशरम है हुजूर। वह इज्जतदार लोगों की इज्जत से खेलती है।

नेता : बात तो ठीक है तेरी। मगर कुछ भी हो, हम तो गरीबी जरूर हटाएँगे। हमारे नेता का आदेश है। हम पार्टी अनुशासन से बँधे हैं। हमारी भी एक सीमा है। गरीबी तो हटेगी।

गरीब : तो हमारी भी एक सीमा है। हम भी देखते हैं कि आप गरीबी कैसे हटाते हैं !

नेता : गरीब होकर धौंस देता है ?

गरीब : मैं गरीब जरूर हूँ, पर ऊँची और बहुत पुरानी चीज हूँ हुजूर। मैं तब से हूँ जब से, वो क्या कहते हैं उसे—लोकतंत्र, वह भी नहीं था। आप भी नहीं थे। हमारे रहन-सहन के स्तर को देखकर किसी मुगालते में मत पड़ना। समझे आप कि और समझाऊँ ?

नेता : देख, मुझे गुस्सा मत दिला। क्या है कि चुनाव आ रहे हैं। मुझे विनम्र बना रहने दे। मेरी सफलता के रास्ते में काँटे मत बो। अभी तो मैं खड़ा भी नहीं हुआ हूँ चुनाव में। अभी से मुझे चित मत कर।

गरीब : तो फिर आप वायदा करो कि सचमुच में गरीबी हटाने का वायदा नहीं करोगे।

नेता : क्यों नहीं करेंगे, गरीबी तो हमें हटानी ही पड़ेगी, चाहे सूरज पश्चिम से निकलने लगे।

गरीब : तो आप अपनी गरीबी हटा लो।

नेता : हमारी गरीबी तो हट चुकी, भाग चुकी, लापता हो चुकी। कई बार गुमशुदा की तलाश का विज्ञापन छपवाया, फिर भी नहीं लौटी। अब या तो गरीबी हटेगी या तू हटेगा। बोल ! बोल कि लब आजाद हैं तेरे।

गरीब : मुझे खुद हटना मंजूर है मगर मुझे आपसे अपनी गरीबी नहीं हटवानी है। हटा

दो, हटा दो मुझे। फाँसी लगवा दो !

नेता : नहीं-नहीं मेरे बच्चे, इतनी गरमी ठीक नहीं। भई तू गरीबी हटाए बगैर हमें वोट देने को तैयार है तो दे दे। मगर वोट देना पड़ेगा।

गरीब : वोट देंगे मगर आप हमारी गरीबी नहीं हटाएँगे।

नेता : सचमुच में तो नहीं हटाएँगे लेकिन नारे में जरूर हटाएँगे। भई, गरीबों का खयाल रखने का हक हमें भी है। आखिर यह लोकतंत्र है। हम ऐसा करेंगे कि दोनों मिलकर 'गरीबी हटाओ' का नारा लगाएँगे। मैं कहूँगा 'गरीबी' तू कहना 'हटाओ'। मंजूर है ?

गरीब : मंजूर है। बस अपनी गरीबी सलामत रहनी चाहिए। नारे का क्या है ? चाहे जो लगवा लो। आप कहें तो 'अमीरी बढ़ाओ' का नारा एकदम अभी लगा दूँ। अमीरी...

नेता : न-न। ऐसी गलती मत करना। कुछ नारे लगाने के होते हैं, कुछ नारे करके दिखाने के होते हैं। अच्छा अब लगा नारा 'गरीबी'...

गरीब : 'हटाओ' ।...ठीक से लगाया न नारा हुजूर ! अच्छा ये बताएँ कि हम 'हटाओ' कह रहे हैं, इसका ये मतलब तो नहीं हुआ न कि मैं आपसे कह रहा हूँ कि गरीबी हटाओ !

नेता : अरे, नहीं रे। न मैं तुझसे कह रहा हूँ, न तू मुझसे कह रहा है। हम तो हवा से कह रहे हैं। वह चाहे तो आँधी बनके हटा दे। हम उसके लिए जिम्मेदार नहीं। हाँ तो 'गरीबी'...

गरीब : 'हटाओ' ?...ऐसा करते हैं हुजूर कि अब मैं कहता हूँ 'गरीबी' और आप कहना कि 'हटाओ'।

नेता : ऐसा क्यों ?

गरीब : ऐसा इसलिए कि आप नेता हो। मैं कहूँ, हटाओ और आप हटा दें तो ? नेताओं का कोई भरोसा नहीं।

नेता : नेता नेतृत्व करता है। उस पर इतना तो भरोसा करना ही चाहिए। फिर भी ठीक है। तू मुझसे कह—गरीबी हटाओ और मैं तुझसे कहूँगा—गरीबी हटाओ। न तुम हटाओ, न मैं हटाऊँ।

गरीब : मैं समझा नहीं।

नेता : देख, मैं कहूँगा कि मैंने तो इससे कह दिया था कि गरीबी हटाओ। मगर यह आलसी, कामचोर, इसने नहीं हटाई तो मैं क्या करूँ। उधर तू कहना कि मैंने तो हुजूर से कह दिया था कि गरीबी हटाओ। मैंने सोचा था कि समर्थ हैं ये। हटा ही देंगे। लेकिन इन्होंने हटाई नहीं। इस तरह हम दोनों लड़ते रहेंगे। लोकतंत्र चलता रहेगा। चुनाव होते रहेंगे। अच्छा अब मैं कहता हूँ, गरीबी...

गरीब : हटाओ...अब मैं कहता हूँ गरीबी, आप कहना हटाओ। गरीबी...

नेता : हटाओ।

गरीब : कहीं हट तो नहीं गई गरीबी। हुजूर, देखना तो !

नेता : अभी नहीं हटी रे। फिर से जोर से लगा नारा गरीबी...

गरीब : हटाओ...क्यों हुजूर नारा लगाते-लगाते कभी गरीबी हट तो नहीं जाएगी न !

नेता : अरे, तुझे लोकतंत्र का पचास साल का अनुभव है। नारे से कहीं हटती है रे पगले। नहीं हटेगी। फिकर मत कर। अभी तू खुद ही तो कह रहा था कि गरीबी को नारे में जितना हटवाना हो, हटवा लो। तो हम तो गरीबी सिर्फ नारे में हटा रहे हैं। तू डर से काँप क्यों रहा है ? बुलंद कर नारा, तेरा डर भाग जाएगा। गरीबी...

गरीब : बढ़ाओ...अमीर की अमीरी बढ़ाओ...गरीब की गरीबी बढ़ाओ, अमीर की अमीरी बढ़ाओ।...

नेता : अबे कमीने, ये क्या गड़बड़झाला कर दिया। एक नारा भी ठीक से नहीं लगा सकता बदतमीज। कुछ लाज-शरम-हया भी है तुझे। हमें हरवाएगा। लगा नारा—गरीबी...

लेकिन गरीब अपनी धुन में 'गरीब की गरीबी बढ़ाओ, अमीर की अमीरी बढ़ाओ' का नारा लगता रहता है। नेता उसे प्यार से समझाता है, उसकी पीठ सहलाता है, उसके पैर पकड़ता है। तब भी वह नहीं मानता तो नेता उसे डाँटता है, उसके कान उमेठता है, उसके बाल खींचता है, उसे झापड़ रसीद करता है, उस पर लात-घूँसे चलाता है; मगर गरीब मार खाकर, गिरकर, चोट खाकर भी 'गरीब की गरीबी बढ़ाओ, अमीर की अमीरी बढ़ाओ' का नारा लगाता रहता है। वह अपनी धुन में मस्त है।

[हताश नेता पाँव पटककर दृश्य से गायब हो जाता है। कहीं से गोली चलती है। गरीब लड़खड़ाकर नीचे गिर जाता है।]

बीसवीं सदी का गरीब देवता

2997 में प्रकाशित इतिहास की पुस्तक का एक पृष्ठ

उन्नीस सौ इकहत्तर से पहले भारत में 'गरीब देवता' नामक किसी देवता के ऐतिहासिक और पुरातात्विक प्रमाण प्राप्त नहीं होते, यद्यपि राजनीतिज्ञ आदिदेव मानकर ही उसकी आज भी पूजा किया करते हैं। 'गरीब देवता' की पहली उपासक इंदिरा गाँधी नामक भारत की पहली महिला प्रधानमंत्री थीं। वैसे तो वह और उनके बाद हुए लालू प्रसाद यादव समेत तमाम मुख्यमंत्री और प्रधानमंत्री राजनीतिक संकट आने पर पहले तंत्र-मंत्र, हवन-यज्ञ, पूजा-पाठ आदि करवाते थे मगर अक्सर इससे कुछ नहीं होता था और अंततः इन्हें 'गरीब देवता' की शरण में जाना पड़ता था और वही इनका उद्धार करता था। उपलब्ध साक्ष्यों से ज्ञात होता है कि बीसवीं शताब्दी के अंतिम तीन दशकों का यह सबसे शक्तिशाली देवता था। यह अब भी रहस्य है कि काला-कलूटा, मैला-कुचैला, भूख और बीमारी से पीड़ित, शरीर पर लंगोटी बाँधनेवाला तथा मर्सीडीज और सिएलो कारों के युग में पैदल चलनेवाला यह गरीब देवता किन कारणों से इतना ताकतवर था और था तो खुद इस तरह क्यों रहता था। कहते हैं, वोट नामक कोई मारण यंत्र उसके पास था, जिससे बड़े-बड़े नेता काँपा करते थे। कागज के एक छोटे से टुकड़े को तब 'वोट' कहा जाता था, जिस पर हल जोतता किसान, हाथ, दीपक, लालटेन, पेड़, झोपड़ी आदि चिह्न अंकित होते थे। इस यंत्र को लोहे की पेटी में डालने से कुछ नेता मर जाते थे, कुछ मरे हुए जिंदा हो जाते थे और कुछ नये पैदा हो जाते थे। हाल ही में अनेक प्रयोग करके ऐसा मारण यंत्र बनाने की कोशिशें हुई हैं, लेकिन उसमें सफलता नहीं मिली है।

इंदिरा गाँधी ने पहली बार इस 'गरीब देवता' की आराधना की थी, इसलिए यह देवता उस महिला नेता पर इतना अधिक प्रसन्न हुआ कि सिर्फ ढाई वर्ष की अल्पावधि को छोड़कर उसने न केवल मरते दम तक उसका साथ दिया, बल्कि उसके बेटे राजीव गाँधी का साथ तो उसकी माँ से भी ज्यादा दिया। उसे सबसे ज्यादा वोटों से जिता दिया। इंदिरा गाँधी से यह 'गरीब देवता' थोड़ा-सा नाराज इसलिए हो गया था कि उसके कनिष्ठ और दंभी पुत्र संजय गाँधी ने इस देवता की बढ़ती ताकत से अप्रसन्न होकर इसकी नसबंदी करने का प्रयास किया था। इससे यह देवता इतना क्रुद्ध हो गया कि जिस इंदिरा गाँधी पर यह परम प्रसन्न था, उसे उसने उस समय की 'प्रसिद्ध' तिहाड़

जेल में भिजवा कर ही दम लिया। तब उस महिला को अपनी भूल पता चली। उसने पुनः गरीब देवता की जमकर आराधना की और पुनः खोई हुई गद्दी तथा शक्ति प्राप्त की।

उस समय के इतिहास और समाजशास्त्र के ग्रंथ बताते हैं कि यह देवता बेहद सरल स्वभाव का था। दूसरे देवता तो भव्य मंदिरों में निवास करते थे, तरह-तरह के व्यंजनों का नित्यप्रति भोग लगाते थे, फल-फूल, मिठाई-नारियल की भेंट ग्रहण करते थे मगर 'गरीब देवता' को 10 गुणा 10 फुट की झोंपड़ी का आश्वासन दे दो, एक बत्ती कनेक्शन देने का भरोसा दिला दो, दो जून की रोटी और साल-भर में एक जोड़ी कपड़े का केवल स्वप्न ही दिखा दो तो यह प्रसन्न हो जाता था। भक्त चाहे पाँच सितारा होटल में खाए, बँगले में रहे, एयरकंडीशनर का सुख भोगे, बोफोर्स घोटाले से लेकर चारा घोटाला तक कुछ भी करे, इसे कोई शिकायत नहीं होती थी। यह आश्वासन पाकर और स्वप्न देखकर खुश हो जाता था।

इंदिरा गाँधी के बाद तो हर प्रधानमंत्री और हर मुख्यमंत्री, हर मंत्री और हर संत्री गरीब देवता का पूजक हो गया। पाँच साल में एक बार और संकटावस्था में इससे जल्दी भी, हर नेता, इस देवता की पूजा करता था। मगर इंदिरा गाँधी के बाद 'गरीब देवता' का सबसे बड़ा भक्त लालू प्रसाद यादव हुआ जो जेल जाने से पहले बिहार नामक किसी प्राचीन प्रांत का मुख्यमंत्री हुआ करता था और अपने को बिहार का राजा कहा करता था। वह जो चाहता, करता था। संकट आता तो वह भी पहले 'सेटेलाइट यज्ञ' और तमाम तरह से पूजा-पाठ करवाता था मगर इससे कुछ फायदा न होते देख, वह 'गरीब देवता' की शरण में जाता और कहता, 'देवता, मैं तो आप ही का परम भक्त हूँ। जो करता हूँ, आपके लिए ही करता हूँ। मनुष्य होकर 950 करोड़ रुपए का चारा भी मैंने आपकी खातिर और आपके भरोसे ही खाया है। मेरे पूर्वज कृष्ण कन्हैया ने माखन चुराया था तो उन्हें उन्होंने भगवान बना दिया और मैंने चारा चुराया तो मुझे इन्होंने चोर बना दिया। हे भगवान, इन दुष्टों का नाश करो। जो मेरे दुश्मन हैं, उन्हें अपना भी दुश्मन समझो।' गरीब देवता खुश हो जाता था। लेकिन यह मानना पड़ेगा कि लालू प्रसाद यादव 'गरीब देवता' का सच्चा भक्त था। वह रैली-रैला की रेलमपेल मचाए रहता था। संकट आते ही आश्वासनों की ऐसी झड़ी लगाता था, ऐसी झड़ी लगता था कि गरीब देवता को प्रसन्न होने के अलावा कोई और उपाय ही नहीं सूझता था।

इतिहास में इससे पहले और इसके बाद किसी ऐसे देवता के प्रमाण नहीं मिलते जो सिर्फ राजनीतिज्ञों का देवता हो। इस देवता का तत्कालीन भारत के किसी प्रांत में मंदिर नहीं मिलता, यहाँ तक कि पटना में भी नहीं। कहते हैं कि दूसरे देवता घट-घट में वास करते थे। मगर यह घर-घर में निवास करता था। यह देवता इतना स्वाभिमानी था कि अपना पेट पालने के असफल प्रयास करने के लिए खेत और कारखाने में मजदूरी करता था, रिक्शा चलाता था, भवन बनाता था, हम्माली करता था, झूठे बरतन धोता

था। बताते हैं कि यह हड़तालें और जुलूस में शामिल होता था और अक्सर लात-घूँसे ही नहीं, सीने पर गोलियाँ भी खाता था। फिर भी राजनीतिज्ञों की मान्यता है कि यह अजर-अमर है और स्वर्ग में नहीं, पृथ्वी पर रहता है। आजकल के राजनीतिज्ञ उसकी आराधना करते हैं मगर यह हमारी सदी के लोगों से इतना रूठा हुआ है कि दर्शन तो दर्शन, सपने तक में अपनी झलक नहीं दिखाता है।

जनता के नाम मंत्री की प्रेम-पाती

मेरी प्राण-पियारी, नखरेवाली, प्यारी-प्यारी जनता,
तुम्हारे आशिक उर्फ तुम्हारे मंत्री का प्यार-भरा सलाम !

तुम्हें मुझसे शिकायत होगी, लेकिन मुझे भी तुमसे है। पाँच साल गुजरने आए, लेकिन तुम्हारी कोई खबर नहीं। ठीक है कि मैं तुम्हारे पास नहीं आ पाया, लेकिन तुम तो आ सकती थी। अरे, भली-मानस कुछ नहीं तो 15 पैसे का शिकायत-भरा कार्ड तो भेज सकती थी। सच, मुझे तुम्हारे खतों का बहुत बेसब्री से इंतजार रहा करता है। जब तुमने नहीं लिखा तो फिर मैं ही लिखने बैठ गया। तुम नाराज हो, रूठ गई हो। सचमुच में तुम जब रूठती हो तो तुम्हें मनाने में भी बड़ा मजा आता है। और बताऊँ एक राज की बात, तुम रूठती हो तो बला की खूबसूरत लगती हो।

सचमुच मैं अपराधी हूँ तुम्हारा कि पाँच साल गुजरने आए और मैं तुम्हारी खबर भी न ले पाया। तुम्हारी नाराजगी सोलह आने सच्ची है। लेकिन मेरा प्यार भी सच्चा है। तभी तो जा़नम कहीं भी रहूँ, हर पाँच साल बाद तुम्हें मनाने जरूर चला आता हूँ।

तुम्हें शायद मुगालता होगा कि मैं तुम्हें इस बीच शायद भूल गया था। अरे पगली, कभी ऐसा भी हो सकता है ? मैं क्या पत्थर दिल इनसान हूँ कोई ! तुम नाराज हो, रूठी हो, इसलिए भरोसा तो नहीं करोगी मगर यह सच है कि जब-जब महँगाई बढ़ी, बेरोजगारी बढ़ी, लू पड़ी, बाढ़ आई, सूखा पड़ा, दुर्घटना हुई, दंगे हुए, मुझे तुम्हारा, बस तुम्हारा खयाल आया। रातों को नींद नहीं आई, दिन को चैन नहीं मिला। आँखों में आँसू आए तो थमे नहीं। लेकिन मैं मंत्री हूँ न ! जिम्मेदारी के पद पर बैठा हूँ। अपना हाले-दिल किसे बताता ? अपनी भीगी आँखें किसे दिखाता, तुम जनता हो न, इसलिए तुम मुझसे ज्यादा सुखी हो। जो मन में आए, बक सकती हो। लेकिन मैं बेचारा मंत्री-पद की कैद में बंद प्राणी हूँ। सच मानो, जब-जब तुम पर विपदा आई, तुमसे मन मिलने को बेताब हुआ। जब भी मिलने की फुरसत नहीं मिल पाई तो इच्छा यह हुई कि सब कुछ मंत्रिमंडल की बैठक में साफ-साफ कहकर अपनी वेदना तो व्यक्त कर लूँ, लेकिन ऐसा कर नहीं पाया। तुम तो जानती हो, इस बार मंत्री बनने का दुर्लभ अवसर कितनी मिन्नतों के बाद मिला था। कुछ कहता तो मुख्यमंत्री मुझे 'विद्रोही' समझकर मक्खी की तरह मंत्रिमंडल से निकाल फेंकते। तुम समझ रही हो न मेरी पीड़ा ! तुम मेरी जगह होती तो शायद तुम्हें मेरी स्थिति का सही-सही अंदाज होता। लेकिन अब मैंने निश्चय किया

है कि अगली बार मंत्री बना तो चुप नहीं रहूँगा। मेरी अपनी जनता कष्ट सहे और मैं चुप रहूँ, धिक्कार है ऐसे मंत्री-पद को ! मैं तुम्हारा हूँ जनता, सिर्फ तुम्हारा। मैं सबसे दगा कर सकता हूँ, तुमसे नहीं। मैं सिर से पैर तक तुम्हारा हूँ। तुम्हारे सिवाए मेरा है भी कौन ? मुझे याद है, जनता, अच्छी तरह कि आज जो कुछ भी मैं हूँ, सिर्फ तुम्हारी वजह से हूँ।

मैंने तुम्हारे लिए क्या-क्या सपने सँजोए थे जनता, उनमें से अभी तक एक भी पूरा नहीं कर पाया। अब शेष जीवन में सिर्फ एक ही इच्छा रह गई है, जो करूँ सिर्फ तुम्हारे लिए करूँ। इसी वजह से मैं यूरोप-अमरीका की एक महीने की यात्रा पर जा रहा हूँ। मैं इस यात्रा के लिए मुख्यमंत्री से झगड़ पड़ा। मैंने कहा, बहुत हो चुका, अब मैं जनता की हालत को बरदाश्त नहीं कर सकता। मैं उसके लिए 'फारेन इन्वेस्टमेंट' लाकर ही रहूँगा। इतना भी नहीं करूँगा तो अपनी जनता को क्या मुँह दिखाऊँगा ! और मैंने यह भी कह दिया उनसे साफ-साफ कि जब तक पाँच-छह 'एनरॉन' नहीं लाऊँगा, मैं वापिस स्वदेश नहीं आऊँगा। विदेश में ही रहूँगा। अब मुझे जो करना है सिर्फ जनता के लिए करना है। उन्हें मजबूर होकर अनुमति देनी पड़ी। इसे मैं तुम्हारे प्रति अपने प्यार की जीत मानता हूँ। तुमसे मैं अब तभी मिलूँगा, जब विदेशी पूँजी निवेश की तुच्छ भेंट का इंतजाम कर लूँगा। लेकिन इसका यह मतलब नहीं कि अब मैं तुमसे कभी नहीं मिलूँगा। सच तो यह है कि वापसी में हवाई अड्डे पर स्वागत करने मेरी अच्छी-अच्छी, प्यारी-प्यारी, न्यारी-न्यारी जनता, आशा है, तुम अवश्य आओगी। मेरा अपराध क्षमा कर दोगी। अगर तुमने आधे भी नहीं बल्कि एक तिहाई मन से ही मेरा साथ दे दिया, तो मैं समझूँगा तुमने मुझे माफ कर दिया है। इतने से मेरी नैया पार लग जाएगी और मेरी नैया पार लगने का मतलब है, तुम्हारी नैया पार लगना। हम एक दिल दो जान हैं, जानम। सच कह रहा हूँ जनता, आज मेरे दिल में तुम्हारे प्रति इतना प्यार उमड़ रहा है कि क्या बताऊँ ? इच्छा हो रही है, तुम्हें बाँहों में ले लूँ, तुम्हारे गालों को चुंबनों से भर दूँ। मन हो रहा है कि राजधानी से चिट्ठी लिखने के बजाय, तुम्हारे एकदम पास, तुम्हारे दिल की धड़कनों के करीब पहुँच जाऊँ। लेकिन क्या करूँ रानी, आज ही तुम्हारे लिए विदेश यात्रा पर जा रहा हूँ। देह से तो मैं तुमसे दूर जा रहा हूँ पर सच मानना जितना दूर तुमसे रहूँगा उतना ही अधिक मेरा दिल तुम्हारे पास रहेगा क्योंकि मैं तुम्हारे लिए ही तो वहाँ जा रहा हूँ, तुम्हारे लिए चार-छह 'एनरॉन' लाने ! उतना भी न कर सका तो मेरे जीवन को धिक्कार है। तुम्हारे प्रति मेरा समर्पण, मेरा प्यार, मेरा इकरार, झूठा है।

तुम यह न सोचना कि यह खत में तुम्हें स्वार्थ के वशीभूत होकर लिख रहा हूँ। चुनाव नजदीक आ रहे हैं, इसलिए मुझे अब तुम्हारी याद सताने लगी है। नहीं रानी, ऐसा नहीं है। सच तो यह है कि पिछले वर्षों में मैंने कई बार तुम्हें खत लिखने का प्रयत्न किया है। लेकिन सच बताऊँ, होता क्या था कि जब भी तुम्हें खत लिखने के लिए स्टेनोग्राफर को बुलवाता, मैं तुम्हारी यादों में खो जाता। इतना पागल हो जाता कि सामने

बैठी स्टेनोग्राफर को ही 'जनता' समझ बैठता और प्रेम की पेंगे बढ़ाने लगता। लेकिन आजकल की लड़कियों को तो तुम जानती हो, वे अपने को जनता नहीं मानतीं। वे भूल जाती हैं कि मैं मंत्री हूँ। कोई चप्पल निकालकर मेरी खोपड़ी फोड़ देती, कोई झापड़ रसीद कर देती। इस प्रकार हर बार जब तुम्हें खत खिलने का प्रयत्न किया, लफड़े में फँस गया। इस बार मेरे सामने पुरुष स्टेनोग्राफर है इसलिए कोई गड़बड़ी नहीं हो पाई वरना यह खत भी तुम तक नहीं पहुँच पाता।

तो जनता इस प्रकार तुम हमेशा मेरे खयालों में बसी रहती हो। और तुम जानती ही हो, चुनाव भी नजदीक आ रहे हैं। एक-से-एक बदमाश, एक-से-एक जालसाज एक-से-एक छलिया तुम्हें पटाने का प्रयत्न करेगा। कुछ ने तो अपनी कोशिशें शुरू भी कर दी होंगी। वे मेरी इस कमजोरी का फायदा उठाकर कि मैं पिछले वर्षों में एक बार भी तुम्हारे करीब नहीं पहुँच पाया, तुम्हें बरगलाने का प्रयत्न करेंगे। उलटा-सीधा बक कर मेरे प्रति घृणा उत्पन्न करने का प्रयास करेंगे। तुम्हारे दिल में मेरे प्रति जो इतने वर्षों से जगह बनी हुई है, उसे छीनने की कोशिश करेंगे। साले पुराने जमीन-हड़पू हैं। पहले भी तुम पर डोरे डालने का प्रयत्न कर चुके हैं। तुम बच्ची तो हो नहीं। अब, तुम उनकी चालाकियों से अच्छी तरह वाकिफ हो। लेकिन फिर भी उनसे तुम्हें सावधान करना मैं अपना कर्त्तव्य समझता हूँ ताकि कल अगर तुम्हारा पैर गलत पड़ जाए, तो तुम मुझे दोषी न ठहरा सको। ये छलिया हैं। छलकर तुम्हें चले जाएँगे। अगली बार ये तुम्हें मुँह दिखाने नहीं आएँगे। किसी और के पास चले जाएँगे। उनसे सावधान रहना। मैं तुम्हारा पुराना विश्वसनीय प्रेमी हूँ। तुम जानती ही हो कि मैं चुनाव के मौके पर कितना जाँबाज हो जाता हूँ कि 16 साल के छोकरे को भी मात कर देता हूँ। तुम कहती हो, आग में कूद जा तो कूद जाता हूँ। तुम कहती हो, कुएँ में गिर जा तो गिर जाता हूँ। अगर तुम मेरी हीर हो तो मैं तुम्हारा राँझा हूँ। अगर तुम मेरी लैला हो तो मैं तुम्हारा मजनू हूँ। तुम मेरी शीरीं हो तो मैं तुम्हारा फरहाद हूँ। तुम मेरी जूलियट हो तो मैं तुम्हारा रोमियो हूँ। इस बात को भूल न जाना। इतिहास को भूलकर मुझे गलत न समझना। मैं तुम्हारा दीवाना हूँ। तुम्हें मैंने हमेशा हासिल किया है, अब भी हासिल करके रहूँगा। जमाना तो दो प्रेमियों के बीच दुश्मन बनकर खड़ा होता ही है। लेकिन मैं, मैं हूँ। चाहे मुझे बंदूक चलवानी पड़े, चाहे बूथ लुटवाने पड़ें, चाहे मतगणना में गड़बड़ी करवानी पड़े, मैं तुम्हें हर हालत में, हर सूरत में, तुम्हारी मर्जी से और तुम्हारी मर्जी के बगैर भी हासिल करके रहूँगा। इस बात को भूलना मत और किसी गलतफहमी में रहना मत।

यूरोप और अमरीका जाते हुए भी तुम्हारी याद में पागल, तुम्हारा दीवाना।

तुम्हारा, केवल तुम्हारा
मंत्री

जमनालाल की चुनाव-यात्रा

जबसे हरकिशनलाल भगत और कल्पनाथ राय गिरफ्तार हुए हैं और जब से विद्याचरण शुक्ल, माधवराव सिंधिया, लालकृष्ण आडवाणी आदि-इत्यादि के खिलाफ गैर-जमानती वारंट जारी हुए हैं, हमारे क्षेत्र में बेईमानी के लिए विख्यात जमनालाल अचानक 'ईमानदार' हो गया है। वह आजकल बेईमानों की खबर गली-मोहल्ले के स्तर पर लेता है और अपना नाम ईमानदारों की सूची में जोड़े जाने के लिए भरसक प्रयास करता रहता है। किसी की हँसी, तानों, व्यंग्यों की वह परवाह नहीं करता और बेदर्दी से अपनी ईमानदारी का डंका पीटता चला जाता है। बहुतों ने उससे शिकायत की कि बहुत हो चुका, अब तो बंद करो। तुम्हारी ईमानदारी के डंके की चोट से शोर से हमारे कान दुखने लगे हैं मगर वह नहीं मानता। किसी ने कहा कि तुम नहीं मानोगे तो हम तुम्हारी शिकायत पुलिस में कर देंगे। उसने कहा, "कर दो। हम ईमानदारी का डंका पीट रहे हैं, बेईमानी का नहीं। पुलिस हमारा क्या बिगाड़ लेगी। वह खुद बेईमान है।"

कल वह अचानक मेरे घर आया। "भैया सुना आपने, चुनाव घोषित हो गए हैं।"

"हाँ हो गए हैं। मगर जमनालालजी आप इतने उत्साहित क्यों हैं ? चुनाव घोषित हो गए हैं तो हम-आप वोट डाल देंगे। भाषण तो अब किसी का सुनने लायक रहा नहीं।" मैंने कहा।

"वोट तो आप डालेंगे, यह हमें भी मालूम है। मगर किसे ?" जमनालाल ने पूछा।

मैंने भी टालने के लिए कह दिया, ""आप जिसे कहेंगे, उसे ही डाल देंगे।"

"तो फिर इस बार आप हमें वोट डाल दीजिएगा। हवाला के बाद देश को ईमानदार नेतृत्व की जरूरत है। हमने सोचा है, क्यों न हम अब आगे आएँ ताकि राजनीति में ईमानदारी का डंका बज उठे।" जमनालाल ने कहा।

हम न चाहते हुए भी उसकी यह बात सुनकर अपनी मुस्कुराहट रोक न सके। चूँकि जमनालाल की बेईमानी से हम कई बार पीड़ित हो चुके हैं। इसलिए हमने उससे कहा, "जमनालालजी आप कबसे ईमानदार हो गए ?"

"क्यों, आपने हमारी ईमानदारी का डंका पिटते हुए नहीं सुना ? अभी-अभी तो हमने आपके सामने भी डंका पीटा था। बहरे हैं क्या आप ?"

"लेकिन डंका पीटने से क्या होता है, जमनालालजी। ईमानदार तो आप हैं नहीं।"

"नहीं, हवाला कांड के बाद से हम ईमानदार ही हैं, भैया। आपसे क्या छुपाना।

हाँ, हवाला के पहले हम जरूर बेईमान थे। तब व्यापार और राजनीति को बेईमानों की सख्त जरूरत थी, इसलिए हम बेईमान हो गए थे। अब राजनीति को ईमानदारों की बेहद जरूरत है इसलिए हम ईमानदार हो गए हैं। आजकल हमारी बेईमानी सिर्फ दुकान तक सीमित है।''

''लेकिन जमनालालजी ईमानदारी और बेईमानी कोई शर्ट है कि दुकान में रहे तो बेईमानी की शर्ट पहन ली और राजनीति में आए तो ईमानदारी की शर्ट पहन ली। आप तो हद करते हैं।''

''आप भी भैया अव्यावहारिक बातें करते हैं। समय भी तो कोई चीज होती है। उसके हिसाब से भी तो हर व्यक्ति को काम करना होता है। व्यापार बिना बेईमानी के चलता नहीं और राजनीति अब उसी की चलेगी, जिसके पास ईमानदारी का तमगा होगा।''

''तो तमगा है ईमानदारी, जमनालालजी आपके लिए ?...बेईमान कहीं के...मेरी आँखों से दूर हो जा !'' मैंने गुस्से में कहा।

लेकिन जमनालाल, जमनालाल है। वह काहे को मेरी आँखों से दूर होने लगा। वह और भी पास आ गया। वह हाथ जोड़कर खड़ा हो गया। ''भैया..''

''नहीं तू मुझे भैया-वय्या मत कह। मैं चोरों-बेईमानों का भैया नहीं बनता।''

लेकिन जैसाकि मैंने पूर्व में भी कहा, जमनालाल, जमनालाल है। वह पीछे नहीं हटा। उसने कहा, 'भैया बनाए नहीं जाते, भैया होते हैं। आप मेरे भैया हैं। मैं मन से मानता हूँ कि आप मेरे भैया हैं और आप मुझे ही वोट देंगे क्योंकि मैं आपका छोटा भाई हूँ।''

''मैं नहीं दूँगा जमनालाल, मैं तुम्हें वोट नहीं दूँगा।''

''मैं वोट ले लूँगा भैया, मैं जमनालाल हूँ। मैं हजार बेईमान हूँ मगर आप और बीवी जी मेरी दुकान पर सौदा लेने आते हो या नहीं ? आते हो न ! अगर आप बेईमान व्यापारी जमनालाल की दुकान पर सौदा लेने जा सकते हो तो ईमानदार राजनीतिक जमनालाल की दुकान पर जाने से आपको क्या सैद्धांतिक परेशानी हो सकती है ? आप मुझे वोट जरूर दोगे।''

''परेशानी है जमनालाल। तुम अपनी दुकान पर उधार दे देते हो। तुमसे उधार लेने की जरूरत मुझे है। इसलिए मैं तुम्हारी बेईमानी दुकान पर बरदाश्त कर लेता हूँ। मगर राजनीति में क्यों बरदाश्त करूँगा ?'' मैंने कहा।

''लेकिन राजनीति में तो मैं बेईमान नहीं हूँ। मैंने न बोफोर्स में कमीशन खाया है, न सेंट किट्स कांड के जाली दस्तावेज तैयार किए हैं, न प्रतिभूति घोटाला किया है, न सूटकेस लिया है, न दाऊद इब्राहिम के लोगों को पनाह दी है, न मेरा नाम जैन डायरी में है, न मैंने चारा कांड किया है। मैं राजनीति में बेईमान कैसे हुआ ! वहाँ तो ईमानदार हूँ मैं। एक ईमानदार उम्मीदवार के पास एक ईमानदार मतदाता को आने में झिझक कैसी ?''

मैंने लगभग चीखते हुए कहा, ''लेकिन जमनालाल, यह बात मैं वोट देते समय भी भूल नहीं सकता कि तुम एक बेईमान व्यापारी हो।''

मगर जमनालाल, जमनालाल ठहरा। उसने बात का रुख मोड़ दिया। ''अच्छा भैया, आप धर्म और राजनीति के घालमेल के खिलाफ हैं या नहीं ? आप धर्म में राजनीति के और राजनीति में धर्म के मुद्दे को उठाने के खिलाफ हैं या नहीं ?''

''बिलकुल हूँ।'' मैंने कहा।

''तो आप व्यापार और राजनीति के घालमेल के खिलाफ क्यों नहीं हैं ? आप राजनीति में व्यापार के मुद्दे को क्यों उठा रहे हैं ? ये दोहरे मापदंड क्यों ? किसलिए ? आपको व्यापार में मेरी बेईमानी भी रास आ जाती है क्योंकि मैं उधार दे देता हूँ लेकिन राजनीति में मेरी ईमानदारी भी रास नहीं आती। वहाँ आपको व्यापार में मेरी बेईमानी याद आ जाती है। तो ठीक है, मैं बेईमान ही सही और आप ईमानदार ही सही। लेकिन आज से आपकी उधारी भी बंद। समझे न आप। बेईमानों से आपका वास्ता आज से खत्म।''

इतना कहकर जमनालाल फुर्ती से चला गया। अब मैं उसे जितना ही पुकार रहा था, उतनी ही तेज गति से वह मुझसे दूर होता जा रहा था। वह जानता था कि अंततः मैं उसके पास दौड़कर आऊँगा और वोट देने का वायदा कर जाऊँगा।

हमारा घोषणापत्र

चुनाव का मौका है। अवसरवाद का सुनहरा अवसर है ! नेता चेहरे नहीं बदल सकते, इसलिए टोपी बदल रहे हैं। जिसने कांग्रेस में रहकर पाँच साल मंत्री पद के मजे लिए, वह टिकट न मिलने पर भाजपा में प्रवेश ले रहा है। जिस मुस्लिम नेता ने देश की सबसे बड़ी हिंदू सांप्रदायिक पार्टी द्वारा बाबरी मस्जिद गिराने के बावजूद बीस वर्ष तक अनवरत उसकी सेवा की और मेवा पाया, वह कांग्रेस में घुसा जा रहा है। किसी को हवाला के कारण टिकट नहीं मिला है तो अपनी पार्टी बना रहा है। इतना कुछ होते हुए भी मैं कुछ नहीं कर रहा हूँ। सिर्फ एक चुनाव घोषणापत्र जारी कर रहा हूँ। इसे जो पार्टी अमल में लाएगी, मैं उसी में चला जाऊँगा। कल को आप मुझे अवसरवादी न कहें, इसलिए अपना चुनाव घोषणापत्र पहले से जारी कर रहा हूँ।

1. हम जीत गए तो जनता को नाकों चने चबवा देंगे। इससे न केवल भूख की समस्या का समाधान होगा, अपितु नाक को भी काम मिलेगा, जोकि सिर्फ सुड़-सुड़ करती रहती है।

2. हम जीत गए तो हर शाख पर उल्लू बिठा देंगे ताकि गुलिस्ताँ के अंजाम के बारे मे जो रहस्य आज तक बना हुआ है, वह खत्म हो जाए और हम सब चैन की साँस ले सकें।

3. हम जीत गए तो हत्या, लूट, चोरी, डकैती, गुंडागर्दी, बलात्कार, दलाली, भड़ैती इत्यादि की खुली छूट दे देंगे। हर हाथ को काम देने का हमने यह नायाब तरीका ढूँढ़ा है, जिससे बेरोजगारी की समस्या का स्थायी समाधान निकल आएगा।

4. हम जीत गए तो जहाँ सूखा पड़ता है, वहाँ बाढ़ लाने का और जहाँ बाढ़ आती है, वहाँ सूखा लाने का इंतजाम कर देंगे ताकि जनता को एक ही तरह की तकलीफों को बार-बार भुगतकर 'बोर' न होना पड़े। उसका मनोरंजन हो सके।

5. हम जीत गए तो गरीब इतना गरीब हो जाएगा कि गुस्सा करना भूल जाएगा और अमीर इतना अमीर हो जाएगा कि वह शिकायत करना भूल जाएगा। देश में सुख-शांति लाने का यह अप्रतिम उपाय हमारी पार्टी की मौलिक सूझ-बूझ है।

6. हम जीत गए तो दूध का उत्पादन बढ़ा देंगे। इसमें सफल नहीं हो पाए तो पानी का उत्पादन बढ़ा देंगे। हम दूध का दूध और पानी का पानी करने के मुहावरे तक को खत्म करा देंगे ताकि जनता को पानी मिला दूध न मिला तो दूध मिला पानी तो जरूर

ही मिल जाए।

7. पिछली सरकारों ने हर गाँव को पानी उपलब्ध कराने के वायदे किए और उन्हें पूरा नहीं कर सकीं। हम ऐसा वायदा नहीं करेंगे। मगर हम हर गाँव में चुल्लू-भर पानी जरूर उपलब्ध कराएँगे ताकि जिन्हें हमारे शासनकाल के दौरान जीने में शरम आए वे लोग चुल्लू-भर पानी तक में डूबने की आखिरी तमन्ना लिए इस दुनिया से कूच न कर जाएँ।

8. पिछली सरकारों ने कागजों पर काफी सड़कें, पुल और स्कूल बनवाए। कुएँ, तालाब और हैंडपंप खुदवाए। अस्पताल खुलवाए और लोगों को साक्षर बनाया। हम वायदा करते हैं कि उनके इन अधूरे कामों को अगले पाँच सालों में अवश्य पूरा करेंगे।

9. हम वायदा करते हैं कि हमारी सरकार आने पर खच्चर, गधे कहलाएँगे और गधे, घोड़े कहलाएँगे। घोड़ों को ऊँट कहा जाएगा और ऊँटों को जिराफ का दर्जा दिया जाएगा। और जिराफों को डायनासोर कहा जाएगा। आदमी को मगर खच्चर कहा जाएगा ताकि वह भी उक्त क्रमानुसार प्रगति की राह पर बढ़ सके।

10. हम महिलाओं से वायदा करते हैं कि खाना बनाने, कपड़े धोने, बरतन माँजने, बच्चों का पालन-पोषण करने और पति की सेवा करने के क्षेत्र उनके लिए पूर्णतः आरक्षित घोषित कर दिए जाएँगे। इसमें वर्तमान समय में जो भी व्यवधान हैं, उन्हें दूर किया जाएगा ताकि संसद और विधायिकाओं में उन्हें आरक्षण की जरूरत न पड़े।

11. विवाह के अवसर पर वर पक्ष को सरकार शीघ्र फटनीय स्टोव्ह तथा अविलंब भभकशील पाँच लीटर मिट्टी का तेल उपहारस्वरूप प्रदान करेगी ताकि दहेज के कारण कोई समस्या अगर भविष्य में उत्पन्न हो तो उसका समाधान ससुराल पक्ष समुचित रीति से कर सके और पुलिस तथा न्यायपालिका के चक्कर लगाने के कष्ट से दोनों पक्ष बच सकें।

12. भविष्य में कोई किसी का अपमान 'जंगली' कहकर न कर सके, इसलिए देश के बचे-खुचे जंगलों को भी कटवा दिया जाएगा। जब बाँस नहीं रहता है तो बाँसुरी भी नहीं रहती। इसी प्रकार जब जंगल नहीं रहेंगे तो जंगली भी नहीं रहेंगे। मानवीय गरिमा की वापसी हो जाएगी।

13. हम प्रधानमंत्री, मुख्यमंत्रियों, मंत्रियों, सांसदों और विधायकों के लिए भ्रष्टाचार की सीमा तय कर देंगे। जो अधिक भ्रष्टाचार करेंगे, उनकी बजाय उनकी पत्नियों या पुत्रों को चुनाव लड़ने का टिकट दिया जाएगा। जो इससे भी संतुष्ट न हों, वे अपनी एक-व्यक्ति पार्टी बना सकते हैं।

14. हम यथार्थ को इतना अयथार्थ बना देंगे कि आज की तुलना में वह हरेक को भयानक लगने लगे। इस प्रकार कलाओं को विकास के लिए अधिक अनुकूल अवसर प्राप्त हो सकेगा। साहित्य में छायावाद की वापसी हो सकेगी। जड़ों की ओर लौटने में सुभीता हो सकेगा।

15. हम कुत्तों को भेड़िया बनने की छूट देंगे और भेड़ियों को शेर बनने की छूट

देंगे। आर्थिक उदारीकरण की दिशा में इस तरह हम तेजी से बढ़ेंगे।

16. हम देश की हर समस्या का समाधान कर देंगे। हम वायदा करते हैं कि या तो देश में समस्या को समस्या माननेवाले लोग नहीं रहेंगे या लोग रहेंगे मगर समस्या के समाधान ही नहीं रहेंगे। दोनों ही अवस्थाओं में समस्याओं का समाधान हो जाएगा।

17. हम वायदा करते हैं कि हम सत्ता में रहेंगे तो ही देश को रहने देंगे। हम नहीं रहेंगे तो देश भी नहीं रहने पाएगा।

18. हमारा यह पक्का वायदा है कि हम अपना हर वायदा पूरा करेंगे। हमने हर वायदा पूरा कर लिया तो देश भी नहीं रहेगा और चुनावों की जरूरत भी खत्म हो जाएगी। अगर ऐसा नहीं कर पाए तो फिर से वायदे पूरे करने के वायदे आपसे जरूर करेंगे।

खाने को घूस, दिखाने को कविता

जीवन दुर्घटनाओं से भरा पड़ा है। वे पहले विशुद्ध अफसर थे। अफसर के सिवाय कुछ न थे। लेकिन छोटे अफसर थे, इसलिए उनसे कोई उनकी हॉबी नहीं पूछता था। जब वे बड़े और काम के अफसर हो गए, तब उनसे उनकी हॉबी पूछनेवाले पैदा हो गए। मगर तब तक उनकी केवल एक ही हॉबी थी, रिश्वत लेना। वे अपनी इस एक ही हॉबी में संतुष्ट थे। वे ज्यादा महत्त्वाकांक्षी नहीं थे। वे तब नौजवान थे, आदर्शवादी थे। इसलिए जब उनसे पहली बार उनकी 'हॉबी' के बारे में पूछा गया तो वे अचकचा गए। पहले लोग रिश्वत देने से पहले उनकी हॉबी नहीं पूछते थे। रिश्वत देनेवालों का स्तर निम्न था। इनका भी निम्न था। इसलिए वे अपनी हॉबी बताने ही जा रहे थे कि ईश्वर ने, जिसकी कि वे नित्यप्रति पूजा करते थे, इन्हें सद्बुद्धि प्रदान कर दी। इनकी जुबान फिसलते-फिसलते बच गई, सँभल गई। उन्होंने रिश्वतखोरी की जगह कविता को अपनी हॉबी बता दिया।

यह दुर्घटना क्यों हुई, वे आज तक नहीं समझ पाए। लेकिन उनके कुछ सिद्धांत थे। वे एक बार बोले गए झूठ का साथ कभी नहीं छोड़ते थे। इसलिए इस दुर्घटना के बाद जिसने भी उनसे उनकी 'हॉबी' पूछी, उन्होंने कविता को ही बताया, हालाँकि गरजमंद जानते थे कि उनकी असली हॉबी क्या है। उनका पी. ए. बता देता था। जब वे बीस बार बीस लोगों को यह बता चुके कि उनकी हॉबी कविता लिखना है, तब उनकी आत्मा ने अचानक विद्रोह कर दिया। वह इस झूठ को बरदाश्त नहीं कर पाई। इस स्थिति में एक ही उपाय था उनके पास कि वे कविता लिखें, और इस प्रकार वे कवि हो गए।

वे चाहते तो अपने नाम से किसी और से भी कविताएँ लिखवा सकते थे। लेकिन उन्होंने ऐसा नहीं किया, आत्मा को विद्रोह करने का एक और अवसर नहीं दिया। वह स्वयं काव्य-रचना करने लगे। 'कविता' लिखने लगे। लिखने लगे तो लिखते ही चले गए। वे संकल्प के धनी थे, इसलिए कलम के भी धनी हो गए।

वे अब अफसर भी थे और कवि भी। यह स्थिति हो गई थी उनकी कि वे खुद भी समझ नहीं पाते थे कि वे क्या हैं और क्या होंगे अभी। कोई उनका परिचय एक अफसर के रूप में कराता तो वे बलपूर्वक यह रेखांकित करना नहीं भूलते कि वे कवि हैं। कोई उनका परिचय कवि के रूप में कराता तो वे यह बताना नहीं भूलते कि वे इस जिले के बड़े अफसर भी हैं। उन्हें सिर्फ कवि बताकर उनके प्रशासनिक महत्त्व व उपादेयता की उपेक्षा नहीं की जा सकती थी।

चूँकि वे बड़े अफसर थे, इसलिए जिले में होनेवाले समस्त कवि सम्मेलनों की अध्यक्षता वे अनिवार्य रूप से करते थे। चूँकि वे अफसर थे, इसलिए जिले के तमाम सेठों ने अपने स्वर्गीय पिताओं या बैकुंठवासी दादाओं की स्मृति में पुरस्कार स्थापित करके इन्हें दे दिए।

इस बीच हुआ यों कि एक महाकाव्य की रचना उनसे हो गई। एक कल्पनाशील व्यापारी को उसमें अपने लिए लाभदायक अवसर नजर आया, उसने उनसे उनका महाकाव्य सुनने का कठिन प्रस्ताव किया। उन्होंने सहर्ष स्वीकार कर लिया। यह सब कुछ हो जाने के बाद व्यापारी असली मुद्दे पर आया व उन्हें ठगने का प्रयास करने लगा। रिश्वत में इस आधार पर 'कंसेशन' माँगने लगा कि उसने इनके महाकाव्य को सुनने का कष्ट किया है। लेकिन उन्होंने कहा कि कष्ट के लिए क्षमा, बट नो कंसेशन। फुल रेट। मैं अफसरी और कविता में घालमेल नहीं करता। घालमेल करने से दोनों की हानि होती है और मैं कविता की हानि तो कतई बरदाश्त नहीं कर सकता।

वे अक्सर कहा करते हैं कि कवि व साहित्यकार समाज को दिशा देते हैं। उनका तात्पर्य है कि वे समाज को दिशा दे रहे हैं। घूसखोरी भी कर रहे हैं, दनादन कविता भी लिख रहे हैं।

वे अक्सर कहा करते हैं, साहित्य समाज का दर्पण होता है। उनका तात्पर्य होता है कि कभी साहित्य दिशा देता है, तो कभी दर्पण हो जाता है। कभी टार्च हो जाता है तो कभी आईना। वे भी समाज का आईना ही हैं। आईने से कुछ कम नहीं, कुछ ज्यादा नहीं।

वे अक्सर कहा करते हैं और लोग अक्सर सुना करते हैं, अक्सर लोग उसे अगले दिन अखबारों में पढ़ा भी करते हैं। लोग बोर नहीं होते क्योंकि लोग, लोग हैं। जनता हैं। क्योंकि लोग सहृदय हैं, सहनशील हैं, संस्कारवान हैं। क्योंकि लोग अफसर नहीं हैं। जो अफसर हैं, वे बड़े अफसर नहीं हैं, जो बड़े अफसर हैं, वे संभावनाशील अफसर नहीं हैं। जो संभावनाशील अफसर हैं, वे संभावनाशील कवि नहीं हैं। इसलिए सिर्फ वे कहते हैं और लोग सिर्फ सुनते हैं।

वे अक्सर अपनी तुलना निराला से करते हैं और अपनी कविता को निराला की कविता बताते हुए फिर निराला की हर कविता से अपनी कविता की तुलना कर देते हैं। लोग सुन लेते हैं और जब लोगों को अवसर मिलता है, वे कहते हैं, ये हमारे निराला ही नहीं, ये हमारे बाल्मीकि भी हैं। लोग फिर रामचरितमानस के दोहे उद्धृत करते हुए कहते हैं कि बाल्मीकि ने कहा है, इन्होंने भी कहा है। लोग भी चतुर हैं। लोग भी अज्ञानी हैं। लेकिन लोग सभ्य भी हैं। उनकी तुलना बाल्मीकि से करते हैं तो दोहे तुलसीदास के ही उद्धृत करते हैं। उनकी तरह नहीं करते। लोग समझदार हैं। लोग बेहतरी की तरफ जाने को उत्सुक हैं। इससे पता चलता है कि लोगों में पिछले पचास वर्षों में कितनी आशाएँ और आकांक्षाएँ पैदा हुई हैं। इससे पता चलता है कि लोगों को पता है कि देश इक्कीसवीं सदी की तरफ बढ़ रहा है।

हम सिर्फ पाँच और आप पूरे 95

हमारे भूतपूर्व प्रधानमंत्री चंद्रशेखर ने भारत की आजादी के इस स्वर्ण जयंती वर्ष में बहुत पते की बात कही है कि इस देश के सिर्फ पाँच प्रतिशत लोग बेईमान हैं। फिर भी हल्ला मचाया जा रहा है कि यह बेईमानों का देश है।

बिल्कुल ठीक कहा है, चंद्रशेखरजी, आपने । कहते हैं कि इस समय देश की आबादी एक अरब है तो इस देश के सिर्फ पाँच करोड़ लोग ही तो बेईमान हुए। अगर मान लें कि हमारे देश की आबादी एक अरब न होकर 95 करोड़ है, तब भी बेईमानों की संख्या सिर्फ पौने पाँच करोड़ ही तो हुई। यह तो अन्याय है चंद्रशेखरजी की कि इन सिर्फ पौने पाँच या पाँच करोड़ लोगों की 100 प्रतिशत बेईमानी को लेकर इतना शोरगुल मचाया जा रहा है, देश को बदनाम किया जा रहा है।

ठीक है, हमारा देश गरीब है। उसमें लोगों के पास खाने को नहीं है, पहनने को कपड़ा नहीं है, रहने को जगह नहीं है, इसके बावजूद सिर्फ पाँच करोड़ लोग ही तो बेईमान हो पाए हैं। हमें तो खुशी मनाना चाहिए कि दस करोड़ लोग बेईमान नहीं हुए। होते तो 90 प्रतिशत ईमानदार लोग क्या कर लेते ? सिर्फ रोते ही न ! तो आजादी के पचास सालों की यही क्या कोई छोटी उपलब्धि है कि बेईमानों का आँकड़ा पाँच प्रतिशत से आगे नहीं बढ़ा ! हमें गर्व होना चाहिए इस बात पर। स्वर्ण जयंती वर्ष में इसका जगह-जगह प्रचार करना चाहिए था हमें।

मगर हालत यह है कि राष्ट्रपति से लेकर प्रधानमंत्री तक हर आदमी ठीक इसी बात पर रो रहा है। अरे, क्या आप यह चाहते हैं कि इस विशाल देश में कोई भी बेईमान न रहे, सब-के-सब ईमानदार हो जाएँ ! तब एकता में विविधता का क्या होगा ? सारे ही ईमानदार हो गए तो विविधता कैसे बचेगी ? और विविधता नहीं बची तो एकता कैसे बचेगी ? तो भई, ये पाँच या पौने पाँच करोड़ लोग बेईमानी सिर्फ इसलिए कर रहे हैं कि देश में एकता में विविधता बनी रहे, देश की एकता-अखंडता की रक्षा हो ! देश के बुनियादी चरित्र की रक्षा का सवाल है बाबा, पाँच प्रतिशत लोग इसकी अनदेखी कैसे कर सकते हैं ! आखिर वे भी तो देश के नागरिक हैं। अरे, पाँच प्रतिशत से ज्यादा तो दूध में पानी, मिर्च में गेरू, डीजल में मिट्टी का तेल और गेहूँ में कंकड़ होते हैं। इतनी-सी बात से, और वह भी हिंदुस्तानी होकर घबरा गए ?

अब इस बात पर एक और तरह से विचार कीजिए। मान लीजिए, हम पाँच बेईमान

हैं और आप 95 ईमानदार हैं। आपमें और हममें फर्क सिर्फ यह है कि हमारे पास मर्सीडीज, सिएलो, फोर्ड, टोयटा और मारुति कार है, आपके पास नहीं है। कारें कितनी हैं पाँच और आप बे-कार कितने हैं 95 ! बहुमत में कौन है—आप। मान लीजिए, हम पाँच लोग पाँच सितारा होटल में डिनर लेते हैं। बाकी बचे आप 95। इसमें 30-35 लोग भूखे ही सोएँगे। लेकिन 60 कुछ-न-कुछ तो खाएँगे ही ! बहुमत में कौन हुआ—आप। जनतंत्र में महत्त्व किसका है—बहुमत का ! बहुमत किसका होगा—आपका। जनतंत्र कौन चलाएँगे—आप ! तो आप बड़े या हम ! निश्चय ही आप ! सुना आपने, आप बड़े हैं। और हम हैं छोटे।

मान लीजिए कि हम पाँच लोग विदेश यात्रा पर जाएँगे। कितने जाएँगे—सिर्फ पाँच। देश में कितने लोग रहेंगे—95। मान लो, देश पर संकट आ गया। युद्ध हो गया समझो। आप 95 देश में हैं। मरेंगे भी तो आप में से कितने मरेंगे—पाँच या दस या पंद्रह। कम-से-कम कितने बचेंगे 80। 80 बचे तो देश बच ही जाएगा। तो हम पाँच के यहाँ न रहने से क्या फर्क पड़ेगा ? कुछ भी नहीं। फिर हम भी तो भारतवासी ही हैं न ! विदेश से कभी-न-कभी तो स्वदेश वापस आ ही जाएँगे।

इस प्रकार हम पाँच प्रतिशत कितनी भी बेईमानी कर लें मगर हमेशा अल्पसंख्यक ही रहेंगे और भाइयों अल्पसंख्यकों की पीड़ा तो आप जानते ही हैं। कब बहुसंख्यक उनकी मस्जिद गिरा दें, क्या पता ! इसलिए भाइयों हम तो हमेशा खतरे में हैं। मौज तो आपकी है। आप बहुसंख्यक हो और रहोगे। देश तो आप ही चलाओगे और बनाओगे। हम तो हद-से-हद संसद में भाषण दे देंगे, चुनाव लड़ लेंगे, गुंडों का सहारा ले लेंगे, कमीशन खा लेंगे, बोरों में करोड़ों रुपया भर लेंगे, ब्रीफकेस भर-भर रुपया ले लेंगे, ठेके अपनों को दे देंगे, अपनी बीवी को मुख्यमंत्री बना देंगे, अपनों को गैस एजेंसी दे देंगे, घर में इटालियन टाइल्स लगवा लेंगे, मुफ्त में अमरीका में इलाज करवा लेंगे, स्विस बैंकों में पैसा जमा कर लेंगे। इससे ज्यादा हम कर भी क्या सकते हैं ! कहा न, हम अल्पसंख्यक हैं और हमेशा देश को दिशा तो अंततः आप 95 प्रतिशत ही देंगे। धर्मनिरपेक्षता, समाजवाद और संसदीय लोकतंत्र की रक्षा तो आप ही करेंगे। करो भाई करो, अच्छा काम है। चलो, इसका श्रेय आप ही लूट लो। दरअसल हम भी क्या-क्या लूटें—हम हैं भी तो केवल पाँच प्रतिशत ! सुना आपने, हम कितने हैं—सिर्फ पाँच प्रतिशत !

मिश्राजी ने हमें भ्रष्ट कर दिया

साफ बात है कि हम तो भ्रष्ट होना चाहते नहीं थे। मगर मिश्राजी ने भ्रष्ट कर दिया। हुआ यह कि एक दिन मिश्राजी हमारे घर टपक पड़े। उन्होंने अपना परिचय दिया कि उनका नाम फलाँ मिश्रा है और वे फलाँ श्रीवास्तवजी से मिलने आए थे, जो कि मेरे दफ्तर में मेरे सहायक हैं। उन्होंने बताया कि श्रीवास्तवजी मेरी बहुत तारीफ कर रहे थे। वे कह रहे थे कि इतने बड़े पद पर हैं हमारे बॉस, इतने ठेके वगैरह उन्हीं के दस्तखत से दिए जाते हैं मगर कभी किसी से वे एक पैसा तक नहीं लेते। बड़े भले आदमी हैं, मिलनसार हैं, यारों के यार हैं। किसी का बुरा नहीं करते। हरेक का भला सोचते हैं।

मिश्राजी ने आगे कहा, "यह सब सुनकर मेरी आपके प्रति श्रद्धा बहुत बढ़ गई है। आज के जमाने में ऐसे इनसान मिलते ही कहाँ हैं। मैं ठेकेदार हूँ मगर मैं ईमानदारी में भरोसा रखता हूँ। आप-हम जैसे चंद ईमानदारों के दम पर ही यह दुनिया टिकी हुई है। आपसे मिलकर बहुत खुशी हुई। कभी-कभी मैं आपके दर्शन किया करूँगा। अच्छा, प्रणाम।"

यह कहने के बाद वह फिर से मेरी तरफ मुड़े। उन्होंने मुस्कुराकर कहा, "अरे, बच्चों से तो परिचय हुआ ही नहीं !" उन्होंने मेरे बच्चों से उनके नाम पूछे। उनकी क्लास पूछी। परीक्षा में उन्हें कितने नंबर आए हैं, यह पूछा। फिर बच्चों के 'ब्रिलियंस' की मुझसे तारीफ की। फिर अपना पर्स निकाला। मैं समझ गया कि ये अब मेरे बच्चों को कुछ देंगे। मैंने उन्हें रोका। वे रुके नहीं। समझाया तो समझने को तैयार नहीं हुए। मनाया तो मानने के लिए तैयार नहीं हुए। उन्होंने खुद को बच्चों का 'चाचा' बना लिया। पाँच-पाँच सौ के दो नोट उन्होंने अपने पर्स से निकाले और दोनों बच्चों को देकर ही माने। बच्चों से उन्होंने कहा, 'आइस्क्रीम खाना।'

चार-छह दिन बाद वे फिर आए। वे अपने साथ एक बहुत बड़ा फ्रिज लाए थे। उन्होंने मजदूर को आदेश दिया, 'इसे घर में ले आओ।' मैं मिश्राजी पर गुस्सा हुआ, 'यह आप क्या कर रहे हैं ?' उन्होंने नकली गुस्सा दिखाया और कहा, 'आप चुप रहिए। मैं आपका बड़ा भाई हूँ। बच्चों का ताऊ हूँ। आपकी पत्नी मेरी बहू है। मेरा भी इस घर पर हक बनता है। मेरे छोटे भाई के घर फ्रिज तक न हो, और मैं देखता रहूँ ? आप मत देना मुझे ठेका। मुझे ठेका चाहिए भी नहीं। मैं तो प्रेम का भूखा हूँ। व्यक्ति से संबंध स्वार्थ के लिए नहीं बनाता हूँ।' वगैरह-वगैरह। उन्होंने लंबा भाषण दिया। मेरी

बीवी इससे प्रभावित हो गई। मेरे बच्चे कहने लगे, 'खुद तो आप फ्रिज लाते नहीं और ताऊजी लाए हैं तो उनसे भी मना कर रहे हैं।' बस, वे यही कहना बाकी था कि आपको ऐसी हरकत करते शरम नहीं आती ?

अगली बार रस्तोगी साहब आए। वे मिश्राजी और श्रीवास्तवजी–दोनों के दोस्त थे। उन्होंने भी मेरी 'ईमानदारी' के चर्चे सुन रखे थे। मिश्राजी ने उन्हें बताया था कि मैं एक पैसा नहीं लेता। मैं बहुत भला और आदर्शवादी आदमी हूँ। फिर रस्तोगी जी ने पूछा, 'आज शाम आपका क्या कार्यक्रम है।' मैंने हँसकर कहा, 'टी. वी. देखने का।' उन्होंने कहा, 'मारिए गोली टी. वी.-शी. वी. को। आइए, बच्चों को पंद्रह अगस्त की रोशनी दिखा लाते हैं।...बच्चों तैयार हो जाओ, भाभीजी आप भी तैयार हो जाइए।''

मैंने अपने स्वभाव के अनुसार रस्तोगीजी से मना किया। बच्चों से मना किया मगर कोई नहीं माना। मैंने भी सोचा, करना क्या है, सिर्फ रोशनी ही तो देखनी है। मैं भी चल दिया।

रास्ते में आइस्क्रीम की दुकान आई। रस्तोगीजी ने बच्चों को और हमें आइस्क्रीम खिलाई। फिर रोशनी दिखाई। फिर वे कार को एक पाँच सितारा होटल में ले गए। कहा, 'आइए।' हमने कहा, 'ये क्या ?' उन्होंने कहा, 'कुछ नहीं, दाल-रोटी खाते हैं। अब भाभीजी घर पर खाना बनाएँगी, यह अच्छा लगता है क्या ?' 'भाभीजी' ने भी ऊपरी मन से मना किया। हमने भी ऊपरी मन से ही मना किया। क्योंकि हम सोच रहे थे कि पाँच सितारा होटल में खाने का पहला-पहला अवसर, वह भी सपरिवार मिल रहा है तो हम क्यों गँवाएँ !

हमने और रस्तोगी साहब ने पहले बीयर पी। फिर सबने खाना खाया।

अगले दिन रस्तोगी साहब टेलीविजन ले आए। आदतन हमने मना किया। वे नहीं माने।

इसी तरह भार्गवजी से परिचय हुआ और वे म्यूजिक-सिस्टम ले आए। खन्नाजी स्कूटर ले आए। शर्माजी ने हमारे बच्चों का एडमिशन बड़े स्कूल में करा दिया। गुप्ताजी कार की चाभी थमा गए। हरिभाई ने फ्लैट मेरी पत्नी के नाम बुक करा दिया। फिर हम रिश्वत माँगने लगे, वे देने लगे। कई बार सौदेबाजी की नौबत भी आई।

तो हम भ्रष्ट होना चाहते नहीं थे मगर मिश्राजी ने हमें भ्रष्ट कर दिया। मिश्राजी ने रस्तोगीजी को भेजा। रस्तोगीजी ने भार्गवजी को हमारा पता बता दिया। खन्नाजी भी भार्गवजी से पता लेकर आ गए। फिर तो हमारा नाम मशहूर हो गया, हमारा काम मशहूर हो गया, हमारा दाम मशहूर हो गया। फिर तो लोग आते ही चले गए। चारा कांड के बाद हम कुछ-कुछ डरे। लेकिन डरने कौन देता ? लोगों ने कहा, 'जो डरा सो मरा।'

हमें मरना नहीं था, सो हम डरे नहीं।

लिखना छोड़, घोटाला कर

मेरे मित्र-परिचित अक्सर मुझसे पूछते हैं, 'और बंधु, आजकल क्या कर रहे हो ?'

लगता है कि लोग 'बंधु' को बेरोजगार समझे हुए हैं या लोगों का लगता है कि जो कुछ मैं कर रहा हूँ वह कुछ नहीं है। एक बार मैंने एक से कहा भी कि 'भाई मेरे, मैं लिख रहा हूँ। और क्या करूँ ?' उसने कहा, 'लिख रहे हो, यह तो हम जानते ही हैं। मगर कर क्या रहे हो ? अपने और बच्चों के लिए कुछ कर रहे हो या नहीं ? या लिखते ही रहोगे ? भविष्य के बारे में कुछ सोचा है तुमने ? लिखने से कुछ नहीं होनेवाला। न समाज बदलनेवाला है, न तुम्हारा भाग्य। कुछ करो। अब भी मौका है। नहीं तो चिड़िया खेत चुग जाएगी और तुम पछताते रह जाओगे।'

उसके बाद से कोई भी मुझसे पूछता है कि तुम क्या कर रहे हो तो मैं शरम से सिर झुका लेता हूँ। कुछ कहता नहीं। फिर भी यार लोग पूछना नहीं छोड़ते हैं। 'और बंधु क्या कर रहे हो ?' की रट लगाए ही रहते हैं।

अब तो सिर झुकाते-झुकाते मेरी गरदन भी दुखने लगी है। सोचता हूँ, मैं भी कुछ कर ही दूँ। मित्रों की आशाओं को पूरा कर ही दूँ। घोटालों का मौसम है। मैं भी एक कर ही दूँ। सफल हो गया तो पौ बारह। असफल रहा तो भी कोई बात नहीं। जहाँ हूँ, वहाँ तो हूँ ही। सफल रहा तो लाभ यह रहेगा कि कोई फिर पूछेगा नहीं कि और बंधु आजकल तुम क्या कर रहे हो। सबको पता रहेगा कि मैं क्या कर रहा हूँ। लोग मुझसे पूछने की बजाय आपस में फुसफुसाएँगे, स्वयं एक-दूसरे को बताएँगे कि मैं क्या कर रहा हूँ।

दूसरा लाभ यह रहेगा कि गरदन ऊँची रहा करेगी। तनी रहेगी। सीना फूला रहेगा। आत्मविश्वास बढ़ा रहेगा। जो मुझे नमस्कार नहीं करते हैं, वे नमस्कार करने लगेंगे। जो मुझे मूर्ख मानते हैं, वे समझदार मानने लगेंगे। जो मुझे वक्त से पीछे मानते थे, वे मुझे वक्त से आगे मानने लगेंगे। जो चिढ़ते हैं, वे मुस्कुराकर हाथ मिलाने लगेंगे। तीसरा लाभ यह रहेगा कि मेरा कहीं कुछ नहीं बिगड़ेगा, बल्कि जहाँ-जहाँ बिगड़ा हुआ है, वहाँ-वहाँ भी सुधर जाएगा। बच्चे का एडमिशन नहीं हो रहा है, एक लाख रुपए फेंकूँगा, हो जाएगा। पत्नी नाराज रहती है। उसके लिए साड़ी और गहने खरीदने लगूँगा, खुश हो जाएगी। मुझे बस में चलता देखकर जो मेरी रचनाओं की उपेक्षा करते हैं, वे प्रशंसा करने लगेंगे। जो अफसर काम नहीं करते, वे काम करने लगेंगे। कांग्रेस अध्यक्ष कहेंगे कि यह आदमी सांप्रदायिक नहीं है, सिर्फ भ्रष्ट है; अतः इसे फौरन कांग्रेस में ले लो।

कांग्रेस से सुखराम चले गए, जगन्नाथ मिश्र चले गए, रामलखन सिंह यादव चले गए। कांग्रेस में जो दस प्रतिशत भ्रष्ट हैं, उनमें दशमलव 0001 प्रतिशत की कमी हो गई है। इसे भर्ती कर लो, क्षतिपूर्ति हो जाएगी। भाजपा के नेता कहेंगे कि इसे कांग्रेसी अपनी पार्टी में ले लें, इससे पहले हम अपनी पार्टी में इसे ले लेंगे। यह आज सांप्रदायिक नहीं है तो क्या हुआ, मार्क्सवादी सांप्रदायिक होकर हमारे संग आ गए हैं, यह भी एक दिन आ जाएगा। जहाँ तक इसके भ्रष्ट होने का सवाल है तो अभी इसके खिलाफ सिर्फ आरोप-पत्र जारी हुआ है। अगर मैं हवाला के आरोपों से छूट गया, विद्याचरण शुक्ल छूट गए, अर्जुन सिंह छूट गए तो यह भी छूट जाएगा। यह अंततः हम सब की तरह ईमानदार साबित होकर रहेगा। इसे पार्टी में ले लो।

घोटाला करने में लाभ ही लाभ है। अभी मैं हिंदी के अखबारों में यत्र-तत्र लिखता हूँ। फिर भी कोई नेता नहीं जानता कि यह शख्स कौन है ? तब फ्रंट पेज पर फोटो छपेंगे। टी. वी. न्यूज में मेरी मुस्कुराती हुई तसवीरें दिखेंगी तो बच्चा-बच्चा मुझे जान जाएगा। हिंदुस्तान का बच्चा-बच्चा मुझे जाने, मेरी यह साधना पूरी हो जाएगी। छापा पड़ेगा तो पड़ोसियों में मेरी प्रतिष्ठा बढ़ जाएगी। जो खाने को दौड़ते हैं, वे खिलाने को दौड़ेंगे। इस सत्य की प्रतिष्ठा हो जाएगी कि दूसरों पर व्यंग्य करनेवाला स्वयं भी घोटालेबाज हो सकता है। दरोगा सैल्यूट मारने लगेगा। फोन कभी खराब नहीं रहेगा। बिजलीवाले शिकायत पर फौरन ध्यान देंगे। दुकानदारों को भरोसा हो जाएगा कि जो कुछ उधार लिया है, सब ब्याज समेत लौट आएगा। मोहल्ले और शहर के गुंडे सेवा का अवसर प्राप्त करने के लिए प्रार्थना-पत्र लेकर आने लगेंगे।

जातिवालों को उम्मीद हो जाएगी कि अब यह जाति की पंचायत में जरूर आना शुरू करेगा। मोहल्ले में स्थित सभी एक दर्जन मंदिरों के पुजारी आशान्वित हो जाएँगे कि यह अब पत्नी समेत जरूर मंदिर आया करेगा और दान-पुण्य करेगा। निरीश्वरवादी से ईश्वरवादी हो जाएगा। ईश्वरवादी से पुजारीवादी हो जाएगा।

मैं तो अपने घोटालेबाज होने में सिर्फ फायदा ही देखता हूँ। घर में ए. सी. नहीं है, ए. सी. आ जाएगा। टी. वी., जिसे संग्रहालय में चला जाना चाहिए था, चला जाएगा और नया आ जाएगा। कभी 1200 रुपए में खरीदी वाशिंग मशीन की जगह नई वाशिंग मशीन ले लेगी। डी. टी. सी. बस की जगह मर्सिडीज बेंज ले लगी। रेलगाड़ी के दूसरी श्रेणी के डिब्बे की जगह हवाई जहाज की एक्जीक्यूटिव क्लास ले लेगी। अभी तक नैनीताल में अपने दोस्त के घर ठहरकर सपरिवार छुट्टियाँ बिताता था, अब छुट्टियाँ विदेश में बिताने लगूँगा। भाषण देने की कला सीख जाऊँगा। अंग्रेजी बेहतर बोलना आ जाएगी। विद्वान, दानी, समाज सेवक, राष्ट्रवादी, धर्मपरायण—सब माना जाने लगूँगा।

वैसे भी पूरा देश आजादी की पचासवीं वर्षगाँठ मना रहा है। उत्सव का माहौल है। घोटालों की बहार है। तो मैं ही क्यों गरदन लटकाए उदास घूमूँ ? क्यों लोगों को अपनी देशभक्ति पर संदेह करने का मौका दूँ ?

घोटाला और मैं

एक इंस्पैक्टर साहब सुबह-सुबह मेरे घर पधार गए।

पधारे वे थे। कायदे से भले इनसान की तरह उन्हें मुझसे नमस्कार करना चाहिए था। मगर पुलिस इंस्पैक्टर थे। पद की गरिमा को गिरा नहीं सकते थे। मैं साधारण नागरिक हूँ। मेरा काम है पुलिस की मदद करना तो मैंने ही उन्हें नमस्कार कर लिया।

उन्होंने बड़े रूखे ढंग से जवाब दिया (अलबत्ता जवाब जरूर दिया), ''नमस्कार-नमस्कार''

''भारत का यह नागरिक आपकी क्या सेवा कर सकता है ?'' मैंने झुककर निवेदन किया।

''सेवा तो हम करते हैं। तू क्या हमारी सेवा करेगा।'' उन्होंने कहा। वे कुछ देर चुप रहे। शायद मुझे अवसर देना चाहते थे। लेकिन मैं तो अवसरवादी हूँ नहीं। मैं चुप ही रहा। तब उन्होंने अपना मुखड़ा खोला, ''तू कोई घोटाला किया है ?''

''कौन सा प्रतिभूति ? वह तो नहीं किया।'' मैंने सफाई दी।

''चारा घोटाला ?'' उन्होंने पूछा।

''बिहार से मेरा उतना ही संबंध है, जितना कि बिहार से ब्रिटेन का है। मैं तो पटना भी नहीं गया। बंबई नहीं गया, इसलिए जूता घोटाला भी नहीं किया मैंने।''

''कोई तो किया होगा ?'' उन्होंने पूछा।

''नहीं किया।''

''इसका मतलब है कि मैं वापस जाऊँ ?'' इंस्पैक्टर साहब ने मुझसे पूछा।

''जाएँगे क्यों ? चाय पीते जाइए। ठंड का मौसम है।''

''सुबह-सुबह तू हमें चाय पिलाएगा ?''

मैंने कहा, ''सुबह-सुबह तो चाय ही पिलाई जाती है। अभी तो ठेके भी नहीं खुले होंगे।''

''तो क्या तू समझता है, हम दारू पीते हैं ? इतना दुष्चरित्र समझा है तूने हमें ? अच्छा ऐसा कर अभी तो चाय पिला दे। शाम को दारू पिला देना।'' फिर कुछ देर उन्होंने सोचा और कहा, ''तूने घोटाला क्यों नहीं किया भाई ? राव ने किया, शर्मा ने किया, वर्मा ने किया, यादव ने किया। जो जहाँ था, घोटाला कर रहा था। तूने क्यों नहीं किया ? प्रेरणा के परनाले बह रहे थे और तू उनमें बहा तक नहीं ? कैसा इनसान

है रे तू, इनसान है या पशु है ?''

इंस्पैक्टर साहब ने इतना धिक्कारा तो मेरी आत्मा विचलित हो गई। उससे यह 'लांछन' बरदाश्त नहीं हुआ। मैंने कहा, ''अब कर दूँ ?''

इंस्पैक्टर साहब नाराज हो गए। ''अब क्या करेगा तू ? जब कर सकता था, तब नहीं किया। करता तो मजे से जेल में रहता। चंद्रास्वामी से वहाँ तेरा मेलजोल बढ़ता। मामाजी का आशीर्वाद तुझे मिलता। सुखरामजी की संगत का सुख मिलता। कल्पनाथ राय से राय-मशविरे का मौका मिलता। भगतजी की भक्ति का सुनहरा अवसर मिलता। और भी न जाने कौन-कौन आते-जाते हैं वहाँ, उनसे संपर्क का लाभ मिलता। गधे का गधा रहा तू...अबे सुन, चाय के साथ ग्लूकोज बिस्कुट मत ले आना।''

''ग्लूकोज तो शरीर के लिए अच्छा रहता है, इंस्पैक्टर साहब। कहते हैं कि इससे थके-हारे शरीर में फुर्ती आ जाती है।''

''अबे क्या मैं सुबह से ही तुझे थका हुआ लग रहा हूँ ? पुलिस के बारे में इतने गलत खयालात तूने कब से पाल लिये हैं ? तू अच्छेवाले बिस्कुट खिलाना।''

''अच्छेवाले तो हैं नहीं। ग्लूकोज के ही हैं। वे भी लोकल मेड, '' मैंने रुआँसा होते हुए कहा।

'अबे साले इतना कंगला है, फिर भी घोटाला नहीं किया तूने ? इतना कंगला है तो तूने एक पुलिस इंस्पैक्टर से चाय पीने के लिए क्यों कहा ? तब तो तू दारू बिलकुल ही रद्दी पिलवाएगा हमें। लगता है, गैर-कानूनी शराब पिलवाएगा। मरवाएगा हमें तू। साले सरकारी आदमी के साथ ये सुलूक ?...जा बढ़िया बिस्कुट मँगवा।''

मैंने कहीं से ढूँढ-ढाँढकर पैसे निकाले, अपने बच्चे को बढ़िया बिस्कुट लाने भेजा। इस बीच इंस्पैक्टर साहब ने फिर पूछा, ''सच-सच बता तूने कोई घोटाला नहीं किया ?''

''सच कहता हूँ।''

उन्होंने पूछा, ''तो टी. वी. पर अपनी यह गंदी शक्ल दिखाने का शौक नहीं है तुझे ?''

''शौक तो है।''

''तो फिर ?'' वे चकित होकर बोले।

''तो फिर क्या ? टी. वी. पर अपनी शक्ल दिखाने के लिए घोटाला करूँ ?''

''कर-कर। जब हम तुझे घेरकर, तेरी बाँह पकड़कर चलेंगे तो हमारी तसवीर भी तो टी. वी. पर दिखेगी। तू अपना नहीं तो हमारा खयाल तो रख।''

''रखूँगा।''

''कब रखेगा ? मेरा यहाँ से तबादला हो जाएगा, तब ?'' इंस्पैक्टर ने बेचैनी से पूछा।

मैंने भी पूछ लिया, ''तो क्या मैं इधर घोटाला करूँगा और उधर आप मुझे पकड़ने आ जाओगे ? यह तो सरासर बेईमानी है। धोखा है। जब पुलिस ने किसी के साथ ऐसा नहीं किया तो मेरे साथ ही ऐसा क्यों ? दो-चार बँगले बना लेने दीजिए। कम-से-कम

दो-दो फार्म हाउस खरीद लेने दीजिए। दुई-चार होटलें बनवा लेने दीजिए। फोरेन बैंक एकाउंट खुलवा लेने दीजिए। जिंदगी का कुछ मजा ले लेने दीजिए। फिर आइए और मुझे जेल ले जाइए।''

इंस्पैक्टर तैश में आ गया। ''सरकार मेरी बाप लगती है जो तब तक मुझे यहाँ रोके रखेगी ?''

''तो मैं क्या करूँ? आप ही कोई उपाय बताइए। मैंने तो शुरू में ही कह दिया था कि मैं आपकी सेवा के लिए तत्पर हूँ।''

''तू कुछ मत कर गधे। जाने कहाँ से धरती पर चला आया। ले तेरा छोकरा बिस्कुट ले आया। जा अंदर से चाय मँगा... छोकरे बिस्कुट अंदर मत ले जा। इतने से तो हैं।'' फिर उन्होंने पैकेट खोला और एक बिस्कुट बच्चे को पकड़ा दिया और कहा, ''जा मौज कर।''

इस बीच चाय आ गई। उन्होंने चाय पी ली। फिर कहा, ''दक्षिणा ला।''

''चाय के बाद दक्षिणा ?'' मैंने आश्चर्य-सा प्रकट करने का प्रयत्न किया।

''कितना पीछे रह गया है रे तू ? क्या लंच तक हम तेरी दक्षिणा का इंतजार करें ? और यजमान हमारे नहीं हैं क्या ? हमें तूने भूखा-नंगा समझ रखा है ?''

लेकिन मैंने भोलेपन से पूछा, ''दक्षिणा किस बात की ?''

उन्होंने कहा, ''हमसे पूछ रहा है कि दक्षिणा किस बात की ? साले तेरे घर में तलाशी नहीं ली, इस बात की। तेरे पर विश्वास कर लिया, इस बात की। निकाल पाँच हजार।''

''पाँच हजार ?'' मेरी आँखें खुली-की-खुली रह गईं। बंद नहीं हुईं।

उन्होंने हिकारत से कहा, ''पाँच हजार क्या ज्यादा होते हैं ?'' फिर कुछ दया दिखाते हुए कहा, ''ला चार हजार ले आ। टाइम मत खराब कर। अकेली जान और हजार काम।''

चार हजार ? आँखें जो मेरी पहले से ही बंद नहीं हो रही थीं, खुली-की-खुली थीं। अब ऐसा लग रहा था कि निकलकर बाहर भी आ जाएँगी।

''इससे कम नहीं होंगे।'' उन्होंने घोषणा की।

''शायद घर में पाँच सौ हों।''

''चल-चल, जल्दी कर। जो हैं, सो ला। किस भुक्खड़ से पाला पड़ गया। आज का पूरा दिन खराब जाएगा।'' उन्होंने फिर मुझे मोटी-सी गाली दी।

मैंने पैसे लाकर दे दिए। तुरंत भोले-भंडारी की तरह वे प्रसन्न हो गए। बोले, ''तेरे यहाँ चाय अच्छी बनती है। लगता है, बार-बार पीने आना पड़ेगा...और कोई तकलीफ तो नहीं है तुझे। ऐं ? हो तो जरूर बताना। अच्छा जय हिंद।''

भ्रष्टाचार और मानवीयता

हमारे चाचा अपने जमाने के परम भ्रष्ट अधिकारी माने जाते थे। इस रूप में वे मशहूर काफी रहे मगर वह जमाना ही और था। वे कभी पकड़े नहीं गए। वे सादर रिटायर हुए और अब सगर्व जीवन के मजे लूट रहे हैं। बँगले में रह रहे हैं। मारुति चला रहे हैं। लॉन में बैठकर सुबह कॉफी और शाम को व्हिस्की पी रहे हैं। पौधों की मिट्टी बदल रहे हैं। चिड़ियों को दाना दे रहे हैं। चींटियों को आटा-चीनी खिला रहे हैं। सुबह-शाम देव-दर्शन कर रहे हैं। अध्यात्म-चर्चा में रस ले रहे हैं। समाज-सेवा कर रहे हैं। कसरत कर रहे हैं। टहल रहे हैं। विदेशी कुत्ते पाल रहे हैं और धमाके के साथ वायु प्रक्षेपण कर रहे हैं।

ईमानदारों को यह जानकर परम निराशा होगी कि वे पूर्ण स्वस्थ हैं। उनके बेटा, बेटी-दामाद—सब सुखी हैं। चाची भी मस्त हैं। किसी तरह का भौतिक-मानसिक संताप उन्हें नहीं है अभी तक।

गगर उस दिन सुबह चाचा अखबार पढ़ रहे थे कि अचानक हमने देखा कि उनकी आँखों में आँसू हैं। उन्होंने अखबार नीचे रख दिया है। वे आकाश ताक रहे हैं और अपने आँसुओं को निकलने से रोक रहे हैं।

हमने उनकी यह संतप्त अवस्था पहले नहीं देखी थी। हमने घबराकर पूछा, "क्या हुआ चाचा ? कोई बड़ा हादसा हो गया ? आपकी आँखों में वह भी आँसू ? बात क्या है ?"

हम सचमुच घबरा गए थे। कुछ भी कहो, वे हमारे चाचा हैं। भ्रष्ट होने का उनका और भतीजा होने का हमारा अधिकार छिन नहीं जाता। चाचा की आँखों में आँसू हम कैसे देख सकते थे ! भतीजे के रहते बूढ़े चाचा की आँखों में आँसू—यह तो हमारी जवानी का अपमान है। वे आँसू बहाएँ और हम देखते रहें, यह तो हमारे लिए डूब मरने की बात है। हमारे स्वर्गीय पिता क्या सोचेंगे ?

उन्होंने कहा, "बस यूँ ही आँसू आ गए। कोई बात नहीं।"

हमने कहा, "नहीं-नहीं चाचा, कोई बात तो होगी। क्या मेरी दादी की याद आ गई ?"

"नहीं रे, वह बात नहीं, मेरा दिल फटा जा रहा है।" चाचा ने जवाब दिया।

मैंने उन्हें सांत्वना दी, "क्या बात है, चाचा। मुझे तो बताइए। आपकी आँखों में

आँसू आज तक तो मैंने देखे नहीं। जरूर कोई गहरी बात है !''

''अरे, नहीं रे। कोई बात नहीं। जा तू, अपना काम कर।''

मैंने भी जिद की और कहा, ''चाचा, मैं भी आपका भतीजा हूँ, कारण जानकर ही रहूँगा। मुझे दहशत हो रही है।''

उन्होंने कहा, ''अच्छा जब तू जिद ही कर रहा है तो बताता हूँ। तूने आज का अखबार पढ़ा ? उसमें छपा है कि भारतीय पर्यटन निगम के दो आला अफसर अपने ही एक अधिकारी का एक लाख 40 हजार रुपए का भुगतान देने के लिए 30 हजार रुपए की रिश्वत माँग रहे थे। पकड़े गए।''

मैं हतप्रभ था। मैंने कहा, ''इतनी-सी बात पर आँसू आ गए आपको ? वैसे किस कारण आँसू आ गए आपको ? वे पकड़े गए, इस पर या वे रिश्वत माँग रहे थे, इस पर।''

''दोनों पर,'' उन्होंने जवाब दिया, ''लोग करोड़ों खाकर मजे लूट रहे हैं और ये बेचारे तीस हजार रुपए की वजह से पकड़े गए ? कोई बात है भला ? दूसरी तरफ मुझे दुख इस बात का भी है कि ये आला अफसर अपने ही एक अधिकारी से रिश्वत माँग रहे थे ? अब इतनी भी मानवीयता नहीं बची कि अपने ही दफ्तर के आदमी से रिश्वत न ले। यह तो घोर कलयुग है।''

मैंने चुटकी ली, ''चाचा, एक बात तो आप भूल गए। फिर से घर के भेदी ने लंका ढहा दी। जिससे रिश्वत माँगी जा रही थी, उसने ही अपने अफसरों के खिलाफ सी. बी. आई. से शिकायत कर दी। भला यह भी कोई बात है ?'

मैं ऐसी चुटकी अकसर लिया करता हूँ, लेकिन वे इतने गंभीर और गमगीन थे कि उन्होंने मेरी बात को भी गंभीरता से लिया। ''हाँ, यह पक्ष भी है। घर की बात थी, घर में निबटा लेते। विभीषण बनने की क्या जरूरत थी ? रावण होना बुरा है तो विभीषण होना तो उससे भी बुरा है। तुमने अच्छा प्वाइंट बताया।''

फिर कुछ देर रुककर वे बोले, ''लेकिन मानवीयता का इस तरह नाश नहीं होना चाहिए।''

''और भ्रष्टाचार का ?'' मैंने पूछा।

''होना चाहिए भतीजे। मगर भ्रष्टाचार तो सदा से था। सदा से है। सदा रहेगा। लेकिन मानवीयता पहले थी। अब उसका लोप हो रहा है।''

मैंने प्रतिकार किया, ''मानवीयता भी सदा से थी। सदा से है। सदा रहेगी।''

''कैसे रहेगी, बच्चे ?'' उन्होंने कहा, ''जब भ्रष्टाचार अपने ही लोगों को नहीं छोड़ेगा ? यह तो हद है सचमुच। इसका मतलब है कि भारतीय संस्कृति विनष्ट हो रही है।''

मैंने जवाब दिया, ''विनष्ट कैसे हो रही है ? मानवीयता को नष्ट करनेवाले अफसर गिरफ्तार भी तो कर लिए गए ? गिरफ्तार न किए गए होते तो हम मान भी लेते कि मानवीयता खत्म हो गई।''

मेरे खयाल से इस बार भी मैंने चुटकी ली थी। लेकिन वे तो परम गंभीर थे। उन्होंने कहा, ''तुम्हारी बात सही हो सकती है। लेकिन भतीजे, मात्र तीस हजार रुपए के लिए दो भले आदमियों को गिरफ्तार कर लेना कौन-सी मानवीयता है ? आज के जमाने में तीस हजार क्या होते हैं भला। 20 साल पुरानी फिएट भी नहीं आती इतने रुपयों में।''

चाचा की यह पहेली मेरी समझ में नहीं आई, ''चाचा एक और आपको अपने ही विभाग के एक आदमी से रिश्वत लेने की घटना मानवीयता का विनाश नजर आ रही है, दूसरी ओर रिश्वत लेनेवालों की गिरफ्तारी भी। आखिर आप क्या चाहते हैं ?''

फिर से उनकी आँखों में आँसू आ गए। उन्होंने कहा, ''मैं सिर्फ मानवीयता की रक्षा चाहता हूँ।''

इसके बाद वे फूट पड़े। हिचकियाँ लेने लगे। उनकी आँखों से अश्रुप्रवाह बह निकला। इस हालत में उनसे आगे कुछ भी कहना-सुनना 'अमानवीयता' होती। मैं उसके लिए पानी लाया। मैंने उनकी पीठ सहलाई। मेरी आँखों में भी आँसू आ गए थे। मैंने भर्राए गले से कहा, ''मत रोओ चाचा। मानवीयता बचेगी। जरूर बचेगी। इतना निराश होने की जरूरत नहीं। भ्रष्टाचार भी बचेगा और मानवीयता भी बचेगी। आपका सपना पूरा होगा। हम करेंगे आपका सपना पूरा।''

''सचमुच भतीजे !'' चाचा की आँखों में अब प्रसन्नता के आँसू थे।

''हाँ चाचा !'' मेरी आँखें भी डबडबा आईं थीं।

पैसा खानेवाली गाय

एक गाय ने दूसरी गाय से कहा, "चल री, आज अपन पैसा खाते हैं।"

दूसरी गाय भी भूखी थी। घास आस-पास कहीं थी नहीं। वह कुछ खाने को उतावली थी। फिर भी बहस कर बैठी, "क्यों सखी, पैसा क्यों खाएँ ? पैसा कोई खाने की चीज होती है ?"

पहली गाय का प्रस्ताव जरूर था मगर वह इतनी भी भूखी नहीं थी कि यह सवाल सुनकर गुस्सा हो जाए। उसने जीवन में एक ही बात सीखी थी—एक से दो भले। डंडे खाएँगे तो साथ-साथ और घास खाएँगे तो साथ-साथ। वह पैसा खाने का काम था—जिसे मनुष्य-जाति गोपनीय ढँग से करती है—मगर जिसे वह सार्वजनिक ढंग से करना चाहती थी। अतः उसने जवाब दिया, "आजकल मेरा मालिक पैसा खाने में मशगूल है, ऐसा उसके नौकर कह रहे थे। सखी मैं देखती हूँ कि आजकल वह बहुत खुश और बहुत तगड़ा हो रहा है। इसलिए मैंने सोचा, हम भी क्यों न खाएँ—खुशी से भर जाएँ और तगड़े हो जाएँ। हम कितनी मरियल हैं।"

दूसरी गाय ने इसमें एक पेंच निकाल दिया। उसने कहा, "तेरा क्या दिमाग खराब हुआ है ? हम अपने मालिक की बराबरी करेंगे ? हम अपने मालिक की बराबरी करेंगे तो हमें पालेगा कौन ? सड़क पर तो इतनी घास मिलती नहीं कि हम अपना पेट भर सकें। तू इन चक्करों में पत पड़। हम सदा से घास खाती आई हैं। सदा घास खाती रहेंगी। इसी में हमारी भलाई है। वे सदा से घास नहीं खाते रहे हैं। वे अब भी नहीं खाएँगे। इसी में उनकी भलाई है।"

पहली गाय ने फिर भी धैर्य नहीं खोया, वह बोली, "अरी पगली, मैं यह थोड़ी कह रही हूँ कि हम अपने मालिक से विद्रोह कर दें या उनकी बराबरी करने लगें। मैं तो सिर्फ इतना कह रही हूँ कि सुबह-सुबह सड़क पर जो अठन्नी-चवन्नी या रुपया-दस रुपया पड़ा दीख जाता है लेकिन हम उसे अपने लिए फालतू समझ उसकी तरफ देखती भी नहीं हैं, अब हम वह भी खाएँगी। फिर तू देखना कि हम कितनी खुश और कितनी तगड़ी हो जाएँगी। इससे मालिक का भी भला होगा। उसे ज्यादा दूध मिलेगा और वह उसमें ज्यादा पानी मिला सकेगा।"

दूसरी गाय को अब गुस्सा आ गया। उसने कहा, "तू भी कैसी मूर्खा है री। सड़क पर पड़े पैसे होते ही कितने हैं कि हम उन्हें खाकर तगड़े हो जाएँ। कभी पाँच ग्राम,

कभी दस ग्राम। हरी घास के कुछ तिनकों के बराबर। इतने-से पैसे खाकर भला कोई खुश और तगड़ा हो सकता है ?"

पहली गाय ने हार मान ली, "यह तो है।" यह सुनकर दूसरी गाय का हौसला बढ़ गया। उसने पूछा, "तूने देखा है, अपने मालिक को पैसे खाते ?"

पहली गाय ने जवाब दिया, "मैं कैसे देख सकती हूँ। मैं तो खूँटे से बँधी रहती हूँ। मेरे हिस्से में बासी रोटी, दाल, चावल आते हैं। मेरे लिए तो वे कभी पैसे की जूठन लेकर आए नहीं।"

"तो फिर ? मूर्खा, सुनी-सुनाई बातों पर विश्वास करती है ? कुछ तो सोचा कर तू भारतीय नागरिक न सही, भारतीय गाय तो है। देश के प्रति तेरा दायित्व भी है।"

पहली गाय ने इसके जवाब में कहा, "मगर मालिक के नौकर कह रहे थे यह बात—एक-दूसरे के कान में ।"

"कहते होंगे," दूसरी गाय ने तमककर जवाब दिया, "कान में कह रहे थे, यानी यह कोई बुरी बात है।" फिर उसने कुछ रुककर पूछा, "क्या वे यह भी कह रहे थे कि अब से हम भी पैसे खाएँगे ?"

"नहीं ऐसा तो वे नहीं कह रहे थे।"

"क्या वे कह रहे थे कि मालकिन और उनके बच्चे भी आजकल खूब पैसा खा रहे हैं ?"

"नहीं ऐसा भी नहीं कह रहे थे। लेकिन मालकिन भी आजकल खुश रहती हैं और खूब तगड़ी हो रही हैं।" पहली ने जवाब दिया।

"भैंस जैसी ?" दूसरी गाय ने उत्सुकता और ईर्ष्या से आगे पूछा।

"बिलकुल ठीक, वैसी। हालाँकि उनका रंग एकदम गोरा है।" पहली गाय ने जवाब दिया।

"मालिक ज्यादा मोटे हो रहे हैं या मालकिन ?"

"मालकिन।"

"तब तो यह साबित हुआ कि पैसे खाने से ज्यादा अच्छा घास खाना ही है।" दूसरी गाय ने अपना निष्कर्ष दिया।

पहली गाय इस निष्कर्ष से चौंक गई। उसने पूछा, "क्यों ?"

"इसलिए कि मालकिन भैंस जैसी तगड़ी हो रही हैं और भैंस खाती है घास। इसलिए हो सकता है कि मालिक पैसे खा रहे हों और मालकिन घास। आओ हम भी अपने लिए घास का इंतजाम करने चलें। सूरज आसमान में चढ़ रहा है।"

दर्द का दवा होना

कुछ लोग, कुछ चीजों से परेशान रहते हैं। कुछ लोग, उन्हीं चीजों से परेशान नहीं रहते। यह जीवन का सत्य है।

भ्रष्टाचार से कुछ लोग परेशान नहीं रहते, कुछ लोग रहते हैं। यह जीवन का सत्य है।

जैसे मैं हूँ। मैं हद-से-हद शब्दों का भ्रष्टाचार कर सकता हूँ, लेकिन मैं धन के भ्रष्टाचार से भी परेशान नहीं रहता।

इसका कारण यह है कि अब परेशान होने से कोई फायदा नहीं रहा। दर्द का हद से गुजरना ही उसका दवा हो जाना है। इसलिए बेहतर यह है कि अब भ्रष्टाचार से परेशान न होने का कुछ तर्कसम्मत-विवेकसम्मत आधार ढूँढे। ऐसा एक आधार मैंने ढूँढ भी लिया है।

मेरा मानना है कि ज्यादा भ्रष्टाचार ज्यादा विकास का सूचक है। विकास के बगैर भ्रष्टाचार नहीं हो सकता। इसलिए ज्यादा भ्रष्टाचार हो रहा है, इसका अर्थ है कि ज्यादा विकास हो रहा है। जैसे सड़क बनना विकास है। सड़क बनने को आप विकास नहीं मानते तो बाँध बनने को मानते होंगे।

सड़क या बाँध बिना मजूदरों के तो बन सकता है मगर बिना ठेकेदार के नहीं बन सकता। बाँध की या सड़क की या पुल की कल्पना के केंद्र में एक ठेकेदार हमेशा होता है।

अब ठेकेदार या तो बाँध बनाता है या नहीं बनाता है। लेकिन दोनों ही स्थितियों में सरकार के खजाने से पैसा निकलता है। विकास की प्रक्रिया आरंभ होती है।

चलिए हम एक ऐसी स्थिति की कल्पना कर लेते हैं कि ठेकेदार का बाप भी चाहे कि बिना बाँध बनाए ही कमा लूँ, यह संभव नहीं है तो वह बाँध बनाता है।

बाँध बनाने के लिए मिट्टी खुदेगी। मिट्टी भी यूँ ही नहीं खुद जाएगी। अपने साथ कुछ और भी खोद लाएगी। लेकिन, हम अपने सुविधा के लिए मान लेते हैं कि मिट्टी यूँ ही खुद गई। अब सीमेंट और बालू की भूमिका शुरू हुई।

अब ठेकेदार सीमेंट कम और बालू ज्यादा मिलाएगा। वह बालू ज्यादा मिलाएगा तो वहाँ उपस्थित ओव्हरसियर इस पर आपत्ति करेगा। वह इंजीनियर को सूचित करेगा। ओव्हरसियर का आपत्ति करना सर्वथा वैधानिक है, कानूनसम्मत है। वह सरकारी

अधिकारी है। जनता के हितों का रक्षक है वह। उसे आपत्ति करनी ही चाहिए। इसी की तनख्वाह वह सरकार से लेता है।

जब ओव्हरसियर इंजीनियर से आपत्ति करेगा तो इंजीनियर कहेगा कि ठीक है, इसे मैं देख लूँगा। इसके बाद ओव्हरसियर का एक ही काम रह जाता है कि वह इंजीनियर को देखता रहे, ताकि सब कुछ स्वयं इंज़ीनियर ही न देख ले।

अब जब इंजीनियर आपत्ति करेगा तो ठेकेदार उस आपत्ति को दूर करेगा।

आपत्ति दूर करने के दो तरीके हो सकते हैं : एक तो, वह जो काम हो चुका है, उसे तोड़े। फिर सीमेंट तथा बालू का अनुपात ठीक रखे और रखता ही चला जाए। यानी काम ठीक करे।

ठेकेदार ऐसा करेगा तो फिर वह किस बात की ठेकेदारी कर रहा है ? किसके लिए कर रहा है ? फिर तो उसे ठेकेदारी के इस प्राचीन पेशे का कलंक समझा ही जाना चाहिए। कोई ठेकेदार जान-बूझकर अपने पेशे को कलंकित नहीं करेगा।

आपत्ति दूर करने का दूसरा तरीका है कि ठेकेदार इंजीनियर को उस जगह से हटवाए। हटवाना भी दो प्रकार का है। एक तो यह है कि इंजीनियर को चाय-सिगरेट-दारू पिलाओ, ए. सी. में बैठाओ। यानी उसे 'साइट' से हटा दो, दूसरा तरीका यह है कि न माने तो उसका स्थानांतरण करवा दो।

सिंचाई विभाग का इंजीनियर भी कम अनुभवी नहीं होता। वह साइट से हटना पसंद करता है। लेकिन जाहिर है कि सिर्फ खा-पीकर नहीं। यह खाना-पीना तो लेने-देने की पूर्व पीठिका मात्र है। इस तरह इंजीनियर की ओर से समस्त आपत्तियाँ दूर हो जाती हैं। बाँध बनने लगता है। विकास होने लगता है। बाँध की ऊँचाई को बढ़ते देख स्थानीय जनता हर्षित होने लगती है।

जब विधायक देखता है कि उसके हस्तक्षेप के बगैर उसके क्षेत्र में विकास हो रहा है तो वह शंकित हो जाता है। वह जानता है कि सहज हानि की तरह सहज विकास संभव नहीं है। अतः दाल में कहीं-न-कहीं कुछ काला अवश्य है। जहाँ काला है, वहाँ उसकी भूमिका अपेक्षित है। वह राजनीतिक प्राणी है। उसकी घ्राणशक्ति कुत्ते की तरह तीव्र होती है। वह जान लेता है कि कहाँ क्या है।

वह ठेकेदार तथा इंजीनियर को 'संदेश' भेजता है। चीफ इंजीनियर को वह पत्र लिखता है कि विकास हो रहा है मगर क्षेत्र के विधायक की उपेक्षा हो रही है। जन-प्रतिनिधि से पूछा नहीं जा रहा। मुझे घपले की बू आ रही है।

विधायक की बू दूर करने के लिए एक ही तरीका है कि उसके कपड़ों पर सेंट छिड़का जाए। उसे ज्यादा बू आती है तो उस पर अच्छा और ज्यादा सेंट छिड़का जाए। उसकी बू अंततः दूर हो जाती है। वह भी अपने क्षेत्र के विकास में सक्रिय सहयोग देने लगता है। राजनीतिक स्तर पर आनेवाली समस्त बाधाएँ दूर करने लगता है। सवाल अपने क्षेत्र और अपने विकास का है।

यों विधायक का विकास कार्य में सक्रिय योगदान मंत्री को सशंकित कर देता है।

उसकी शंका दूर की जाती है तो मुख्यमंत्री सशंकित हो उठता है। उसकी आशंकाएँ दूर की जाती हैं तो प्रधानमंत्री चिंतित हो जाते हैं। कहने लगते हैं कि रुपए में सिर्फ दस पैसे लोगों के पास पहुँच रहे हैं। कुछ करना पड़ेगा।

लेकिन प्रधानमंत्री से लेकर ओव्हरसियर तक कोई नहीं चाहता कि विकास कार्य रुके। जितना पहुँच रहा है, लोगों तक विकास का लाभ कम-से-कम उतना तो अवश्य पहुँचे। लोगों का जितना भला हो रहा है उतना तो हो। भ्रष्टाचार की वजह से विकास कार्य तो न रुके। हर अच्छाई के साथ बुराई और हर बुराई के साथ अच्छाई जुड़ी है। उसे देखने का एकांगी तरीका तो यह है कि बुराई और सिर्फ बुराई को देखा जाए। उभय-पक्षीय ढंग यह है कि बुराई और अच्छाई--दोनों को समदृष्टि से देखा जाए। और समदृष्टि यह है कि अच्छाई के साथ ज्यादा बुराई हो तो भी अच्छाई का साथ दिया जाए और बुराई की उपेक्षा की जाए। हमारे राष्ट्र नेताओं का समदृष्टि से विकास हो इसलिए अधिक विकास पर ज्यादा बल रहता है। हालाँकि बिहार और उत्तर प्रदेश में विकास किए बगैर भ्रष्टाचार करने की अत्यंत विकसित पद्धतियाँ खोज ली गई हैं। लेकिन, अभी इस बात की खोज नहीं हो पाई है कि इनका प्रयोग बिहार और उत्तर प्रदेश से बाहर कैसे किया जा सकता है। अनुसंधान-कार्य जारी है।

गरीब नेता का बँगला

वह एक गरीब नेता था। आप कहेंगे कि यह बिल्कुल गलत है। वह गरीब था तो नेता क्यों था और नेता था तो गरीब क्यों था ?

आप कहेंगे कि मेरा वाक्य इस प्रकार होना चाहिए था। 'एक गरीब था और एक नेता था। वह गरीब था, इसलिए नेता नहीं था। वह नेता था, इसलिए गरीब नहीं था।' सिद्धांतः आपकी बात सही है। लेकिन ऐसा था। वह गरीब था और नेता भी था। यथार्थ कई बार कल्पना से अधिक अविश्वसनीय होता है।

वह एक सरकारी बँगले में रहता था। वह नेता था, इसलिए उसे सरकारी बँगले में तो रहना ही था। वह बँगले में उसी तरह रहता था, जिस तरह बँगले में रहनेवाले लोग उसमें रहते हैं। अब आप फिर से पूछेंगे कि वह गरीब नेता था तो बँगले में कैसे रहता था, और अगर बँगले में वह ठाठ से रहता था तो वह गरीब नेता कैसे था ?

वह गरीब नेता इसलिए था कि वह अपने-आपको गरीब कहता था। नेता तो वह था ही। इस प्रकार वह गरीब नेता था।

मगर दरअसल गरीब नेता वह इसलिए था कि दस एकड़ में फैले दस कमरे के बँगले का किराया, जोकि मात्र 150 रुपए था, उससे कभी नहीं दिया गया ! नोटिस-पर-नोटिस आते रहे और उसका पी. ए. उन्हें फाड़कर फेंकता रहा।

अगर कोई अधिकारी फोन पर बिल चुकाने की प्रार्थना करता तो पी. ए. उसे डपट देता। सिर्फ इतना काफी था। अच्छा पी. ए. हमेशा अपने स्तर पर ही ऐसे सारे काम निपटा देता है। अच्छे नेता का अच्छा पी. ए. जानता है कि दुनिया में ज्यादातर काम डाँटने-डपटने से हो जाते हैं। कुछ ही काम इतने मुश्किल होते हैं कि उन्हें निपटाने के लिए एक बार प्यार से बोलना पड़ता है। लेकिन चूँकि गरीब नेता भूतपूर्व मंत्री भी हो चुका था, इसलिए बँगले को लेकर स्थिति यह आ चुकी थी कि पी. ए. को एक-एक महीने के अंतराल से तीन बार अफसरों से प्यार से बोलना पड़ता था। एक बार प्यार से बोलने पर सिर्फ एक महीने तक नोटिस आगे खिसकता था। पी. ए. को लगा कि अब पानी सिर से गुजरने लगा है। पी. ए. ने नेता से कहा, ''सर, ऐसी विकट स्थिति आ गई है। डाँटना तो कभी का व्यर्थ हो चुका था। प्यार से बोलना भी अब व्यर्थ होता जा रहा है। देश की बागडोर तो आप बहुत सँभाल चुके हैं। अब बँगले में बने रहने की बागडोर भी आप स्वयं ही सँभाल लीजिए। मैं चला ?''

नेता ने कहा, ''नहीं ! अभी नहीं। देश नाजुक दौर से गुजर रहा है। हम देश की बागडोर सँभालने में जरा भी ढील नहीं दे सकते। देश का सवाल है। आनेवाली पीढ़ियाँ हम पर दोषारोपण करेंगी कि हमने बँगले की खातिर देश की बागडोर ढीली छोड़ दी। और अगर देश इस बीच बगटूट भागने लगा तो हमारा क्या होगा ? हम दौड़ पाएँगे इतना ? फिर से बागडोर सँभाल पाएँगे ? फिर ? फिर तुम हमसे ऐसी बातें क्यों कहते हो ? उपयुक्त समय पर ही उपयुक्त बातें कहा करो।''

''उपयुक्त समय कब आएगा, सर ?'' पी. ए. ने विस्मय से पूछा।

''उपयुक्त समय तुमसे 'परमिशन' लेकर नहीं आएगा। सीधा मेरे पास चला आएगा। तुम चिंता मत करो। तब तक तुम बँगले की बागडोर सँभालो।''

आखिर 'उपयुक्त समय' भी आ गया। अदालत के आदेश से मजदूर सामान बाहर फेंकने आ गए।

तब पी. ए. ने अंदर जाकर नेता से कहा, ''सर, उपयुक्त समय आ चुका है।''

नेता ने कहा, ''नहीं आया। जो तुमको बताकर आए, वह उपयुक्त समय नहीं है, बल्कि उपयुक्त समय का भ्रम है। तुम जाओ और अपने स्तर पर जो कुछ कर सकते हो, करो।''

लेकिन पी. ए. को भ्रम था कि वह 'उपयुक्त समय' का 'भ्रम' नहीं, स्वयं उपयुक्त समय है। इसलिए पी. ए. नेता के सामने से नहीं हटा। बर्फ की सिल्ली की तरह जमा रहा।

इससे नेता को गुस्सा आ गया। उसने चीखते हुए कहा, ''ब्लडी बास्टर्ड यू गो।''

'ब्लडी बास्टर्ड' का अपना सोच यह था कि वह जब तक नेता का साथ नहीं छोड़ेगा, 'उपयुक्त समय' भी नेता के सामने सीधे जाने की हिम्मत नहीं करेगा। नेता का जाँघिया तक उसके 'थ्रू' खरीदा जाता रहा है तो 'उपयुक्त समय' की क्या मजाल कि वह सीधा नेता के पास चला आए।

इसलिए 'ब्लडी बास्टर्ड' ने इस्तीफा दे दिया और वह बँगले से बाहर चला आया।

अब नेता को महसूस हुआ कि 'उपयुक्त समय' आ चुका। अब इससे सीधे-सीधे मुठभेड़ करनी होगी।

नेता ने मुठभेड़ के लिए 'उपयुक्त समय' को बुलाया । उसे पहले तो खूब डाँटा-फटकारा। फिर वह खूब शांत हुए। उससे पूछा, ''तुम क्या चाहते हो ?''

'उपयुक्त समय' ने कहा, ''सर, आप कहीं के चेयरमैन वगैरह कुछ हो जाइए। किसी कमीशन के मेंबर हो जाइए। आप एक महीने में कुछ-न-कुछ कर लीजिए सर।''

और वे हो गए। उन्होंने कुछ-न-कुछ कर लिया। न टेलीफोन का बिल चुकाना पड़ा, न बिजली का बिल देना पड़ा। पी. ए. भी वापस अपनी कुर्सी पर आ गया।

निर्दोषों का जमाना

हवाला कांड ने आजकल अखबारों को एक नया काम दे दिया है—निर्दोषों की सूची छापने का। सुबह अखबार उठाए तो किसी-न-किसी के इस्तीफे, किसी-न-किसी की गिरफ्तारी की खबर के साथ ही 'निर्दोष' की मुफ्त सूची भी पाइए—

हरकिशनलाल भगत : निर्दोष
कल्पनाथ राय : निर्दोष
विद्याचरण शुक्ल : निर्दोष
एस. आर. बोम्मई : निर्दोष
लालकृष्ण आडवाणी : निर्दोष
अर्जुन सिंह : निर्दोष

यानी दिल्ली की धरा पर जो भी मूँग दल रहा है, वह 'निर्दोष' है। अचानक दिल्ली 'निर्दोषों के शहर' में तब्दील हो गई है। आजकल तो तंदूर कांड का सूरमा सुशील शर्मा तक खुद को 'निर्दोष' कहने लगा है। बहती गंगा है। हर कोई आजकल हाथ धोने में व्यस्त है। 'हम किसी से कम नहीं' के फार्मूले को अपनाने में जुटा है।

वैसे तो हमारे देश की परंपरा ही रही है कि यहाँ निर्दोष पकड़ा जाता है और दोषी साँड की तरह छुट्टा घूमता है। पहले ये निर्दोष गरीब हुआ करते थे तो चल जाता था। गरीबों का काम ही है पिटना, पकड़े जाना, मार खाना, भूखे रहना। वे पैदा ही इसलिए होते हैं। लेकिन किसे पता था कि बात केंद्रीय मंत्रियों और सांसदों तक पहुँच जाएगी, जो कि बेचारे होते ही जन्मजात 'निर्दोष' हैं। चंद्रशेखरजी जैसे राजनीतिक ज्योतिषियों को भी पता नहीं था कि बात चली है तो दूर तलक जाएगी। तभी तो आजकल उनकी वेदना प्रस्फुटित हो रही है। आजकल वे कह रहे हैं कि हमीं राजनीति चलाएँ, हमीं देश का भविष्य बनाएँ और हमीं राजनीतिक भ्रष्टाचार में पकड़े जाएँ। यह नहीं चल सकता। देश की छवि को विदेशों में इस तरह धूमिल नहीं होने दिया जा सकता। लेकिन हो रही है। होती ही जा रही है।

इसे कहते हैं 'वक्त-वक्त का फेर'। एक समय था, जब देश की उज्ज्वल छवि पेश करने की चिंता सिर्फ कांग्रेसियों को होती थी और समाजवादी देश के लोगों की आमदनी चार आना रोज बताकर देश की छवि बिगाड़ा करते थे। इंदिराजी देश की छवि बनाती थीं और लोहियाजी उसे बिगाड़ दिया करते थे। अब नरसिंह रावजी भी छवि सुधार रहे

हैं और लोहिया-भक्त चंद्रशेखरजी भी। पहले छवि बिगड़ती थी, देश की गरीबी और भुखमरी दिखाने से। अब भ्रष्टाचार और हवाला दिखाने से भी बिगड़ने लगी है। इससे पता चलता है कि देश प्रगति की राह पर है। समाजवादियों का भी विकास हो रहा है। विकासवाद चालू आहे।

लेकिन चंद्रशेखरजी, देश की छवि निर्माण की चिंता आप अकेले ही क्यों करना चाहते हैं ? दूसरों को भी करने दीजिए। उनकी क्षमता पर भी भरोसा रखिए। जब भगतजी 1984 के दंगों में संलग्न थे तो वे भी देश की छवि का निर्माण ही कर रहे थे। तभी तो स्वर्गीय राजीवजी ने भी उनकी इस सेवा का उचित सम्मान करते हुए मेरे भारत महान का सूचना-प्रसारण मंत्री बना दिया था। और चंद्रशेखरजी आपके गुरु अटल बिहारी वाजपेयी के सहयोगी लालकृष्ण आडवाणी बाबरी मस्जिद ध्वस्तीकरण कार्यक्रम को अपने निर्देशन में जब संपन्न कर रहे थे, तब वे भी भारत-रूपी इस हिंदू राष्ट्र की छवि का निर्माण कर रहे थे। कल्पनाथजी ने भी दाऊद के साथियों को जब सरकारी गेस्ट हाऊस में पनाह दी थी तो उन्होंने देश की छवि के बारे में जरूर सोचा होगा। क्या यह उचित होता कि आर्थिक उदारीकरण के दौर में एक केंद्रीय मंत्री फरेबियों-दंगाइयों-जालसाजों को गिरफ्तार होने देता ! अपनी अनुदारता दिखाता ! और चंद्रशेखरजी जब आप स्वयं अपने प्रधानमंत्रित्व के संक्षिप्त काल में इराक पर हमला करने जा रहे अमरीकी सैन्य विमानों को बंबई में तेल देने की अनुमति दे रहे थे तो क्या भारत नामक इस प्राचीन देश की छवि का खयाल आपने नहीं रखा था ! जरूर रखा था। आप जैसा राष्ट्रभक्त चंद्रास्वामी और अदनान खगोशी का परममित्र, ऐसे मामलों में गलती कर ही नहीं सकता। यही आपके परममित्र नरसिंह रावजी ने सूटकेस प्रसंग में किया था। एक गरीब देश के प्रधानमंत्री के निवास पर नोटों से भरे सूटकेस पहुँचने लगें, इससे देश की छवि निखरती ही है। इसलिए चंद्रशेखरजी आप अकेले देश की छवि की अहर्निश चिंता मत कीजिए। आपके सभी मित्र, गुरु, चेले इत्यादि इसी कर्म में व्यस्त हैं और एक के बाद एक जेल जाते जा रहे हैं।

ये सारे 'निर्दोष' सही कह रहे हैं कि उन्हें फँसाया गया है। उनके खिलाफ षड्यंत्र रचा गया है। उन्हें प्रधानमंत्री पद की होड़ से हटाने के लिए जाल फैलाया गया है। वे सही कह रहे हैं। राजनीतिज्ञ तो फँसाने पर भी नहीं फँसा करते, इसलिए बिना फँसाए तो उनके फँसने का सवाल ही नहीं। आजादी के इन 48 सालों में हजारों मंत्री बने, उन्होंने सैकड़ों घपले किए, करोड़ों-अरबों का वारा-न्यारा किया मगर फँसे सिर्फ वे, जिन्हें कि फँसाया गया। वरना कई-कई तो 'निष्कलंक' ही इस धरा से सिधार गए और भारत भूमि पर अपनी प्रतिमा स्थापित करवा गए।

हमारे इन 'निर्दोषों' ने भी अपने इन्हीं पूर्वज अग्रजों का अनुकरण किया था। अपने कंधों पर परंपरा के इसी भार को वहन किया था। लोकतंत्र के विकास में अपना विनम्र योगदान देने का प्रयत्न उसी प्रकार किया था, जैसी कि परंपरा रही थी। मगर वक्त-वक्त की बात है। वे बच गए, ये फँस गए। उनका सुनाम हुआ। ये बदनाम हो गए। हमारा

जमाना बेदर्द निकला। बेदर्द जमाना क्या जाने !

हमारे एक मित्र हैं। वे 'निर्दोषों' की प्रतिदिन प्रकाशित होनेवाली सूची से परेशान हैं। वे कहते हैं—बंधु अगर इस भारत भूमि पर ये भी ईमानदार हैं तो फिर बेईमान कौन है ! ये भी बेदाग हैं तो दागदार कौन है ! ये भी भले हैं तो फिर हवालाई कौन हैं ! ये चोरियाँ, डकैतियाँ, हत्याएँ, लूट, बलात्कार आदि-इत्यादि फिर किनकी कृपा से हो रहे हैं ! कोई तो 'सदोष' है तो भैया उसी को सामने लाओ। तुम ईमानदार हो और बेईमान कोई नहीं है, यह कैसे हो सकता है ! यह तो सतयुग में भी नहीं हुआ था।

मैं उन्हें समझाता हूँ। कहता हूँ—बंधु, कोई दोषी नहीं है। जैसाकि हमारे परमादरणीय परम-पवित्र वित्तमंत्री जी ने एक समय कहा था, यह वास्तव में सिस्टम-फेल्योर है। सिस्टम था, चल रहा था, तो चल रहा था। चलता जा रहा था। फेल हो गया है तो भांडा फूट गया है। सिस्टम चलता रहता तो 'स्वच्छ छवि' भी बनी रहती। सिस्टम फेल हो गया है तो छवि पर भी धब्बा लग गया है। कलंक लग गया है। बात बस इतनी सी है।

अरे, कब नहीं होते थे घोटाले और हवाले ! हमेशा होते थे। पहले अँगुली उठा करती थी। अकेली अँगुली कब तक उठी रह सकती थी। या तो वह खुद ही थककर बैठ जाती थी या बैठा दी जाती थी। थोड़ा आराम करके वह अँगुली फिर उठ जाती थी। मगर फिर बैठ जाती थी। इस प्रकार अँगुली का उठना-बैठना चलता रहता था। 'सिस्टम' चलता रहता था। 'सिस्टम-फेल्योर' नहीं होता था। अब होने लगा है। अब नरसिंह रावजी कहते हैं—'ससुर, तू मुझ पर अँगुली उठा रहा था। ले साले, मैं तेरी अँगुली ही तोड़ देता हूँ। मैं चोर हूँ, तू भी तो चोर है। या तो तू मुझे ईमानदार मान या तू भी मेरी जमात में आ। चोर-चोर मौसेरे भाई बन जा।'

मुझे लगता है कि इस बार चुनाव में मजा जरूर आएगा। उम्मीदवार कहेगा—'भाइयो और बहनो, देवियो और सज्जनो, जैसाकि आप देख-सुन रहे हैं, चुनाव के मैदान में खड़े हम सभी चोर हैं, मैं भी चोर हूँ और मेरा विरोधी भी चोर है। यह चोरों की बारात है और आपके द्वारे आई है। हममें से जिससे चाहो, उससे अपने यहाँ चोरी करवा लो। हम चोरों में से एक चोर को चुनने की स्वतंत्रता आपको है। इसे ही लोकतंत्र कहते हैं। राजतंत्र होता तो हम चुनते कि किसके यहाँ चोरी करें। इस फर्क को समझो, भाग्य को सराहो और हमें वोट दो। जय चोर। जय लोकतंत्र।'

चुनाव में जब इस तरह के भाषण गली-गली और नुक्कड़-नुक्कड़ पर होंगे तो राजनीतिक दलों की परस्पर अभिन्नता प्रकट होगी। मौसेरे भाई का बंधुत्व जनता के सामने आएगा। किसी को किसी दूसरे को चोर कहने की जरूरत नहीं रहेगी। एक नंगा, दूसरे नंगे को नंगा नहीं कहेगा। खुद वह कपड़े में है, इस भ्रम में वह नहीं रहेगा। इस अपूर्व दृश्य को देखकर हमसे पत्रकार भाई कहेंगे कि हमारा लोकतंत्र परिपक्व हो गया है। एक-दूसरे को गाली न देना परिपक्वता का प्रमाण है।

हवाला का सबसे बड़ा सबक यह है कि अपनी छवि मत बनाओ। छवि बनाओगे

तो वह धूमिल अवश्य होगी। नहीं बनाओगे तो क्या खाक धूमिल होगी। बाल ठाकरे बनो। भगवाधारियों में भगवाधारी, गुंडों में गुंडे, भ्रष्टों में भ्रष्ट, राष्ट्रभक्तों में राष्ट्रभक्त। एक बार किसी ने बाल ठाकरेजी से पूछा कि आपकी शिवसेना ने तो बंबई नगर निगम में खूब चाँदी काटी। उन्होंने कहा कि हाँ, काटी मगर कांग्रेस की तरह हमने सोना नहीं काटा। किसी ने पूछा कि आपकी शिवसेना ने मुसलमानों को मारा है। उन्होंने कहा कि हाँ, मारा है। हमने तो श्रीकृष्ण आयोग को भी मार दिया था, मगर क्या करें !

हमारा 'सौभाग्य' यह है कि इस देश में सिर्फ एक बाल ठाकरे नहीं है। कई हैं। बंबई में ही नहीं हैं, भारत के गाँव-गाँव और गली-गली में हैं। वे खम ठोंककर कहते हैं कि हाँ, हम भ्रष्ट हैं, दल्ले हैं, चाकूबाज हैं, जालसाल हैं, घटिया हैं मगर हम हर बात छाती ठोंककर तो कहते हैं। इसलिए हम ज्यादा ईमानदार हैं। हमारी पूजा करो। हमें वोट दो। उन 'बेईमानों' को क्यों देते हो, जो दबे-छिपे-ढँके हैं, जो जब पकड़े जाते हैं, तब विश्वास होता है कि ये वाकई चोर हैं।

और वह दिन आ सकता है, जब उन्हें ही ईमानदार, सत्यवादी मानकर वोट भी दिए जाएँ। वह दिन न आए, एक आम आदमी इससे ज्यादा की कामना, क्या कर सकता है ?

भ्रष्टाचार से दुश्मनी ?

हमारे प्यारे भारत देश में न जाने क्या बुनियादी समस्या है कि आदमी प्रधानमंत्री बना नहीं कि वह कहना शुरू कर देता है, मैं यह बरदाश्त नहीं करूँगा, मैं वह बरदाश्त नहीं करूँगा।

हम समझते थे कि गुजराल साहब भले आदमी हैं, सज्जन पुरुष हैं, उनकी किसी से कोई दुश्मनी नहीं है, इसलिए कम-से-कम वह तो यह नहीं कहेंगे। लेकिन वह भी प्रधानमंत्री पद की मर्यादा की रक्षा करते हुए निशि-दिन कह रहे हैं कि मैं भ्रष्टाचार को बरदाश्त नहीं करूँगा।

गुजरालजी क्यों नहीं करेंगे आप भ्रष्टाचार को बरदाश्त ? आप क्या कोई तानाशाह हैं ? आप विश्व के 'सबसे बड़े और सबसे जीवंत लोकतंत्र' के प्रधानमंत्री हैं। लोकतंत्र में पचासों चीजें बरदाश्त करनी होती हैं। तभी लोकतंत्र चलता है। आपको भ्रष्टाचार को भी बरदाश्त करना होगा।

भ्रष्टाचार, भ्रष्टाचार न होकर गंदे-खुले नाले की बदबू होता तो हम खुद ही कहते कि इसे हम स्वयं ही बरदाश्त कर लेंगे। आप प्रधानमंत्री हैं। देश-विदेश के लोग आपसे मिलने आते हैं। आप इसे बरदाश्त मत कीजिए। आप उसी रास्ते से गुजरिए, जहाँ गंदा-खुला नाला नहीं है।

भ्रष्टाचार, भ्रष्टाचार न होकर किसी बाबू की बदतमीजी या अफसर की फटकार होता तो भी हम कहते कि आप इसे बरदाश्त मत कीजिए। इसे हम, बरदाश्त करते रहे हैं, इसलिए आगे भी बरदाश्त कर लेंगे। आप खुद बाबू के पास जाइए मत। अपने बाबू को उसके पास भेज दीजिए। वह निपट-सुलझ लेगा।

भ्रष्टाचार, भ्रष्टाचार न होकर लालफीताशाही होता तो भी हम कहते कि भैया इसे हमीं तक सीमित रहने दो। प्रधानमंत्री का काम पहले कर दो। हम कल भी तुम्हारे पास आए थे, कल भी आ जाएँगे। परसों भी आ जाएँगे। बरसों आते रहेंगे। लेकिन इनका काम कर दो क्योंकि इन्हें देश का काम करना है।

भ्रष्टाचार, भ्रष्टाचार न होकर अश्लील चुटकुला होता तो भी हम कहते कि भाईसाहब, ये प्रधानमंत्री हैं, ये चुटकुला-स्तर की अश्लीलता को बरदाश्त नहीं कर सकते। इसे हम बरदाश्त करेंगे। इनकी अश्लीलता का स्तर गिराइए मत। इन्हें ऊँचे स्तर की राजनीतिक अश्लीलता को बरदाश्त करने दीजिए।

महोदय, यह तो साक्षात् भ्रष्टाचार है। इसे 'बरदाश्त' करने की तो कोई समस्या ही नहीं है। क्या कोई मलयानिल को 'बरदाश्त' करता है ? क्या कोई हिमालय के सौंदर्य को 'बरदाश्त' करता है ? क्या कोई पेड़ की छाया को और ठंड में गुनगुनी धूप को 'बरदाश्त' करता है ? क्या कोई घर में फ्रिज, टी. वी., सोफे, एयरकंडीशनर को 'बरदाश्त' करता है ? क्या कोई मंत्री या अफसर विदेश यात्रा को 'बरदाश्त' करता है, क्या राजीव गाँधी ने बोफोर्स की दलाली को 'बरदाश्त' किया था ? क्या पी. वी. नरसिंह राव ने हर्षद मेहता की रुपयों-भरी अटैची को 'बरदाश्त' किया था ? क्या लालू प्रसाद यादव ने चारा घोटाले में अपना हिस्सा 'बरदाश्त' किया था ? हाँ, उन्होंने सचमुच ही भ्रष्टाचार को बरदाश्त नहीं, उसे 'एन्ज्वाय' करने का साधन बना लिया था। आप भी ऐसा कर सकते हैं तो करिए। नहीं कर सकते हों तो यह तो मत ही कहिए कि मैं भ्रष्टाचार को बरदाश्त नहीं कर सकता !

आपमें ऐसी कौन-सी विशेषता है कि आप भ्रष्टाचार को बरदाश्त नहीं कर सकते ? आप लालू प्रसाद यादव को सिर्फ बरदाश्त ही नहीं कर सकते, उनके खैरख्वाह भी बने रह सकते हैं, मगर आप भ्रष्टाचार को बरदाश्त नहीं कर सकते ! आप सुखरामों, सतीश शर्माओं, शीला कौलों इत्यादियों से परिपूर्ण कांग्रेस को न केवल बरदाश्त कर सकते हैं, बल्कि उसका समर्थन लेते रहने के लिए तरह-तरह की कवायदें करते रह सकते हैं, मगर भ्रष्टाचार को बरदाश्त नहीं कर सकते ! आप बोफोर्स कांड को दरी के नीचे खिसका सकते हैं, आप हवाला कांड को नेताओं को परेशान करने की साजिश मान सकते हैं, लेकिन आप भ्रष्टचार को बरदाश्त नहीं कर सकते ! कहीं आपको 'भ्रष्टाचार' शब्द से परहेज नहीं है, गुजराल साहब ? यह ठीक है कि बुढ़ापे में आदमी को चुस्त-दुरुस्त रहने के लिए बहुत-से परहेज रखने पड़ते हैं, लेकिन शब्दों से परहेज रखने से भी चुस्त-दुरुस्त रहा जा सकता है, यह बात तो हमने पहली बार ही सुनी है। अब आपको इस शब्द से परहेज हो भी तो क्या हो सकता है ? प्रधानमंत्री की मर्जी से शब्दकोश तो बदले नहीं जाते।

आप तो स्वयं विद्वान बताए जाते हैं गुजराल साहब, आप स्वयं सोचिए कि भ्रष्टाचार न होता तो राजनीति में आता ही कौन ? राजनीति में कोई नहीं आता तो राजनीति होती कैसे ? राजनीति न होती तो 'गरीबी' कैसे हटती ? भारत की जनता इक्कीसवीं सदी में कैसे जाती ? बाबरी मस्जिद कैसे टूटती ? 'सामाजिक न्याय' किस विधि इस देश में आता ?

भ्रष्टाचार न होता तो आर्थिक उदारीकरण न होता। आर्थिक उदारीकरण न होता तो हर्षद मेहता न होता। हर्षद मेहता न होता तो शेयरों के भाव इतने ऊँचे न चढ़ते। शेयरों के भाव ऊँचे न चढ़ते तो मनमोहन सिंह की आर्थिक नीति असफल हो जाती तो पेप्सी कोला और कोका कोला इस देश में न आते। लोग भूखे तो मर ही रहे हैं, प्यासे भी मर जाते। लोग प्यासे मर जाते तो भारत देश का नाम बदनाम हो जाता। देश का नाम बदनाम हो जाता तो देश में विदेशी पूँजी निवेश

न होता। विदेशी पूँजी निवेश न होता तो देश अमरीका की नजरों में गिर जाता। अमरीका की नजरों में भारत गिर जाता तो भारत के भारत रहने का अर्थ क्या रह जाता ? इसलिए गुजराल साहब, भ्रष्टाचार शुभ है। शुभ को तो बरदाश्त करना ही पड़ता है।

चारा न खाने का अफसोस

हम भी अच्छा-खासा चटोर हूँ मगर हम आज तलक घास नहीं खाया। खा लेना चाहिए था। जिस खाद्य पदार्थ का सेवन निःसंकोच-भाव से बिहार का दो-दो भूतपूर्व मुख्यमंत्री अपना राजनीतिक मतभेद भुलाकर किए हैं; जिसमें तीन-तीन मंत्री और चार-चार आई. ए. एस. अफसर लोगों ने प्रेम-भाव से सहयोग दिये हैं; उस चारे को, उसी स्वादिष्ट व्यंजन को दो टके के इस पत्रकार को भी जरूरे खाइए। लानत है हम पर। 99 लोग मिलकर 950 करोड़ का चारा खा लिए और हमें पता तक नहीं चला। पट्‌ठा रोटी खाता रहा। दाल, चावल खाकर अँगुलियाँ चाटता रहा।

पता चल जाता तो हम भी खा लिया होता। हद-से-हद हम चार्जशीटे हो जाता। हम पर मुकदमा चल जाता। हम जेल चला जाता। एतना बड़ा-बड़ा मंत्री-मुख्यमंत्री, एम. एल. ए., अफसर, व्यापारी जा सकता है तो हम काहे नहीं ! जो कल तक प्रधानमंत्री बनने की दौड़ में शामिल था, वह जा सकता है तो हम काहे नहीं ? सीताराम केसरी को चैलेंज करनेवाला अकबकाये हुए है जाने को तो हम क्यों नहीं ? हमरा भी चरचा हो जाता। हम भी आज उन बड़े लोग की पंगत में बैठ जाता। हम कैसा पत्रकार है, हमें तो मुख्यमंत्री और केंद्रीय मंत्री चारा खाने तक को नहीं बुलाया !

हम भले चारा नहीं खाया हूँ मगर चारा खाने के पच्छ में जरूर हूँ। जब बड़ा-बड़ा मंत्री-प्रधानमंत्री फाइव स्टार होटल में चिकन सूप, मटन चाप, बिरयानी, चाईनीज, मुगलई, कांटिनेंटल वगैरह-वगैरह डकारता है, तब कोई नहीं बोलता और जब बिहार का एक मिश्रा, एक यादव, तीन ठो मंत्री, एक संतरी, चीफ सेक्रेटरी, सेक्रेटरी, कमिश्नर मिलकर एक ही थाली में जातिवाद का बिनास करते हुए, राजनीति से ऊपर उठकर, चारा खाता है तो सबका पेट में दरद उठता है। पहले कौन खाया है चारा इतिहास में ! बड़ा-बड़ा क्रांतिकारी तक नहीं खाया है। मार्क्स नहीं खाया है, लेनिन नहीं खाया है, चेग्वेरा नहीं खाया है, कमाल अतातुर्क नहीं खाया है, गाँधी नहीं खाया है, लोहिया नहीं खाया है। यहाँ तक कि पिछड़ा होकर भी कर्पूरी ठाकुर तक नहीं खाया है। सिरफ एक उदाहरण है इतिहास में महाराणा प्रताप। लेकिन वह तब खाया, जब उसका राज छीन गया था, तब वह जंगल में मारा-मारा फिरता था।

मगर बिहार में जो भी चारा खाया है, सिंघासन पर बैठके खाया है, गद्‌दी पर जमके खाया है, कुर्सी पर बैठे-बैठे खाया है। महाराणा प्रताप भी टेढ़ा से टेढ़ा सिचुएशन में

चारा का रोटी बनवाकर खाया है और ये तो सीधे ही खा लिए, जैसे इस देश का गाय-गोरू खाता है। यही बुनियादी फरक है सामंतवाद में और लोकतंत्रवाद में। फिर भी इतिहासकार महाराणा प्रताप का नाम इतिहास की किताबों में लिखता है और इनका नाम सी. बी. आई. अपना चार्जशीट में लिखता है। कहाँ से कहाँ पहुँच गए हम, और लोग बोलते हैं कि देस इक्कीसवीं सदी की तरफ बढ़ रहा है !

कौन नहीं जानता जी कि बिहार देस का सबसे गरीब प्रदेस है। वहाँ ऐसा-ऐसा नौबत आता है कि पेट का आग बुझाने के लिए लोग गोबर में से अनाज बीन-बीनकर निकालता है। जड़ को खोदकर, उबालकर, उसका जहर निकालकर खाता है। सरकार पालने के लिए मुर्गी देता है और ये उसको दाना तक नहीं खिला पाता और मुर्गी ही खा जाता है। प्रदेस का ऐसा हालत देखके किस मुख्यमंत्री का दिल नहीं पसीजेगा ! किसका आत्मा नहीं कचोटेगा ? लेकिन क्या कर सकता है अकेला मुख्यमंत्री ? उसके पास जादू की छड़ी तो होता नहीं। एक ही तरीका है कि वह भी जनता से जुड़ जाए। जनता अगर गोबर से बीनकर गेहूँ का दाना खाता है तो वह चारा खाने लग जाए। और कर क्या सकता है बेचारा मुख्यमंत्री। और जब एक ब्राह्मण मुख्यमंत्री ने चारा खाने का सिस्टम शुरू किया, तो क्या यादव होने के कारण दूसरा मुख्यमंत्री उसे भंग कर दे और हलुआ-पूड़ी भकोसने लगे ! जब सामाजिक अन्याय का प्रतिनिधि चारा खा सकता है तो सामाजिक न्याय का प्रतिनिधि उससे काहे पीछे रहेगा जी ?

होना तो यह चाहिए था न कि जब बिहार में चारा खाने का यह रहस्य खुला तो हिंदुस्तान की सारी जनता को उस राज्य के बलिदानी मंत्रियों-अफसरों-व्यापारियों का अभिनंदन करना चाहिए था और अपने-अपने राज्य के मुख्यमंत्रियों से कहना चाहिए था कि ये बिहार का सारा पार्टी का लोग मिल-जुलकर चारा खाता है तो तुम लोग रोटी क्यों खाता है ! कहाँ गया तुम्हारा भाईचारा ! या तो तुम सारा प्रदेस की जनता को दो जून खाना दो या बिहार के नेता लोग की तरह बनके तुम खुद भी चारा खाओ। ऐसा तो किया नहीं और त्यागी-बलिदानियों को फँसा दिया। पशु के स्तर का भोजन खानेवालों पे इल्जाम लगा दिया। आज के जमाने में जब पालतू कुत्ता भी बिस्कुट खाता है, तब एक राज्य की समूचा राजनीतिक प्रजाति ने चारा खाने का आइडियल उपस्थित किया है, इस पर किसी ने गौर किया है ? और बरसों-बरस चारा खाकर ई लोग जेल जाकर सरकार चला रहा है। यह कितना ऊँचे आदर्स की बात है।

खैर, राजनीतिक लोग को तो जहाँ भी जनता की सेवा करने का मौका मिलेगा, वह जरूरे करेगा। वह अपनी ड्यूटी से मुँह नहीं मोड़ सकता। लेकिन उस राज्य का आई. ए. एस. तक चारा खाकर अपना ड्यूटी निभाना चाहता है, यह कम बड़ा बात नहीं है। राजनीतिक नेतृत्व ने कैसा जोश पैदा कर दिया है, उस राज्य के अफसरों में !

कुछ लोग बोलते हैं कि चलो, चारा तो खाने की चीज है ही, जिनावर नहीं खाया, आदमी खा लिया। कौन बड़ा बात है। लेकिन 950 करोड़ का चारा कैसे खा लिया भाई। लोग सालों-साल, सुबह-दोपहर-शाम, ब्रेकफास्ट-लंच-डिनर-ऊनर—सब फाइव स्टार

में करता तो भी 950 करोड़ का बिल नहीं आता और यहाँ सिर्फ चारा में ही आ गया। यह कैसे हो गया भाई। लेकिन ऐसा गड़बड़ बात वो करता है, जिसे असलियत का पता नहीं, जो मानव मन और शरीर की गहराई को नहीं जानता।

भाई बचपन से तो ये लोग भी चारा नहीं खाता था। राजनीति में आ गया तो भी इनको ये पता नहीं था कि इसमें आके एक दिन इन्हें चारा खाना पड़ेगा। तब तक तो सब लोग घी सानके रोटी ही खाता था। मंत्री बना तो भी रोटी खाता था। हद-से-हद ब्रेड-बटर खा लेता था। वह तो मुख्यमंत्री बना तो राज खुला कि अब तो चारा-ही-चारा खाना है। इसके बाद इन लोगों ने अपने को चारा खाने के लिए काबिल बनाया होगा। कभी चारे को सिर्फ देखा होगा कि ये चारा है, जिसे हमें खाना है। फिर सूँघना शुरू किया होगा। फिर चारे की एक ठो पत्ती खाना शुरू किया होगा। फिर दू ठो पत्ती। फिर तीन ठो पत्ती। इस तरह धीरे-धीरे सुरुआत हुआ होगा। सुरुआत में चारा और बटर चिकन साथ-साथ चला होगा। और जब एक बार चारे का स्वाद लग गया होगा तो फिर खूब खाया होगा। बड़े लोगों का पेट भी बड़ा होता है। दो रोटी खाके एक लोटा पानी पीके अपना पेट भरनेवाला आम गरीब हिंदुस्तानी क्या समझे इसे ! वैसे भी इस बात को समझना चाहिए कि हफ्तों आदमी रोटी छोड़के चारा खा रहा है, ऊपर से हम आज हिसाब रख रहे हैं कि कितने का चारा खा रहा है। गाय और भैंस तक को लोग जी-भरकर चारा खाने देते हैं। ये तो मनुष्य हैं और सिर्फ मनुष्य नहीं हैं, बिहार के भाग्य-विधाता भी हैं।

हम तो सिर्फ इनसे चंद सवाल करेंगे। अगर इनसानों ने साढ़े नौ अरब का चारा खा लिया तो गाय-बैलों ने क्या खाया ? क्या उन्होंने इनके हिस्से का फाइव स्टार का खाना खाया ? जब नेता लोग चारा खा रहा था तो जनता क्या खा रही थी ? अगर वह रोटी खा रही थी तो उसे इस पर सरम क्यों नहीं आया ? और अगर वह भूखा था तो उसने चारा खाना क्यों सुरू नहीं किया ? उसने अपने नेताओं से प्रेरणा क्यों नहीं लिया ? और प्रेरणा नहीं लेना था तो उन्हें रोका क्यों नहीं ? जब वे दो रोटी खा रहे थे और एक लोटा पानी पी रहे थे तो एक रोटी और आधा लोटा पानी उन्हें भी तो दे सकते थे। बिहार की जनता ने ऐसा क्यों नहीं किया ? और अंत में जब शेयर घोटाले में कुछ नहीं निकला तो इसमें क्या होगा ? और जब कुछ होगा नहीं तो झंझट क्यों ? ये चीख-पुकार क्यों ? धमकी और चुनौती का माहौल क्यों ?

ईश्वर और चुनाव

1

जब ईश्वर ने शेर और बकरी को एक घाट पर पानी पीते देखा तो उन्हें बेहद आश्चर्य हुआ।

उन्होंने शेर को अलग ले जाकर पूछा, "आखिर माजरा क्या है ? या तो तुम बकरी बन गए हो या बकरी शेर बन गई है, वरना शेर और बकरी एक ही घाट पर पानी कैसे पी सकते हैं ?"

शेर ने जवाब दिया, "न मैं बकरी बना हूँ, न बकरी शेर बन चुकी है। वास्तविकता यह है कि चुनाव में मैं उम्मीदवार हूँ और बदकिस्मती से बकरी मेरी मतदाता है।"

2

एक उम्मीदवार जब चुनाव-प्रचार के लिए गली-मुहल्लों में जाता तो लोग उसे अपने घर की ओर आता देखकर दरवाजे बंद कर लेते। कुछ उसे गली के सिरे पर ही रोक लेते। कुछ उसे गाली देते, कुछ उस पर थूक देते। वह किसी का पैर जबदरस्ती पकड़ लेता तो वह उम्मीदवार को धक्का देकर अपने पैर छुड़ा लेता। कोई उसे जूतों का हार पहना देता।

ईश्वर उस उम्मीदवार के धैर्य पर मोहित हो गए। उन्हें याद आया कि उन्होंने भी कभी किसी आदमी के धैर्य की इस तरह से और इतनी अधिक परीक्षा नहीं ली है, जितनी कि यह अपने मतदाताओं के सामने दे रहा है और फिर भी मैदान में डटा है।

ईश्वर उस उम्मीदवार की हालत देखकर विगलित हो गए और उनकी आँखों की कोरों में आँसुओं की दो बूँदें चमक गईं। उन्होंने उस उम्मीदवार से अकेले में पूछा, "वत्स, तुममें इतना धैर्य कहाँ से आया ?"

उस उम्मीदवार ने आस-पास देखा कि कोई सुन तो नहीं रहा है। फिर वह बोला, "ऐसा है प्रभुजी, पूर्वज कह गए हैं मजबूरी का नाम महात्मा गाँधी है, वरना तो जी, हम भी मुँह में जुबान तथा कमर में ए. के.-47 रखते हैं। समझे न आप !"

3

एक उम्मीदवार ने ईश्वर को सड़क पर चलते देखा तो उन्हें पकड़ लिया। पहले तो उन्हें प्रणाम किया, फिर अपने गले का हार उनके गले में डाला। फिर अपनी पार्टी का और स्वयं अपना परिचय दिया। उनसे वोट देने की पुरजोर अपील की और अंत में पूछा कि बताइए मैं आपकी क्या सेवा कर सकता हूँ।

ईश्वर ने भी अपना परिचय देते हुए कहा, ''ऐसा है, मेरी सेवा तो सब करते हैं, मगर आप चुनाव के बाद जनता की सेवा जरूर करते रहना। यही मेरी सच्ची सेवा होगी।''

नेता ने व्यंग्य से कहा, ''अवश्य ! अवश्य ! आज यह जनता हम नेताओं को जितना नचा रही है न, उतना ही हम भी इसे नचाकर रहेंगे। इस जनता की तो हम पूरी-की-पूरी सेवा कर देंगे, ईश्वरजी ! आप निश्चिंत रहो। अच्छा फिर मिलेंगे।''

और वह उम्मीदवार दाँत भींचते हुए ईश्वर को पीछे छोड़ते हुए तेजी से उनसे आगे बढ़ गया।

4

ईश्वर ने देखा कि नेता चौराहों पर एक-दूसरे को देखकर तो उलझ पड़ते हैं मगर जनता के सामने मुस्कुराते हैं, घिघियाते हैं, चरण छूते हैं, माफी माँगते हैं, अपनापन जताते हैं, रिश्ते ढूँढ़ने लगते हैं। कुछ नेताओं ने तो नकली पूँछ भी 'फिट' करा रखी है और जनता को देखते ही उसे हिलाने लगते हैं। साथ ही मुँह ऊँचा कर आँखों से करुण-दया की भीख माँगने लगते हैं।

ईश्वर को पहले तो यह गोरखधंधा समझ में नहीं आया कि क्यों भाई-भाई होते हुए भी नेता एक-दूसरे को गुस्से से घूरते हैं। और जिस जनता से उनकी दूर-दूर तक की कोई रिश्तेदारी नहीं, उसे देखकर पूँछ हिलाने लगते हैं।

लेकिन ईश्वर जब समझना ही चाहें तो उन्हें क्या कुछ नहीं समझ में आ सकता ! उन्हें समझ में आ गया कि ये चुनाव के दिन हैं। चंद दिनों के लिए जनता नेताओं की मालिक बनी हुई है। इसलिए उसे देखकर नेता पूँछ हिलाते हैं और जनता को यह पक्का विश्वास दिलाने के लिए कि वे उसके दरअसल पूँछ हिलानेवाले वफादार पशु ही हैं, आपस में भूँकते भी हैं।

नेता जानते हैं कि इसी का असर होता है।

5

बात 1996 की है। ईश्वर ने एक दिन देखा कि एक काले भैंसे पर एक दुबला-पतला मरियल-सा आदमी बैठा चला आ रहा है। गले में उसके तीन-चार मालाएँ हैं। वह सबको देख-देखकर मुस्कुरा रहा है।

उसके पंद्रह दिन बाद ईश्वर ने दूसरा दृश्य देखा। उस दुबले-पतले मरियल आदमी पर वही काला भैंसा सवार था। फूलमालाएँ इस बार आदमी के नहीं, भैंसे के गले में थीं। बल्कि दो-चार नहीं, दर्जनों थीं और इस बार मुस्कुराने की बारी भी भैंसे की थी।

ईश्वर ने बहुत सोचा कि ऐसा क्यों? तो पता चला कि पहला दृश्य मतदान से पहले का था और दूसरा दृश्य मतदान के बाद का। 1998 में भी उनको ऐसे ही दृश्य देखने को मिले। लेकिन वे परेशान नहीं होते थे।

6

ईश्वर ने देखा कि एक लाश जमीन पर पड़ी है। एक नेता उसकी टाँगें खींच रहा है, दूसरा नेता उसका सिर। एक नेता कह रहा है, इसकी हत्या मैंने करवाई है, इस पर मेरा हक है। दूसरा कह रहा है कि इसके लिए सुपारी मैंने दी थी, इस पर मेरा हक है। एक नेता कह रहा है कि चुनाव में इसका इस्तेमाल मैं करूँगा, दूसरा कह रहा है कि तुम नहीं, मैं करूँगा। एक नेता कह रहा है कि तू दूसरे की हत्या करके उसकी लाश का इस्तेमाल क्यों नहीं करता ? दूसरा कह रहा है कि दूसरे की हत्या तू करवाकर तू खुद उसकी लाश का इस्तेमाल क्यों नहीं करता ?

एक नेता ने कहा कि अच्छा इसका धड़ मेरा, बाकी सब तेरा। दूसरे नेता ने कहा कि नहीं धड़ मेरा, बाकी सब तेरा। अंत में उनमें समझौता इस बात पर हुआ कि दोनों इस लाश को अपनी तरफ खींचेंगे, जिसके हाथ में लाश का जो हिस्सा आएगा, वह उसका इस्तेमाल करेगा।

ईश्वर को यह देखकर ऊबकाई आई और वहाँ से वह भागकर मंदिर में चले आए और रोने लगे।

अगर उसी समय मंदिर की घंटियाँ बजनी शुरू नहीं हो जातीं तो सारी दुनिया को यह पता चल जाता कि ईश्वर धाड़े मारकर रो रहे थे।

7

चुनावों में ईश्वर के लिए झूठ और सच में फर्क करना दिनोदिन मुश्किल हो रहा था। जो जितना झूठा था, उतना ही ज्यादा चीख-चीखकर बोलता था। लेकिन जो जितना

सच्चा था, उसकी आवाज उतनी ही कमजोर थी।

जो झूठा था, वह सबको हर दिशा से घेर लेता था, लेकिन जो सच्चा था, वह झूठों से खुद घिर जाता था।

जो झूठा था, उसका सीना फूला रहता था। लेकिन जो सच्चा था, उसके सीने में हमेशा दर्द रहता था।

ईश्वर अपनी इस मुश्किल को सुलझाने के लिए हंस के पास गए क्योंकि उसके पास नीर-क्षीर विवेक होता है। वह दूध का दूध और पानी का पानी कर देता है।

मगर हंस भी दूध का दूध और पानी का पानी नहीं कर सका क्योंकि दूध, दूध नहीं था। झूठ और फरेब का फेन था और पानी, पानी नहीं था, नेताओं का कफ और कै थी।

यहाँ तक कि हंस भी हंस नहीं था, बगुला था। अलबत्ता काला कोट पहनकर और 'बो' लगाकर एकदम हंस जैसा लगता था और दिन-रात मोती चुगा करता था।

8

मनुष्य यद्यपि ईश्वर की ही रचना है मगर ईश्वर की इस रचना ने क्या-क्या रचनाएँ कर डाली हैं, यह जानना ईश्वर के लिए कभी पूरी तरह संभव नहीं हुआ।

चुनाव आए तो उन्हें पता चला कि मनुष्य ने कार, टेलीविजन, टूथपेस्ट, हेयर डाई, चावल और आटे के साथ सत्य भी ब्रांड नाम से बेचना शुरू कर दिया है। कोई आई. एस. आई. मार्क कांग्रेस ब्रांड सत्य बेच रहा है तो कोई आर. एस. एस. ब्रांड भाजपा सत्य, कोई गुजराल मार्का संयुक्त मोर्चा सत्य बेच रहा है तो कोई लालू छाप राष्ट्रीय जनता दल सत्य।

हर ब्रांडवाले का दावा था कि उसके ब्रांड का सत्य 'वर्ल्ड क्लास' है। विदेशी पूँजी तथा तकनीक से बना है। त्वचा को सबसे ज्यादा झागदार और मुलायम बनाने में असरदार है।

ईश्वर को अहसास हुआ कि इस दुनिया में अपना सत्य उन्होंने अगर मुफ्त में बाँटा तो कोई नहीं लेगा, उसे भी बेचना होगा और प्रामाणिक बनाने के लिए उसे 'ब्रांड नेम' देना होगा।

लेकिन चुनाव आ चुके थे। तत्काल विदेशी-पूँजी तथा विदेशी टेक्नोलॉजी उन्हें भी कहाँ से मिलती। उन्होंने घरेलू स्तर पर 'ईश्वर ब्रांड सत्य' का उत्पादन किया। वे खुश थे कि शुद्ध स्वदेशी साधनों से बना सत्य, सस्ता और मुफीद होने के कारण खूब बिकेगा।

मगर बाजार गए तो दुकानदारों ने शिकायत की कि माल की 'पैकेजिंग' ठीक नहीं है। इसे कोई नहीं लेगा। फिर कमीशन सिर्फ पाँच परसेंट है। इसे कौन बेचकर दूसरे सत्यों का पटरा बैठाना पसन्द करेगा।

'ईश्वर ब्रांड सत्य' बस-अड्डों पर बालपेन, पेचकस और 'स्वस्थ रहने के एक हजार घरेलू उपायों' के साथ बिकने लगा। प्रचारक कहता—कंपनी के प्रचार के लिए इसकी कीमत सिर्फ दो रुपया। बाजार में यह पाँच रुपए में मिलेगा।

मगर बाद में बस अड्डों पर भी 'ईश्वर-ब्रांड सत्य' बिकना बंद हो गया। दिन में इसके सिर्फ छह नग बिकते थे और 'प्रचारक' का पेट उससे नहीं भरता था।

9

चुनाव के दौरान ईश्वर मुंबई गए। सुबह-सुबह वह एक ईरानी रेस्तराँ में चाय पीने गए। उनके जाते ही दुकानदार ने कहा, "ऐ फड़का मारो साहेब आयेला है।"

अपने लिए 'साहेब' शब्द सुनकर ईश्वर चौंके। उन्होंने अपने कपड़ों पर नजर डाली। कपड़े 'साहेब' वाले नहीं थे। फिर उन्होंने दुकानदार से कहा, "मैं साहेब नहीं हूँ।"

दुकानदार ने कहा, "कोई वांदा नईं। हमारी होटल में आनेवाला सबच साहेब होता है।...बोलो क्या लेने का है।"

मगर ईश्वर तो 'साहेब' वाली बात पर अड़े हुए थे। उन्होंने कहा, "मगर मैं साहेब नहीं, ईश्वर हूँ।"

दुकानदार ने कोई आश्चर्य प्रकट नहीं किया और बोला, "ओ, आप ईश्वर होयला है। नमस्कार साहेब। इदर किसी को चुनाव जिताने का आया होंगा। आजकल इदर दिल्ली से बड़ा-बड़ा नेता आता है।...क्या लेने का तुमको ?"

लेकिन ईश्वर चाय का ऑर्डर देने की बात भूल ही गए और अपनी सफाई देने लगे, "मैं किसी को चुनाव जिताने-हराने नहीं आया।"

दुकानदार ने जवाब दिया, "चुनाव के वखत तुमारा सरका बड़ा आदमी और कायको आएंगा साहेब। कुच लेने का है क्या ?"

ईश्वर ने फिर इस बात की तरफ ध्यान नहीं दिया और अपनी सफाई देने लगे, "मैं तुम्हारा शहर देखने आया हूँ।"

अब तक दुकानदार नाराज हो चुका था। "मेरे कू लगता है कि तुम इधर चाय पीने कू नईं, खाली-पीली बोम मारने आया है। इसको मुंबई बोलते हैं साहेब। ये काशी-मथुरा नईं है। इदर आदमी के पास बखत खोटी करने को नईं होता।" अंततः ईश्वर ने चाय माँगी।

चाय के साथ चाय का बिल भी आ चुका था।

10

ईश्वर ने एक 'खादी भंडार' के सामने एक विचित्र दृश्य देखा। लोग सूट या सफारी पहनकर अंदर जाते थे और खादी का कुरता-पायजामा-चप्पल पहनकर मुस्कुराते हुए तथा हाथ जोड़ते हुए बाहर आते थे।

ईश्वर ने सोचा कि क्या पता अंदर शायद नेता बनाने की कोई मशीन हो, चलकर देखना चाहिए।

अंदर गए तो काउंटर पर खड़ा कर्मचारी मुस्कुराकर बोला, "आइए-आइए नेताजी, इस बार किस पार्टी का टिकट पाए हैं आप ? पिछली बार तो शायद कांग्रेस के टिकट पर आप चुनाव लड़े थे ?"

ईश्वर भी मजा लेने के मूड में थे। उन्होंने अपनी सही पहचान नहीं बताई। उन्होंने जवाब दिया, "इस बार सपा का टिकट लिया हूँ।"

"का बीजेपी का टिकट नहीं मिला आपको ?" काउंटर पर खड़े कर्मचारी ने आश्चर्यचकित होकर पूछा।

ईश्वर ने कहा, "अप्लाई तो वहाँ भी किया था मगर वो टिकट देने को तैयार नहीं हुआ। कांग्रेस टिकट आफर किया था मगर हम सपा को ही पसंद किए। वैसे अब बीजेपीवाले पछता रहा है कि हमको टिकट क्यों नहीं दिए।"

"तो आप चुनाव के बाद शामिल हो जाइएगा न, बीजेपी में। देश को भी 'अस्टेबलिटी' मिल जाएगी ओर आपको भी।" उस कर्मचारी ने सुझाव दिया।

ईश्वर ने मुस्कुराते हुए जवाब दिया, "सोच तो मैं भी यही रहा हूँ।"

11

ईश्वर ने पाया कि चुनाव के दौरान दूरदर्शन अपराधियों को वोट न देने की अपील कर रहा है तो इससे प्रेरणा लेकर ईश्वर ने भी अपने कैंप-ऑफिस से एक वक्तव्य अपराधियों को वोट न देने के लिए जारी कर दिया। उन्होंने सोचा कि उनके वक्तव्य पर उनका पता देखते ही दूरदर्शनवाले उनके पास कैमरे लेकर दौड़े-दौड़े आएँगे, लेकिन कैमरेवाले तो क्या, कोई पत्रकार कलम लेकर भी उनके पास नहीं आया। अलबत्ता एक गुमनाम से दैनिक के सातवें पृष्ठ के आठवें कालम में सबसे नीचे उनका वक्तव्य कट-छँटकर जरूर छप गया। ईश्वर इसी से खुश थे। आखिर किसी ने तो उनकी सुनी।

उनकी यह खुशी अभी काफूर नहीं हुई थी कि कई दलों के नेता ईश्वर के पास सुबह-सुबह पहुँच गए। वे ईश्वर के वक्तव्य से काफी नाराज थे और वे चाहते थे कि ईश्वर इसे वापस ले लें। ईश्वर ने उनसे पानी और चाय के लिए आग्रह किया, तो उन्होंने यह कहकर इसे ठुकरा दिया कि उनके पास फुरसत नहीं है। अंत में ईश्वर ने चरणामृत

और प्रसाद उन्हें दिया तो उसे अवश्य उन्होंने श्रद्धापूर्वक ग्रहण कर लिया।

लेकिन फिर भी उन नेताओं का गुस्सा कम नहीं हुआ। उन्होंने ईश्वर से सख्त शब्दों में कहा, "देखिए ईश्वरजी, यह भौतिक संसार है। इसके स्वामी हम हैं। आपको हमारे मामलों में पड़कर अपने को विवादास्पद नहीं बनाना चाहिए। हमारी मर्जी हम अपराधी को टिकट दें या बलात्कारी को, भ्रष्ट को टिकट दें या दलाल को। यह हम मनुष्यों का आंतरिक मामला है। चुनाव समीकरण हमें देखने पड़ते हैं, आपको नहीं। और अगर आपको लगता है कि हम गलत कर रहे हैं तो मरने के बाद धर्मराज के दरबार में तो हम आएँगे ही। आप तब ज्यादा-से-ज्यादा रौरव नरक में ही तो हमें भिजवाओगे, भिजवा देना। लेकिन अभी आपने हमारा खेल बिगाड़ा तो हम भी नेता हैं, हम भी आपका खेल बिगाड़ सकते हैं। इसलिए सावधान ! अच्छा प्रभो, चरण-स्पर्श और अब हमें इजाजत दीजिए। सहयोग के लिए धन्यवाद।"

यह सुनकर ईश्वर के मुँह से बोल नहीं फूटे। जब तक वे कुछ कहने की हालत में आए, तब तक नेता टाटा-सूमो में गायब हो चुके थे।

12

बेईमानों, चोरों, डाकुओं, लफंगों, घोटालेबाजों, रिश्वतखोरों, दलालों, सांप्रदायिकों और जातिवादियों को कई जगह चुनाव में खड़ा होते देख ईश्वर इतने परेशान हो गए कि एक पूरी रात तो उन्हें नींद ही नहीं आई। उनका 'ब्लडप्रेशर' इतना बढ़ गया कि वे खुद घबराहट में 'हे ईश्वर, हे ईश्वर' पुकारने लगे।

लेकिन अगले दिन उनकी हालत सुधरी और उन्होंने निश्चय किया कि वे स्थिति का मुकाबला करके रहेंगे। बहुत ठंडे दिमाग से सोचने पर उन्होंने पाया कि इसका सर्वोत्तम उपाय यही है कि वे स्वयं चुनाव में खड़े हो जाएँ तो शरम और डर के मारे ये लोग खुद ही बैठ जाएँगे और 'स्वर्गादपि गरीयसी' भारत में लोकतंत्र की रक्षा हो जाएगी।

तो ईश्वर चुनाव में खड़े हो गए मगर कोई लफंगा नहीं बैठा। वे पूरे एक दिन तक खड़े रहे मगर कोई घोटालेबाज नहीं बैठा। वे दो दिन तक खड़े रहे मगर कोई दलाल नहीं बैठा। वे चार दिन और चार रात खड़े रहे मगर बैठना तो दूर किसी चोर से उनकी तरफ झाँककर भी नहीं देखा। किसी बेईमान ने पूछा भी नहीं कि आप क्यों खड़े हो गए हैं। किसी सांप्रदायिक ने यह तक नहीं पूछा कि प्रभो अब तो आप बैठ जाइए।

खड़े-खड़े ईश्वर के पैर जवाब दे गए। उन्हें ईश्वर होकर भी चक्कर आने लगे मगर वे जिनको बैठाने के लिए खड़े थे, वे आराम और मजे से खड़े थे। अंत में ईश्वर धड़ाम से जमीन पर गिर गए और होश आया तो अस्पताल में भर्ती होने चले गए।

वे सब चुनाव जीत गए, जिनसे भारतीय लोकतंत्र की रक्षा के लिए ईश्वर चुनाव

में खड़े हुए थे। यहाँ तक कि इनकी जीत की खुशी में इनका एक समर्थक अस्पताल के पलंग पर लेटे ईश्वर के मुँह में लड्डू ठूँस गया।

13

आदिकाल में ईश्वर ने राजा और प्रजा की सृष्टि की। प्रजा अधिकारविहीन और गरीब थी, राजा निरंकुश तथा प्रमादी थे। तब ईश्वर ने कहा कि 'जनतंत्र हो' और जनतंत्र हो गया। 'नेता हों' और नेता हो गए। 'वे भाषण दें' और वे भाषण देने लगे। 'जनता वोट दे' और जनता उन्हें वोट देने लगी। उम्मीदवार खड़े होने लगे। मंदिर-मस्जिद होने लगा, मंडल-कमंडल होने लगा, अपराधी चुनाव लड़ने लगे, भ्रष्ट जीतने लगे, देश का दिवाला पिटने लगा, नेता अमीर होने लगे।

तब ईश्वर ने कहा कि सच्चा लोकतंत्र हो और सच्चा लोकतंत्र नहीं होने लगा। तब ईश्वर ने कहा कि लाठी और पैसे का जोर न हो और लाठी तथा पैसे का जोर बढ़ने लगा। तब ईश्वर ने कहा कि मेरा नाम चुनाव में इस्तेमाल न किया जाए और उनका नाम ज्यादा-से-ज्यादा इस्तेमाल होने लगा। तब ईश्वर ने कहा कि अपराधियों को सरकार में न लिया जाए और वे मंत्री तथा मुख्यमंत्री बनने लगे और प्रधानमंत्री बनने की धमकी देने लगे।

तब ईश्वर ने कहा कि ऐसा होता रहा तो मैं वापस देवलोक चला जाऊँगा तो गुंडों, बदमाशों तथा भ्रष्ट लोगों ने उनसे कहा कि चले जाओ। इस खुशी में हम पाँच सितारा होटल में शानदार दावत देंगे। बताओ तो कब जाओगे, ताकि पार्टी की तारीख हम तय कर सकें।

और ईश्वर हैं कि अभी तक अनिश्चय में हैं। वे अभी अपने जाने की तारीख नहीं बता पा रहे हैं।

14

एक ईमानदार था। ईमानदार होने के साथ ही वह भोला तथा उत्साही भी था। यानी करेला और नीम चढ़ा।

इस पर भी गजब यह कि वह चुनाव लड़ना चाहता था। उसने पत्नी के जेवर, अखबार की रद्दी, लोहा-लंगड़ बेचकर तथा रुपए उधार लेकर चुनाव का पर्चा दाखिल कर दिया। वह इतना हत्भाग्य था कि उसका पर्चा सही पाया गया। अब उसके पास चुनाव लड़ने के अलावा कोई विकल्प नहीं था।

मगर चुनाव लड़ने के लिए उसे पैसों की जरूरत थी। हालत यह थी कि वह अपनी

पैंट-शर्ट और पत्नी की साड़ी-पेटीकोट-ब्लाउज बेचकर ही पैसों का जुगाड़ कर सकता था। मगर इससे भी अधिक विकट समस्या यह थी कि ये कपड़े इतने बुरी हालत में थे कि इन्हें पुराने कपड़े लेकर बरतन देनेवालियाँ भी खरीदने से इनकार कर देतीं।

अपनी इस अवस्था को पहचानकर वह ईमानदार ईश्वर की शरण में गया और लगा गिड़गिड़ाने तथा आँसू बहाने कि प्रभु मदद करो।

ईश्वर जानते थे कि वे उसकी कोई मदद नहीं कर सकते। इसलिए वह जितना ही गिड़गिड़ाता तथा रोता गया, ईश्वर उतने ही कठोर होते गए।

हार-थककर ईमानदार ने अपनी खटखटिया साइकिल उठाई और ईश्वर का आशीर्वाद लिए बगैर वह चुनाव-प्रचार के लिए रवाना हो गया।

15

"भाइयो और बहनो, मुझे ज्यादा कुछ नहीं कहना। मेरा पिछला रिकार्ड आपके सामने है। मैंने हमेशा अपने को अपने देश से ऊपर माना। मैंने अपने परिवार के लिए जितना किया, इतना कोई देश के लिए भी क्या करेगा। पत्नी ने कहा कि ऐ, मुझे केंद्र में मंत्री बना दो न, मैंने बनवा दिया। साले ने कहा, जीजाजी मेरा कैरियर भी बनवा दो न, उसे विधान परिषद् का सदस्य बनवा दिया। भाई ने कहा कि साले का तो कल्याण कर दिया, अपने भाई का खयाल नहीं आया आपको तो उसे जल-मल निगम का अध्यक्ष बनवा दिया। भतीजा रोता-रोता आया, देसी दारू का ठेका उसे दिला दिया। बहन को राखी बँधाई में गैस की एजेंसी दिला दी और साली तो आधी घरवाली होती है, उसकी फैक्ट्री खुलवा दी। इतने कम समय में इतना काम, बाप-रे-बाप सिर्फ मैं ही कर सकता था। अभी तो बहुत से रिश्तेदार मुझसे नाराज हैं। मैं जनता से वायदा करता हूँ कि आपने मुझे फिर से जिता दिया तो उन सबकी नाराजगी दूर कर दूँगा। आप लोग ताली बजाने में बड़े कंजूस हो जी, ताली बजाओ न।"

मगर इतने जोशीले भाषण के बावजूद जब किसी ने ताली नहीं बजाई तो नेता को होश आया कि वह क्या कुछ बक गया है। उसने अपनी गलती सुधारने की कोशिश की, "तो भाइयो-बहनो, मैंने परिवार को हमेशा देश से ऊपर क्यों माना है ? इसलिए माना है कि जो अपने परिवार का नहीं हो सका, वह देश का क्या होगा ? आज मेरे परिवार में कौन ऐसा है जिसका स्विस बैंक में खाता नहीं है, कौन है जिसे..."

नेता ने अचानक आँखें खोलीं और देखा तो न मंच के नीचे कोई था, और न मंच के ऊपर कोई था, सिवाए ईश्वर के जो दूर मुस्कुराते हुए खड़े थे।

नेता को समझ में आ गया कि हो-न-हो, यह ईश्वर की कारस्तानी है, जिसने उसके मुँह से सब सच-सच उगलवा दिया है और इस कारण मतदाता उससे नाराज हो गए

हैं। अब उसका हारना निश्चित है।

नेता ने आव देखा न ताव, वह मंच से कूदा और ईश्वर की तरफ लपका...'तू जरा ठहर...'

लेकिन ईश्वर नहीं चाहते थे कि यह बात घर-घर पहुँचे कि किसी नेता ने ईश्वर के साथ बदतमीजी की है। वे नेता को देखते तो रहे मगर उसकी पकड़ में नहीं आए। नेता बाईं ओर उन्हें पकड़ने जाता तो वे लपककर दाईं ओर आ जाते। वह दाईं ओर भागता तो बाईं ओर आ जाते। कभी अदृश्य हो जाते तो कभी प्रकट हो जाते।

नेता को समझ में आ गया कि वह ईश्वर का कुछ नहीं बिगाड़ सकता।

इतना समझ में आने पर वह ईश्वर के चरणों में लेट गया और रोने लगा तथा माफी माँगने लगा। कई दिन, कई रात ऐसे ही गुजर जाने के बाद ईश्वर उस पर प्रसन्न हुए और उसे उठाकर अपने गले से लगा लिया।

नेता ने बाकायदा उसके बाद चुनाव जीता और चुनाव जीतकर फिर से परिवार को देश से बड़ा मानने लगा। अब उसका ईश्वर के साथ ही, लोकतंत्र में भी विश्वास ज्यादा दृढ़ हो गया है।

16

ईश्वर को एक मगरमच्छ नजर आया। उन्होंने देखा कि उसकी आँखों से लगातार आँसू बह रहे हैं। रुक ही नहीं रहे।

ईश्वर करुणार्द्र हो गए। उन्हें इस बात का खयाल ही नहीं रहा कि आजकल चुनाव चल रहे हैं। और यह जो प्राणी लगातार आँसू बहा रहा है, वह मगरमच्छ है।

उन्होंने मगरमच्छ के आँसू पोंछने की गरज से कहा, "ए भाई, तू रोता क्यों है ? क्यों तेरी आँखों से निरंतर आँसू बह रहे हैं ? तेरी यह दशा देखकर मेरी आँखों में आँसू आ गए। जा तुझे जो माँगना है, माँग ले। तेरे सामने ईश्वर खड़ा है।"

मगरमच्छ भला क्यों देरी करता। उसने कहा, "हे ईश्वर, वैसे तो मेरे आँसू कोई पोंछ ही नहीं सकता मगर फिर भी आपके दिल में ऐसा नेक खयाल आया है तो मुझे आप दो वरदान दीजिए। एक यह कि मैं चुनाव जीत जाऊँ, दूसरा यह कि मरने पर स्वर्ग पाऊँ।"

ईश्वर यह सुनकर थोड़े से सावधान हो गए। उन्होंने कहा, "वत्स, तू लालच मत कर। मैं तुझे दो में से एक ही वरदान दे सकता हूँ।"

और इस तरह मगरमच्छ ने ईश्वर से चुनाव जीतने का वरदान प्राप्त कर लिया।

17

एक दिन अचानक ईश्वर ने महसूस किया कि दलाल, धंधेबाज, धूर्त, सट्टेबाज, चोर, गिरहकट, घोटालेबाज और माफिया किंग आदि ने मंदिर आना बंद कर दिया है। ईश्वर के लिए यह आश्चर्य और चिंता की बात थी। चुनाव के इन नाजुक दिनों में भी ये न आएँ, यह कैसे हो सकता है ? लेकिन वे नहीं आ रहे थे।

ईश्वर ने मंदिर के पंडित से कहा कि वह वस्तुस्थिति का पता लगाए। पंडित ने रिपोर्ट दी कि प्रभो, पहले 'माफिया किंगों' को रोज सुबह मंत्रियों, सांसदों, विधायकों के यहाँ ड्यूटी बजानी पड़ती थी और उनका आशीर्वाद प्राप्त करना पड़ता था तो वे साथ-साथ मंदिर भी चले आते थे। मगर अब वे खुद ही मंत्री, सांसद, विधायक बन गए हैं। दोहरी जिम्मेदारियों के बोझ तले उन्हें न मंदिर आने का समय मिल पाता है और न ही उन्हें आपकी याद आती है।

ईश्वर ने ठंडी साँस भरी और कहा, "खैर, हम भी इनका क्या कर सकते हैं मगर तुम इससे सबक लो और जो मंदिर आ रहे हैं, उनका अच्छी तरह खयाल रखो। 'लिबरलाइजेशन' के इस जमाने में पता नहीं कब कौन हमारे हाथों से निकल जाए।"

18

जब सुबह से शाम तक मंदिर में एक भी भक्त ने एक भी फूलमाला नहीं चढ़ाई तो ईश्वर परेशान हो गए।

रात को मंदिर बंद हो गया तो यह जानने निकले कि आखिर फूल-मालाएँ गईं कहाँ ?

"ईश्वर हमें क्षमा करना, हम यहाँ हैं।" नेता के गले से एक साथ कई फूल-मालाएँ बोलीं, "और हम चुनावों तक यहीं रहेंगी। हम जानती हैं कि इस तरह हमने आपका अपमान किया है। मगर नेता का अपमान करने की हिम्मत भी तो हम बिलकुल नहीं कर सकतीं।"

नेता ने जैसे ही फूल-मालाएँ गले से निकालीं, ईश्वर ने उनमें से एक पहनी और वे मंदिर वापस चले आए।

19

उम्मीदवार अपने चुनाव-प्रचार के लिए अपने चमचों समेत जिधर भी जाते, उधर से पंछी उड़-उड़कर दूसरे इलाकों में चले जाते और पशु जान छुड़ाकर भागते।

ईश्वर ने जब यह दृश्य देखा तो उन्होंने सच्चाई का पता लगाने की कोशिश की। उन्होंने एक चिड़िया को अपने पास बुलाया। उसे अपनी हथेली पर बिठाया और उससे पूछा, "चिड़िया तू ठहरी बित्ते-भर का जीव। तुझे नेताओं और उनके चमचों से क्या डर ? तू क्यों इन्हें देखते ही घबराकर उड़कर बहुत दूर चली जाती है ?"

चिड़िया ने बड़ी दयनीय मुद्रा बनाते हुए कहा, "प्रभो। बात यह है कि आजकल चल रहे हैं चुनाव के दिन और हर नेता किसी के पैर पकड़ रहा है। यहाँ तक कि ये नेता हम चिड़ियों को भी किसी पेड़ की मुँड़ेर पर बैठा देखते हैं तो हमारी भी चरणवंदना करना शुरू कर देते हैं। अब छह फुटा आदमी तीन इंच की चिड़िया की चरणवंदना करे तो कम-से-कम हमें तो यह अच्छा नहीं लगता। इसलिए इन्हें शर्मिंदगी से बचाने के लिए हम खुद ही उड़ जाती हैं। आजकल इन बेचारे नेताओं को इतना भी खयाल नहीं रहता कि हम चिड़िया हैं और हम इनकी वोटर नहीं हो सकतीं। बेचारे !"

यही सवाल जब ईश्वर ने भैंस से किया तो उसने कहा, "ईश्वर आप तो अंतर्यामी हैं। आपसे तो कुछ भी छिपा हुआ नहीं है। फिर भी आप पूछ ही रहे हैं तो मैं बता रही हूँ कि चुनाव के इन दिनों में नेताओं को भाड़े पर भी इनके जुलूस में शामिल होने के लिए गरीब-गुरबे नहीं मिल रहे तो भीड़ बढ़ाने के लिए ये हमें हाँक ले जाते हैं और रात को दो-दो बजे छोड़ते हैं। घास का एक तिनका तक खाने की फुरसत हमें नहीं देते। पिछले सात दिनों में मेरा वजन बीस किलो कम हो गया है। इसलिए मैं इन्हें देखते ही भाग जाती हूँ।"

इतना कहकर भैंस ने जब रोने की कोशिश की तो इस स्थिति को असहनीय पाकर ईश्वर ने अपने पैर वहाँ से बढ़ा लिए। अलबत्ता उनकी आँखें आँसुओं से नम थीं।

20

ईश्वर ने देखा कि शहर में आवारा कुत्ते जरूरत से ज्यादा घूम रहे हैं। कोई उनके पीछे-पीछे चलने लगता है, कोई उन्हें सूँघने लगता है, कोई उन्हें देखकर भौंकने लगता है, कोई धूप में ऊँघ रहा है तो कोई सड़क पार कर रहा है। कोई कूड़ेदान पर गरीब बच्चों के साथ सहयोग करके पत्ते चाट रहा है। कुछ कुत्तों ने तो उन्हें काटने की कोशिश भी की मगर अदृश्य हो जाने की कला ईश्वर के काम आई और वे बच गए।

एक शहरवासी ने ईश्वर से पूछा, "भैया, इस शहर में हमेशा ही इतने आवारा कुत्ते घूमते हैं ?"

उस शहरवासी ने बिना एक क्षण सोचे जवाब दिया, "नहीं, भाई साहब ! बात यह है कि आजकल चुनाव के दिन हैं न। उम्मीदवार कुत्तों को भी पकड़वाकर उन्हें नाराज नहीं करना चाहते।"

21

एक नेता चुनाव-सभा में भाषण दे रहा था कि अगर मतदाताओं ने उसकी पार्टी के उम्मीदवार को जितवा दिया तो वह अगले पाँच सालों में भारत को स्वर्ग बना देगा।

श्रोताओं में ईश्वर भी थे। उनसे रहा नहीं गया। उन्होंने जोर से चिल्लाकर कहा, ''अरे नेताजी, आप सब कुछ करना मगर प्लीज, भारत भूमि को स्वर्ग मत बनाना। अगर आपने इसे स्वर्ग बना दिया तो स्वर्गवालों को भी स्वर्ग की उन्नति करके उसे कुछ और बेहतर बनाना पड़ेगा। इससे ईश्वर और आदमी में प्रतियोगिता छिड़ जाएगी और आदमी के साथ ही ईश्वर का भी दिन-रात का चैन छिन जाएगा। मैं आपसे करबद्ध प्रार्थना करता हूँ कि आप भारत भूमि को स्वर्ग कभी मत बनाना। इसे धरती ही रहने देना। प्लीज !''

नेता ने मंच से इतना ही कहा, ''लगता है, हमारे विरोधी हमारी सभा में हुड़दंग मचाने आ गए हैं।''

नेता का इशारा चमचे समझ गए और चमचों के तुरंत बाद ही ईश्वर भी इसे समझ गए तथा फौरन से पेशतर अंतर्ध्यान हो गए।

22

एक नेता अपने मतदाताओं को भविष्य के हसीन सपने दिखा रहा था।

ईश्वर सुन रहे थे और व्यंग्य से मुस्कुरा रहे थे, लेकिन उसके सपने इतने हसीन थे कि ईश्वर व्यंग्य से मुस्कुराना भूलकर उन सपनों में खो गए। अचानक उन्हें खयाल आया कि जब इस चुनाव क्षेत्र में इतना सब कुछ जल्दी ही हो जानेवाला है तो ये जगह तो स्वर्ग का भी बाप बन जाएगी।

उन्होंने पत्नी को पत्र लिखा कि प्राणप्यारी, मुझे तुम्हारी बहुत याद आती है और मैं अब तुम्हारे बिना रह नहीं सकता। तुम यहाँ आ जाओ। अगले पाँच सालों में सौ स्वर्ग भी इस जगह का मुकाबला नहीं कर पाएँगे। मैं जमीन की रजिस्ट्री कराने जा रहा हूँ। हम यहीं बँगला बनाएँगे न्यारा।

23

जब ईश्वर ने देखा कि चुनाव में कोई भी पार्टी कोई भी आश्वासन देकर जीत जाती है और चुनावों के बाद अपने आश्वासनों की कोई परवाह नहीं करती तो ईश्वर को ऐसा लोकतंत्र पसंद आया। और उन्होंने भी सोचा कि क्यों न वे भी लोकतंत्र के आदर्शों

का पालन करते हुए अपने भक्तों को आश्वासन दें और उनकी परवाह न करें। इससे लोकतंत्र के साथ ही ईश्वर-तंत्र भी मजबूत हो जाएगा।

लेकिन समस्या यह थी कि ईश्वर की अपनी कोई पार्टी नहीं थी, कोई झंडा नहीं था, कोई चुनाव चिन्ह नहीं था। ऐसी स्थिति में यह सोचकर कि उनके आश्वासनों को कौन गंभीरता से लेगा, उन्होंने अपना इरादा बदल दिया।

इस तरह ईश्वर ने अपने भक्तों को कोई आश्वासन नहीं दिया और उनके आश्वासनों के अभाव में चुनाव होते रहे। भूख बढ़ती रही और अनाज निर्यात होता रहा। ज्यादातर लोग नंगे होते रहे और बढ़िया कपड़े मिलों में बनते गए। अधिकतर लोग फुटपाथों पर सोते रहे और शानदार-से-शानदार महल बनते रहे। ईश्वर लोगों से दूर होते गए और हर मंदिर, हर साल विशाल-से-विशालतर बनता गया।

24

ईश्वर दो नेताओं में तकरार होते देख ठिठक गए और कान लगाकर सुनने लगे।

'तू बेईमान, क्या तुझे मैं जानता नहीं ?'

'तू चोर, क्या तेरी नस-नस मुझे मालूम नहीं ?'

'अरे, तू मुझे क्या चोर कहता है। तूने तो जब मंत्रीवाला अपना बँगला छोड़ा तो तू बँगले से बल्ब तक चुराकर ले गया था।'

'और तू अपनी नहीं बताता, तू तो बिजली के तार तक उखाड़कर ले गया था। तेरा बस चलता तो तू लॉन की घास भी उखाड़कर ले जाता।'

'तू किसी से कम है भला। बँगले के सारे वॉशबेसिन, कमोड, नल तक तू उखाड़कर ले गया था। क्यारी बनाने के लिए जो ईंटें वहाँ पड़ी थीं, तू उन्हें तक उठाकर ले गया था। सारे गमले ले गया था। तूने छोड़ा क्या था बँगले में, अपनी तो तू बता।'

'तेरे तो शरीर में लगे इतर के बावजूद तुझसे रिश्वत की बू आती है।'

'अरे तू तो मुर्दों के कफन तक उतरवा लेता था। मेरी जुबान अब मत ज्यादा खुलवा।..'

'और मेरी जबान खुल गई न तो तू कहीं का न रहेगा।'

ईश्वर ने और भी बहुत कुछ सुना। उन्हें पता चला कि ये एक ही मोर्चे की दो अलग-अलग पार्टियों के उम्मीदवार हैं और इस चुनाव क्षेत्र में 'दोस्ताना संघर्ष' कर रहे हैं। ये झगड़ नहीं रहे हैं वरन् अपना-अपना चुनाव प्रचार कर रहे हैं।

25

ईश्वर ने एक दिन देखा कि अचानक दोपहर के समय धरती पर अँधेरा छा गया है।

उन्होंने आकाश की तरफ देखा तो उसमें घने-काले बादलों की तरह विमान और हेलीकाप्टर छाए हुए थे। आसमान का एक कतरा भी इनसे खाली न था।

यह दृश्य देखकर ईश्वर की नाड़ी सरक गई। हो-न-हो, ये मनुष्य स्वर्ग पर हमला करने जा रहे हैं और उस पर अवश्य कब्जा कर लेंगे, ऐसी आशंका ईश्वर को हुई। अगर ऐसा हो गया तो धरती के साथ ही स्वर्ग पर भी मनुष्य नामक प्राणी का कब्जा हो जाएगा। देवी-देवता बेघर हो जाएँगे और वे शरणार्थी बनकर भी कहाँ जा सकते हैं ? इसके अलावा मनुष्य तब ईश्वर की आराधना क्यों करेगा ? वह विमान का टिकट खरीदेगा और सीधे स्वर्ग पहुँच जाएगा। हवा-पानी बदलने के लिए जब इच्छा होगी, तब फिर पृथ्वी पर आ जाएगा।

मन में ये सब बातें आते ही ईश्वर का 'ब्लडप्रेशर' बढ़ गया। कहीं हृदय पर इसका बुरा असर न हो, इस आशंका के मन में आते ही ईश्वर ने अपना तीसरा नेत्र खोला तो सच्चाई सामने आ गई और ब्लडप्रेशर 'नॉर्मल' हो गया।

दरअसल इन विमानों में नेता सवार थे और उनका दूर-दूर तक भी कोई इरादा स्वर्ग पर कब्जा करने का नहीं था। वे चुनाव के कारण मतदाताओं के पास जल्दी-से-जल्दी पहुँचने की होड़ में हेलिकाप्टरों और विमानों में उड़ रहे थे। हालाँकि इनमें से हरेक डरा हुआ था कि मतदाताओं के पास जल्दी पहुँचने की बजाए वह कहीं ईश्वर के पास ही जल्दी न पहुँच जाए, इसलिए वह विमान में सवार होने से पहले ईश्वर का स्मरण करता था और यात्रा के दौरान भी ईश्वर से अपनी लौ लगाए रहता था।

26

ईश्वर को सड़क पर चलता देखकर पता नहीं लोगों को क्या हो जाता कि वे अपने-आप ईश्वर से नमस्कार, गुडमार्निंग, वालेकम सलाम, राम-राम, सतश्रीअकाल आदि कहते। ईश्वर 'गुडमार्निंग' वाले से 'गुडमार्निंग' कहते, 'वालेकुम सलाम' वाले से 'सलाम वालेकुम' कहते, 'राम-राम' वाले से 'राम-राम' कहते, 'सतश्रीअकाल' वाले से 'सतश्रीअकाल' कहते।

एकदम मनुष्य जैसा व्यवहार था उनका। एक दिन एक सज्जन ने उनसे कहा, "जय श्री राम" तो ईश्वर अचकचा गए। उन्होंने जवाब दिया, "राम-राम"। इससे 'जय श्री राम' वाला नाराज हो गया। उसे क्या पता कि ये ईश्वर हैं। उसने कहा, "भाई साहब लगता है कि आप हिंदू नहीं हो ?"

ईश्वर ने मुस्कुराकर कहा, "आपने सही पहचाना। ईश्वर हिंदू या मुसलमान कैसे

हो सकता है। राम-राम।" इतना कहकर ईश्वर अदृश्य हो गए। 'जय श्री राम' वाला देखता रह गया। कुछ देर तो वह भौंचक खड़ा रहा। फिर भाषण देने चल दिया।

27

चिड़िया उड़ी। नेता उड़ा।

चिड़िया क्यों उड़ी।

क्योंकि शाम हो गई थी।

नेता क्यों उड़ा ?

क्योंकि चुनाव हो चुके थे।

चिड़िया कहाँ गई ?

घोंसले में।

घोंसला कहाँ है ?

पेड़ पर।

नेता कहाँ गया ?

दिल्ली।

दिल्ली में कहाँ है ?

मालूम नहीं।

चिड़िया कब आएगी ?

भोर होने पर।

नेता कब आएगा ?

मालूम नहीं।

अगले चुनाव होंगे, क्या तब आएगा ?

हाँ, तब आएगा।

चुनाव कब होंगे ?

मालूम नहीं।

क्या ईश्वर को मालूम होगा ?

उन्हें भी मालूम नहीं।

ईश्वर को नेता का पता तो जरूर मालूम होगा ?

ईश्वर भी कह गए कि नेता उधर आए तो बताना। ईश्वर भी वन-वन, जंगल-जंगल उसे ढूँढ़ रहे हैं। पेड़ों और चिड़ियों से पूछ रहे हैं, क्या सफेद बगुले के सदृश्य तुमने मेरे नेता को देखा है ? ईश्वर की आँखें सजल हैं। ईश्वर का हृदय विकल है। नेता दिल्ली में सकुशल है।

28

जिस तरह ईश्वर एक है, उसके पास पहुँचने के रास्ते अनेक हैं; उसी तरह नेता एक है, उस तक पहुँचने के लिए राजनीतिक पार्टियाँ अनेक हैं।

नेता एक है। उसके मुखौटे अनेक हैं।

इसलिए हे वोटर, तू जिस पार्टी को, जिस उम्मीदवार को वोट देना चाहता है, दे। जिस नारे पर, जिस आश्वासन पर रीझना चाहता है, रीझ। अंततः तू उसी नेता को वोट देता पाया जाएगा जो भ्रष्ट है, सत्तापिपासु है, सिद्धांतविहीन है, दलालों का दलाल है और कमालों का कमाल है। इसलिए हे वोटर, तू वोट दे और भूल जा। तेरे करने योग्य यही है। कर्म कर और फल की चिंता मत कर। कर्म करना तेरा धर्म है, फल खाना नहीं। फल वही खाएगा जिसके आँगन में पेड़ है। तू तो पेड़ पर चढ़, फल तोड़, धो, तश्तरी में रख और नेता को तश्तरी में सजाकर दे। यह फल उसका है। उस फल को मत देख, जो तूने उसे दिया है। वह तेरे लिए वर्जित-फल है। इसलिए हे वोटर, मैं तुझसे बारंबार कहता हूँ, हर युग में, हर परिस्थिति में, हर चुनाव में कहता हूँ, कर्म कर, फल की चिंता मत कर। फल की चिंता करेगा तो निराश होगा। निराश होगा तो मेरे पास मंदिर में आएगा। अपना पेट काटकर फल और मिठाई मुझे चढ़ाएगा। फालतू में अपना खर्चा बढ़ाएगा। ऐसा मत कर। इसलिए कहता हूँ, तू कर्म कर। दाल-रोटी खा सकता है तो दाल-रोटी खा, वरना नमक-रोटी खा। भूखा रहना पड़े तो भी कर्म कर मगर कर।

29

वोटर बूथ पर चल। वोट दे। तेरे दुआरे उम्मीदवार का वाहन आया है। देर मत कर। बूथ पर चल। भूल मत उसने तुझे देसी पिलाई है। अगली बार तेरा स्तर उठाने के लिए विदेशी पिलाने का वायदा दिया है। कंबल दिया है। भाषण दिया है। ख्वाब दिखाए हैं। लोकतंत्र के प्रति तेरे कर्त्तव्य का स्मरण कराया है। वोटर चल, उम्मीदवार का चमचा कमर में पिस्तौल लटकाकर आया है।

वोटर-बूथ पर चल। उम्मीदवार का वाहन पों-पों कर रहा है। उम्मीदवार का चमचा भौं-भौं कर रहा है। चमचे का चमचा तेरे पैर पकड़ रहा है। उसकी अनदेखी मत कर। पिस्तौल देख, पिस्तौल की गोली देख। अपना भविष्य देख। चल लोकतंत्र की सेवा कर। वोट देने जा। अवसर मत चूक।

वोटर, चल घर से निकल। भूल मत, आज छुट्टी का दिन है। भूल मत, तुझे आज वोट देने की छुट्टी मिली है। चल ठप्पा मार। जो तेरे दुआरे आया है, उसकी अनदेखी मत कर। बच्चा मत बन। मौत से डर। ईश्वर के सामने सिर झुका। उनसे आशीर्वाद माँग। जान को साबुत जान, मतदान केंद्र पर चल। चल-चल, जनतंत्र को मजबूत कर।

रो मत। धीरज रख। चल वह हवा में गोलियाँ चला रहा है। तेरी छाती को गोली चीर दे, इसका इंतजार मत कर। चल।

30

एक दिन ईश्वर ने देखा कि जो आदमी सुबह काली टोपी पहने था, उसने शाम को सफेद पहन ली और जिसने सफेद पहनी थी, शाम को काली पहन ली। दूसरे दिन फिर उन्होंने टोपी की अदला-बदली की। तीसरे दिन फिर वह सिलसिला चला। चौथे दिन फिर वही।

ईश्वर ने गौर किया कि उस आदमी की सिर्फ टोपियाँ बदल रही हैं, बाकी कपड़े जस-के-तस हैं।

ऐसी बातें ईश्वर को कहाँ समझ में आनेवाली थीं। उन्होंने एक मनुष्य को पकड़ा और कहा, ''यार, कुछ हमें भी तो समझाओ।''

''आप ईश्वर हो क्या ?'' उस आदमी ने तुरंत सवाल किया। ईश्वर ने जब हामी भर दी तो आदमी ने कहा, ''ऐसा है, आप यह सब समझकर भी क्या करोगे ? ये दोनों मंदिर तो आते हैं न, आपकी पूजा-अर्चना तो करते हैं न ! फिर आप क्यों फालतू की चिंता पालते हो ? ऐसा है, यह चुनाव का मौसम है। इन दिनों नेता सिद्धांतों के साथ समझौता नहीं कर पाता है। बस, इतनी-सी बात है।''

31

ईश्वर ने देखा कि एक आदमी जिंदा मेढक तौलने में लगा है मगर तौल नहीं पा रहा है क्योंकि मेढक बार-बार तराजू से कूदकर भाग जाते हैं। एक को वापस तराजू में वह रखता है तो दो और भाग जाते हैं। दो मेढकों को वापस लाता है तो तीन और भाग जाते हैं।

आदमी पसीना-पसीना हो रहा था मगर मेढक तौलने की कोशिश वह नहीं छोड़ रहा था।

ईश्वर बहुत देर तक इस दिलचस्प नजारे को देखते रहे बल्कि कई बार तो मेढक पकड़कर वापस तराजू में रखने में भी उन्होंने आदमी की मदद की।

जब बहुत देर हो गई और ईश्वर ने प्रत्यक्ष अपनी आँखों से देख लिया कि वास्तव में मेढकों को तौलना एक असंभव काम है, तब ईश्वर ने आदमी के काम में हस्तक्षेप करते हुए कहा, ''हे मनुष्य, विद्वान पहले ही कह गए हैं कि मेढकों को तौला नहीं जा सकता। तुम स्वयं भी पसीना-पसीना होने के बाद इसी निष्कर्ष पर पहुँच गए लगते हो।

फिर भी तुम इस प्रयास को छोड़ क्यों नहीं रहे हो ?"

इस पर उस आदमी ने कहा, "भगवन, ऐसा है कि इस बार मेरी पार्टी ने अटल निश्चय किया है कि वह सरकार बनाकर ही रहेगी। इसके लिए उसे निश्चय ही मेढकों को तराजू में तौलना पड़ेगा। मेरी पार्टी के नेताओं की मान्यता यह है कि मेढकों को तराजू में तौलना वास्तव में एक कला है जिसे प्रयत्नपूर्वक सीखा जा सकता है। उन्होंने कहा है कि चुनाव नतीजे आने तक तुम इस कला में महारत हासिल कर लो और मैं वही कर रहा हूँ।"

ईश्वर ने उसे आशीर्वाद दिया, "ईश्वर तुम्हें सफलता दे।"

32

ईश्वर ने तीन बंदर देखे। उन्होंने देखा कि एक बंदर देखता और सुनता तो है मगर बोलता बिलकुल नहीं है।

दूसरा बंदर देखता और बोलता है मगर सुनता बिलकुल नहीं है।

तीसरा बंदर बोलता और सुनता है मगर देखता बिलकुल नहीं है।

ऐसे बंदरों को देखकर आश्चर्यों के भी आश्चर्य ईश्वर को आश्चर्य हुआ और उन्होंने इन बंदरों के बारे में जिज्ञासा प्रकट की।

उन्हें मालूम हुआ कि ये गाँधीजी के बंदर हैं। दुनिया से कूच करने से पहले गाँधीजी इनसे कह गए थे कि तुम्हें भविष्य में सुखी रहना है तो ऐसे ही रहना। इस बात का महत्त्व तुम आज नहीं समझोगे मगर जैसे-जैसे इस देश में चुनाव होते जाएँगे और लोकतंत्र 'मजबूत' होता जाएगा, वैसे-वैसे तुम्हारे सामने मेरे कथनों की सच्चाई भी प्रकट होती जाएगी।

और एक दिन ऐसा आएगा कि तुम्हीं भारत के मनुष्य के आदर्श माने जाओगे। फिर एक दिन ऐसा भी आएगा कि मनुष्य फिर से बंदर बनना चाहेगा।

33

इधर चुहिया भूखी थी, उधर बिल्ली।

इधर भूख से परेशान चुहिया बिल से निकलकर दाने-पानी की तलाश में जाना चाहती थी, उधर भूख से कुलबुला रही बिल्ली बिल के बाहर चुहिया का इंतजार कर रही थी।

और ईश्वर वहाँ इस इंतजार में खड़े थे कि देखते हैं, आगे-आगे होता है क्या ! हालाँकि वही होता है जो मंजूरे-ईश्वर होता है।

चुहिया के इंतजार में खड़ी बिल्ली को अचानक याद आया कि आजकल चुनाव के दिन चल रहे हैं और नेता बड़े-बड़े भाषण देकर बड़े-बड़े आश्वासन दे रहे हैं। क्यों न मैं भी इस विधि चुहिया को बिल से बाहर निकालकर उसका भोग लगाऊँ।

तो बिल्ली ने चुहिया से कहा, "चुहिया, न मैं तेरा पीछा छोड़ूँगी, न बाहर निकले बिना तेरी भूख का इलाज हो सकता है। उधर तू बोर हो रही है, इधर मैं। तो क्यों न हम चुनाव-चुनाव खेलें। दोनों का दिल बहल जाएगा।"

बोरियत मिटाने के लिए चुहिया ने बिल के भीतर से कहा, "आइडिया तो बुरा नहीं है मगर खेल तुम शुरू करो।"

बिल्ली ने खेल की शुरुआत करते हुए भाषण देना शुरू किया, "भाइयो और बहनो, चुनाव के इस पावन अवसर पर मैं आपसे वायदा करती हूँ कि मैं जीत गई तो चूहे खाना बंद कर दूँगी। मैं लंबे-चौड़े वायदे करने में विश्वास नहीं करती। मैं सिर्फ एक वायदा करती हूँ और उस पर अमल करके दिखा दूँगी।"

इस बीच चुहिया भूल चुकी थी कि यह खेल है, इसलिए वह बिल्ली का भाषण सुनकर भावविभोर हो गई और बिल से बाहर निकलने के लिए उसने गरदन बाहर निकाल ली। लेकिन ऐसा करते ही उसे एकदम खयाल आया कि यह तो खेल था। उसने तुरंत अपनी गरदन वापस ले जानी चाही, लेकिन तब तक चुहिया की गरदन बिल्ली के मुँह में आ चुकी थी।

खैर, ईश्वर तो जानते ही थे कि यह होगा। मगर बिल्ली की भूख का समाधान होते देखकर उन्होंने चैन की साँस ली और वे आगे बढ़ गए।

34

ईश्वर ने गधे और घोड़े में संवाद होते देखा तो वे सुनने के लिए रुक गए।

गधा बोला, "अगर मैं भी चुनाव लड़ता तो पता नहीं मैं क्या-से-क्या हो जाता।"

घोड़े ने पूछा, "तू क्या हो जाता ?"

गधे को मुस्कुराना आता नहीं था, फिर भी उसने मुस्कुराने की कोशिश करते हुए जवाब दिया, "कम-से-कम घोड़ा तो हो जाता।"

घोड़े को यह पसंद नहीं आया कि गधा भी अब घोड़ा बनने का स्वप्न देखने लगा है। घोड़े ने गुस्से में कहा, "अगर तू घोड़ा बन जाता तो मैं फिर से तुझे गधा बना देता।"

गधे को घोड़े का यह गुस्सा देख मजा आया। उसने वैसे ही फिर मुस्कुराते हुए पूछा, "लेकिन कैसे ?"

घोड़े का पारा अब तक बहुत चढ़ चुका था। उसने कहा, "बताऊँ कैसे ?" और यह कहते ही वह गधे के पीछे लपका। घोड़े ने गधे को इतना पदाया, इतना पदाया कि बेचारा बेहोश होकर गिर पड़ा।

घोड़े ने फिर भी गधे को कस-कसकर चार-छह लातें जमाईं और कहा, "अब अपनी शक्ल मुझे मत दिखाना। घोड़ा बनना चाहता है साला..."

ईश्वर कहीं से पानी लाए। गधे को पिलाया। उसके घावों को अपने हाथों से सहलाया तो वह कुछ ठीक हो गया।

गधे ने ईश्वर को धन्यवाद दिया और खरामाँ-खरामाँ दूर चला गया।

35

चुनाव के दौरान बिहार में ईश्वर ने एक विचित्र घटना देखी। देखा कि मधेपुरा में दिन में भी लालटेनें जल रही हैं और हाजीपुर में रात में भी लालटेनें बंद हैं। ईश्वर चूँकि ईश्वर थे, उन्हें मनुष्य की यह लीला समझ नहीं आई। उन्हें तीसरा नेत्र खोलने से भी कोई मदद नहीं मिली। हारकर उन्होंने एक आदमी से यह प्रश्न किया। आदमी ने पहले तो ईश्वर को सिर से पैर तक देखा और फिर पैर से सिर तक। उसे जब कुछ भी समझ में नहीं आया तो उसने ईश्वर से उनका नाम और पता पूछा। ईश्वर से झूठ नहीं बोला गया। उन्होंने सब सच-सच बता दिया।

यह सुनकर आदमी मुस्कुराया और बोला, "तभी न हम सोच रहे थे कि यह आदमी होकर हमारे बिहार के बारे में कुछ भी क्यों नहीं जानता। अरे ईश्वरजी, मधेपुरा से लालू प्रसादजी चुनाव लड़ रहे हैं। वहाँ दिन में भी लालटेन जलाने का मतलब है कि भले ही दिन में लालटेन जला लो, अँधेरा तो फिर भी रहेगा। उधर हाजीपुर रामविलास पासवान की कांस्टीट्वेंसी है। वहाँ रात में भी लालटेन बुझाकर रखने का संदेश यह है कि लालटेन जलाकर भी क्या करेंगे, अँधेरा तो बिहार की हकीकत है। कुछ बूझे आप ? नहीं न बूझे। हमारी बात को समझने के लिए आदमी का सपेशल खोपड़ी चाहिए। तभी सब बात आपको 'अस्पष्ट' समझ में आएगा।"

इतना कहकर वह आदमी हँसा और हँसते-हँसते अँधेरे में गुम हो गया। आश्चर्य नहीं कि उसे कहीं ठोकर नहीं लगी।

36

ईश्वर को यह समझ में नहीं आ रहा था कि चुनाव के दौरान और चुनाव के बाद भी ये नेता कुर्सी के इतने दीवाने क्यों रहते हैं ? लकड़ी, लोहे, प्लास्टिक या बाँस की इस कुर्सी में ऐसा क्या है कि इसे पलटने, झपटने, गिराने, फेंकने के काम में हरेक नेता एक-दूसरे के विरुद्ध लगा रहता है ? क्यों नेता कुर्सी के इतने दीवाने हो जाते हैं कि एक ही कुर्सी पर दो-दो मुख्यमंत्री एक साथ, एक-दूसरे को गाली देते हुए, एक-दूसरे

की गरदन पर वार करते हुए बैठे रहते हैं।

ईश्वर ने कुर्सी की हर पहलू से जाँच की। उसे उलटा-पलटा, उसे दाएँ से देखा, बाएँ से देखा, ऊपर से देखा, नीचे से देखा, दूर से देखा, पास से देखा मगर कुछ समझ में नहीं आया। वह कुर्सी में गद्दी फाड़कर, उसका अंग-प्रत्यंग भंग कर-करके देखना चाहते थे कि आखिर कुर्सी में ऐसा क्या है ?

लेकिन तभी एक समझदार आदमी से उनका पाला पड़ गया। उसने कहा कि कुर्सी के प्रति नेताओं की इस दीवानगी का रहस्य आपको जानना है तो इसका सीधा-सा उपाय है। आप स्वयं इस पर एक बार बैठ जाइए। सब कुछ आपकी समझ में आ जाएगा। लेकिन एक शर्त है कि जब मैं आप से कहूँ, तब आप कुर्सी पर बैठिए और जब मैं आपसे कहूँ 'उत्तिष्ठ, जागृत, प्राप्त वरान्निबोधयः' तो आप उठ जाइएगा। आप कुर्सी से नहीं उठे तो आप कुर्सी-रस में सिर तक डूब जाएँगे और आपको बचानेवाला कोई नहीं रहेगा। इसके विपरीत आप सही समय पर, सही मंत्र का जाप करने पर कुर्सी से उठ गए तो आपको संपूर्ण कुर्सी-रहस्य का ज्ञान हो जाएगा।

ईश्वर ने वायदा किया कि उन्हें यह शर्त मंजूर है। इतना कहते ही उन्हें एक बड़ी कुर्सी पर बैठा दिया गया। कुर्सी पर बैठते ही उनकी भृकुटियाँ तन गईं, गरदन अकड़ गई, दिमाग सीधे सातवें आसमान पर पहुँच गया, उन्हें अपने सामने आनेवाला हर प्राणी बौना एवं दयनीय नजर आने लगा, वे अटैचियाँ माँगने लगे, सुरा-सुंदरी की ख्वाहिश जाहिर करने लगे।

उस समझदार आदमी ने ईश्वर की हालत इतनी जल्दी 'बिगड़ते' देखी तो उसने कुर्सी से उन्हें उठाने के लिए तुरंत मंत्र फूँका। लेकिन मंत्र फूँकने का ईश्वर पर उलटा असर हुआ। वे कुर्सी को छोड़ने की बजाय उसे मजबूती से पकड़ कर बैठ गए। उन्होंने कहा कि मेरी कुर्सी छीनने का षड्यंत्र हो रहा है। मैं यह कुर्सी कभी नहीं छोड़ूँगा।

यह सुनकर समझदार आदमी की सारी समझदारी हवा हो गई। उसके होश गुम हो गए। वह डर गया कि ईश्वर को इस पापकर्म में धकेलने की उसे न जाने क्या सजा मिलेगी। लेकिन खैर उसे एक तरकीब सूझी। उसने ईश्वर से कहा, "ईश्वर, मैं आपको कुर्सी से हटा नहीं रहा। आपके लिए मैंने और बड़ी तथा आरामदेह और स्थायी एवं अविनाशी कुर्सी का प्रबंध किया है।"

ईश्वर इस भुलावे में आ गए और कुर्सी से तुरंत उठ गए। उठते ही उनका नशा टूट गया, आँखों के सामने छाया अंधकार छँट गया।

अब समझदार आदमी उन्हें देखकर मुस्कुरा रहा था। लेकिन ईश्वर की नजरें झुकी हुई थीं। उन्हें इस बात पर शरम आ रही थी कि ईश्वर होते हुए अगर कुर्सी पर बैठकर उन्हें इतना नशा छा गया था, तो फिर मनुष्य तो आखिर मनुष्य है, उन्हीं की निर्मिति है, उन्हीं की संतान है। उसका क्या दोष ?

और आजकल ईश्वर कुर्सी का विकल्प ढूँढ़ने में लगे हुए हैं।

●●●